ÉTONNANTS VISITEURS EN SARTHE

À Evelyne.

Provinces *Mosaïques*

ÉTONNANTS VISITEURS EN SARTHE

BERTRAND COUDREAU

ES
Editions Sutton

Sommaire

Avertissement

Le choix éditorial s'est porté non pas sur la chronologie de naissance, la plus répandue, mais sur la chronologie de présence. Chaque chapitre commence donc par situer la période pendant laquelle une personnalité a séjourné dans la Sarthe.

Si seule une année apparaît, c'ést que notre personnage n'est jamais revenu et, lorsque plusieurs années sont indiquées, on comprend qu'il est venu à d'autres reprises. Si une durée est parfaitement définie et régulière, on le signale de la manière suivante : « De 1925 à 1951 » quand on cite l'exemple de Marcel Pagnol. Enfin, lorsqu'un doute subsiste, on le traduit par « Années 1970 », si on se réfère à l'exemple de Gainsbourg.

Introduction

Les personnalités présentées dans ce livre ont vécu ou ont séjourné dans la Sarthe à l'occasion d'un événement, par obligation ou par choix[1].

Passage parfois bref, comme Steve McQueen, mais lourd de conséquences. On peut affirmer que sa vie a véritablement basculé ici, au Mans. Celle de Serge Gainsbourg relève du même phénomène. Victime d'une grave maladie osseuse, sa vie ne tient qu'à un fil. Nous n'aurions jamais entendu *Le Poinçonneur des Lilas* ou *Je t'aime... moi non plus* sans le séjour thérapeutique de ce gamin de 13 ans à Courgenard.

La plupart des lecteurs connaissent les classiques : Antoine de Saint-Exupéry à Sainte-Croix, le musicien Manu Dibango adopté par les Calaisiens, Wilbur Wright et ses vols époustouflants de 1908, l'architecte de l'Opéra de Paris Charles Garnier, le chanoine et écrivain Paul Scarron, la reine Bérangère et son bouillonnant mari Richard Cœur de Lion, ou, déjà un peu moins évident, Marcel Pagnol habitant de Parcé-sur-Sarthe pendant vingt-cinq ans...

Mais l'enfance de l'auteur des *OSS 117* à Aillières-Beauvoir, les tribulations de Simone de Beauvoir pendant la débâcle de 1940, la Ferme Radieuse de Le Corbusier, Dreyfus, militaire au Mans, victime de l'acharnement des politiques et généraux sarthois, Rodin en extase devant la cathédrale du Mans, Camille Saint-Saëns en discrète villégiature à La Chapelle-Saint-Rémy sont autant d'épisodes nettement moins connus. Leur passage a été marqué par des instants particuliers, parfois très forts, souvent très difficiles.

Et puis il y a les surprises du chef : des personnalités plus célèbres les unes que les autres n'ont jamais mis les pieds dans la Sarthe, mais leurs liens avec nous sont si exceptionnels qu'il est indispensable de les citer. Elles ont pour nom Joseph Kessel, Sacha Guitry, Mozart ou Diderot...

---

1. Dans mon précédent ouvrage *72 célébrités sarthoises*, les personnalités présentées sont nées dans la Sarthe.

Ce livre reste enfin une occasion de remettre les pendules à l'heure. Tradition, rumeurs, légendes ont parfois la vie dure, tellement ancrées dans les esprits qu'il ne viendrait à l'idée de personne de les mettre en cause. Et historiens locaux comme journalistes persistent souvent à affirmer des vérités qui n'en sont pas, faute d'avoir vérifié, ou plus banalement par paresse ou excès de confiance. Non, Jean Bruce n'est pas né dans la Sarthe. Non, Joachim du Bellay n'a pas rencontré Ronsard à la cathédrale du Mans. Non, Raphaël Élizé n'est pas le premier maire de couleur de la France métropolitaine. Non, le film *Le Mans* n'a pas été un échec commercial. Non, Gilles de Rais n'a jamais laissé de cadavres d'enfants au château de la Suze...

Avec des personnages connus, pour ne pas dire archiconnus, ma prétention a été d'effectuer une mise au point, un bilan de toutes les informations qu'on a pu réunir sur eux, de les rassembler. Ce qui, à ma connaissance, n'avait jamais vraiment été réalisé jusqu'ici. Les articles parus dans la presse, les magazines spécialisés ou même dans certains ouvrages, publiés en ordre dispersé, ne sont jamais vraiment allés jusqu'au bout de cette quête qui consiste à concentrer une fois pour toutes le savoir.

Je ne suis pas du tout sûr d'avoir toujours réussi, mais j'ai tenté au maximum d'y parvenir. Sans compter que la réalité d'aujourd'hui ne sera pas forcément celle de demain. Sans oublier que l'exhaustivité historique n'existe jamais vraiment. Elle ne concerne que quelques vérités parfaitement établies. Il y aura par conséquent quelques erreurs à corriger tôt ou tard, après de nouvelles découvertes.

Richard Cœur de Lion et Bérengère de Navarre

Un Anglais et une Espagnole dans le Maine

De 1169 à 1198 / De 1194 à 1230

La reine Bérengère *« passait pour une des plus belles femmes de son siècle. Sa taille était légère et de proportions admirables. Elle avait une beauté de teint peu commune dans son pays, une abondance de cheveux blonds, un si grand air de jeunesse qu'on lui aurait donné quelques années de moins qu'elle n'en avait, quoiqu'elle ne comptât encore que vingt et un ans. Peut-être était-ce pour cela qu'elle prenait, ou du moins qu'elle affectait des manières un peu enfantines et une humeur volontaire, qu'elle pouvait supposer n'être pas messéante à une jeune épouse à qui son âge et son rang donnaient le droit d'avoir des fantaisies auxquelles c'était un devoir pour chacun de se prêter; du reste, d'une humeur facile et gaie, si on lui accordait la part d'hommages et d'admiration qu'elle se croyait due, personne n'avait une bonté plus aimable »*.

Cette belle et alléchante description est tirée d'un roman historique intitulé *Le Talisman ou Richard en Palestine* de l'Écossais Walter Scott. Il date de 1825, c'est dire la liberté prise par l'auteur pour décrire une femme dont nous savons peu de choses sur le physique. Mais elle nous arrange, car celle qui règnera trente ans sur la ville du Mans a attiré la sympathie de tous les Sarthois. Pour exemple, citons la date du 6 mai 1865. À l'occasion de la finale du concours régional agricole des Jacobins, les Manceaux organisent une grandiose et impressionnante reconstitution : *« L'entrée au Mans, en 1204, de Philippe Auguste et de la reine Bérengère.* »

Walter Scott n'est pas à une fantaisie près et va encore plus loin lorsqu'il parle des rapports du roi d'Angleterre Richard Cœur de Lion avec Bérengère, sa femme. *« Caressant la jolie tête de son épouse, et entrelaçant ses longs doigts dans les tresses de ses beaux cheveux, il la releva, et embrassa tendrement le visage céleste qui semblait vouloir se cacher dans sa main* [...] *Les formes robustes du roi,*

Le gisant de la reine Bérangère, à l'abbaye de l'Épau.

son front noble et élevé, son air majestueux, les peaux de lion qui le couvraient, et la charmante et faible créature agenouillée à son côté auraient pu servir de modèle pour représenter une réconciliation d'Hercule avec son épouse Déjarine. » L'ambiance est chaude, mais la réalité l'est moins, comme on va le voir...

La reine d'Angleterre ne sait rien de ce pays. Trouve-t-on dans l'histoire un autre exemple d'absence aussi flagrante ? Je n'en suis pas certain. Bérengère de Navarre, épouse du roi Richard Cœur de Lion, n'a en effet jamais foulé le sol anglais. Par contre, elle a vécu ses trois dernières décennies de veuvage au Mans, ponctuées de séjours à Paris, en Champagne ou en Navarre, sa terre natale (aux alentours de 1170). Son père, Sanche VI, dit aussi El Sabro (le Sage), est roi de Navarre, et sa mère est Béatrice de Castille. Par conséquent, le bon roi Henri IV, premier de la dynastie des rois de France Bourbon et fondateur du collège des Jésuites, futur Prytanée national militaire, fait partie de la famille.

Nous sommes au XIIe siècle. Dans le Maine, un seigneur, Geoffroy le Bel, a pour habitude de porter un brin de genêt (*planta genista*) à son chapeau ou à sa ceinture, d'où son surnom de Plantagenêt. De l'autre côté de la Manche, Mathilde est la petite-fille de Guillaume le Conquérant, un roi bien connu pour avoir hérité du Maine. Geoffroy et Mathilde se rencontrent, s'aiment, se marient et font un enfant, un fils, Henri II, né et baptisé au Mans.

Henri II hérite de l'Anjou, du Maine et de la Normandie. En 1152, il épouse Aliénor d'Aquitaine. Ce mariage a pour effet d'agrandir sensiblement son territoire au Poitou et à l'Aquitaine, sur toute la largeur ouest de l'actuelle France. Un mariage purement stratégique, destiné à s'assurer le soutien du père de Bérengère. Et puis, en 1154, le voilà seul héritier du royaume d'Angleterre. Cette fois, ses terres s'étendent de l'Écosse aux Pyrénées. Considérable, comparativement à la France de Charles VII ! Henri II est considéré par l'historien Guy Gauthier, auteur d'un *Philippe Auguste* aux Éditions France Empire, comme, « *sans conteste, le plus grand monarque d'Occident depuis Charlemagne* ».

Henri a trois fils : Henri le Jeune, héritier du trône d'Angleterre, de la Normandie, du Maine et de l'Anjou ; Richard, né le 8 septembre 1157 à Oxford, héritier du Poitou et de l'Aquitaine ; et Geoffroy, le plus jeune, héritier de la Bretagne. L'histoire va bouleverser la donne. Henri Le Jeune meurt en 1183 et Richard devient le prétendant au trône. Ce qui déplaît fortement à Henri II. Il n'a guère confiance en lui, et il a raison de se méfier. Cela dit, Henri le Jeune n'a pas non plus hésité à le trahir en s'associant avec le roi de France contre lui.

Le château de Montmirail est construit sur les fondations d'un château plus ancien qui a reçu le 6 janvier 1169 la visite de Richard Cœur de Lion.

Le premier contact de Richard avec le Maine a lieu le 6 janvier 1169 au château de Montmirail. Il a 12 ans. Henri II veut la paix et il vient rendre hommage au roi de France Louis VII. Des fiançailles son conclues entre le petit Charles et une fille du roi, Aélis (d'autres prénoms font état de Adélaïde ou Alice), âgée de 9 ans. Le jour même, elle quitte ses parents et embarque pour l'Angleterre.

Les trois fils reviennent au Mans en 1175 pour y prêter hommage à leur père, acte confirmé dans une charte datée du Mans le 2 février 1175. La troisième visite se déroule dans une ambiance de drame. En 1188, Richard a clairement choisi le camp français. Il reçoit son père aux côtés de Philippe Auguste, lequel demande à Henri II d'entériner le mariage de Richard avec Aélis, d'une part, et de céder à Richard la Touraine, l'Anjou, le Maine et la Normandie, d'autre part. C'en est trop. La guerre est inévitable. En 1189, une dernière tentative d'apaisement entre Richard et Henri II à La Ferté-Bernard échoue. En vain. Richard attaque Le Mans, où s'est réfugié Henri II, l'obligeant à s'enfuir, pour mourir à Chinon le 6 juillet 1189 [2].

Le peu scrupuleux Richard 1er, dit Richard Cœur de Lion, après avoir combattu son père aux côtés du roi de France Philippe Auguste, notamment au Mans en juillet,

2. Nous prenons ici quelques raccourcis. Vous trouverez des détails supplémentaires dans le chapitre consacré à Henri II dans *72 célébrités sarthoises*.

hérite de l'ensemble des biens d'Henri II. Retournement de situation, Philippe Auguste redevient pour la circonstance un ennemi de Richard. A cette occasion, on revoit le roi d'Angleterre dans la Sarthe en mai 1194, lorsque Richard Cœur de Lion réunit à Montmirail son « ost » féodal et attaque les troupes françaises dès juin à Loches...

Il s'intéresse peu à l'Angleterre, au point d'y vivre six mois en tout et pour tout, sur un règne qui aura duré dix ans, et ne maîtrise guère la langue. L'homme est un être à vrai dire assez peu attachant. Il est violent, brutal, certains n'hésitent pas à dire diabolique.

Nid d'amour à Thorée-les-Pins

Aliénor d'Aquitaine, la mère de Richard, fait tout pour empêcher son mariage avec la fille de Louis VII. Elle s'arrange pour le rapprocher de Bérengère, qu'il connaît déjà. Richard participe aux croisades, rencontre officiellement Bérengère pendant l'une d'elles en Sicile et l'épouse le 12 mai 1191 à Limassol, sur l'île de Chypre. Nicolas, chapelain du roi Richard, chargé de l'office religieux, est de nouveau en compagnie de Bérengère lorsque, plus tard, il est nommé doyen puis évêque du Mans.

En attendant, en ce jour bénit, Bérengère devient reine d'Angleterre, duchesse de Normandie, comtesse d'Anjou et du Maine. Marquée par cet événement, Bérengère regarde l'île de Chypre autrement. Selon l'auteur de *La Reine oubliée* Gérard Levacher, elle l'appelle désormais l'île d'amour. Quant aux Chypriotes, ce sont eux qui donnent le surnom de Cœur de Lion à Richard.

Bérengère, Berenguela pour les Espagnols, est ensuite couronnée reine d'Angleterre par Jean, l'évêque d'Évreux. Les relations entre Richard Cœur de Lion et Bérengère de Navarre s'arrêtent à peu près là. Ils se voient peu, car le roi a des guerres à mener, et il avoue publiquement son homosexualité.

Il passe l'essentiel de son temps en campagne. Bérangère le rejoint pourtant avec toute sa suite à Acre et à Jaffa, villes situées en Palestine. En 1192, elle quitte la Palestine et va jusqu'à Rome, pour y apprendre que Richard est prisonnier en Autriche. Par prudence, elle reste six mois à Rome et rentre en France, via Pise, Gênes et Marseille, en juillet 1193. La reine séjourne quelque temps en Provence et rentre sur les terres des Plantagenêt, où elle attend des nouvelles de son mari.

Richard Cœur de Lion est libéré début 1194 et rentre en Angleterre en mars. Il y reste deux mois et rejoint enfin son épouse. Leurs relations semblent alors au

La reine Bérangère est la fondatrice de l'abbaye de l'Épau.

beau fixe. Au point de se chercher un petit nid d'amour dans le Maine. À l'occasion d'une visite à Thorée-les-Pins, près du Lude, ils achètent un terrain, aménagent un étang, bâtissent une maison et un moulin. En 1216, veuve depuis longtemps, Bérengère fera don de cette propriété aux Templiers. On revoit le couple bras dessus, bras dessous à Poitiers, pour y fêter Noël 1196, à nouveau à Pâques 1198 au Mans, et puis l'idylle s'arrête encore, définitivement cette fois.

La rupture est définitive par la force des choses le 7 avril 1199, sans avoir consommé son mariage avec Bérengère, affirment des témoins de l'époque, peut-être malveillants. Ce jour-là, Richard Cœur de Lion succombe à une blessure à l'occasion d'une vulgaire guéguerre avec un de ses vassaux une dizaine de jours plus tôt. Quelque temps avant cette bataille, il passe dans la Sarthe et la quitte une dernière fois, à Château-du-Loir, pour se diriger vers son destin.

Le roi est enterré à Fontevrault et Bérengère reprend ses activités solitaires. Elle assiste au mariage de sa sœur Blanche à Chartres et se retrouve rapidement impuissante face aux pressions politiques du royaume de France. En 1204, le roi Philippe Auguste s'empare de la Normandie, de l'Anjou et du Maine. Il laisse à Bérengère la ville du Mans, quelques terres et forêts dans un rayon d'une quinzaine de kilomètres. En échange, elle lui cède ses châteaux normands de Falaise, Domfront et Bonneville-sur-Touque.

Elle s'installe au palais des comtes du Maine (actuelle mairie) en juillet 1204 au cours d'une cérémonie officielle grandiose... Et le roi Jean, là-bas sur l'île anglaise, son beau-frère, ne lui est d'aucun secours. Il fait des promesses, mais ne les tient pas. Son successeur Henri III sera plus sympathique, en versant quelques droits à Bérengère.

Bérengère va alors consacrer l'essentiel de son énergie à sa bonne ville du Mans. Elle soutient le chapitre de Saint-Pierre-la-Cour et la Maison-Dieu de Coëffort, fondée par Henri II aux alentours de 1180, finance en partie la construction de la cathédrale, offre une terre aux fransciscains pour y établir un prieuré et, surtout, fonde l'abbaye de la Pitié-Dieu de l'Épau le 7 février 1229, où est accueilli l'ordre de Cîteaux. Il se situe sur un terrain offert à Bérengère par le roi Louis IX en 1228, dont l'ancien nom latin est *Spallum*, ou *Espallum*, plus connu sous celui de L'Espal et l'Épau. En 1230, Louis IX vient sur place avec sa mère et confirme par écrit la fondation cistercienne.

Bérengère n'a guère le temps de savourer son œuvre. Elle meurt le 20 ou le 23 décembre 1230, sept ans après le décès de Philippe Auguste, dans le palais des comtes du Maine. Son corps repose dans le cœur de l'église de l'abbaye de l'Épau, puis dans la cathédrale du Mans, puis à nouveau à l'abbaye. Son gisant, sculpté bien des années après sa mort, est une vision imaginée du portrait de la reine.

C'est grâce à un Anglais, Charles-Alfred Stothard, qu'il a été retrouvé sous un tas de blé, en parfait état, en 1816. Après avoir visité les tombeaux des rois anglais de Fontevrault, il était venu au Mans dans l'espoir d'y voir celui de Bérengère. Sa patience et son obstination ont permis de sauver le gisant, sauf le squelette de la reine, mystérieusement disparu.

Bertrand du Guesclin

Un du Guesclin chasse les Anglais, un autre s'installe à Solesmes

De 1360 à 1380

Les liens entre Bertrand du Guesclin et la Sarthe sont bien plus étroits qu'il n'y paraît. Ils ne se limitent pas à ses exploits guerriers dans nos contrées. À Coulongé, au lieu-dit La Croix-Brette, un obélisque marque la victoire de Du Guesclin sur les Anglais à la bataille de Pontvallain en 1370.

Jeanne de Malemains, sa mère, le trouve laid, le déteste, souhaite sa mort et le délaisse. Robert II du Guesclin, son père, ne lui apporte aucun réconfort. Les domestiques le maltraitent. Né en 1320 au manoir de la Motte-Broons, près de Dinan, Bertrand du Guesclin est petit, court sur pattes, trapu, a les bras trop longs. Rien pour plaire. Rejeté, il n'a pas le droit de partager la table avec ses frères et sœurs.

Il se révolte, s'endurcit et s'enfuit du château à 17 ans, sans aucune éducation. À Rennes, son oncle l'accueille et lui offre enfin un peu de tendresse. Le jeune homme choisit sa voie : il sera soldat. Bertrand participe à des tournois et gagne aisément tous les combats. On commence à parler de lui.

Une guerre civile en Bretagne, en 1341, lui ouvre les portes de la gloire. Bertrand du Guesclin, Breton, choisit le camp français et entre dans un conflit qui dure vingt-trois ans. Il se bat au cœur de la Bretagne, quand sa mère meurt sans rien laisser pour lui sur son testament. Qu'importe ! La richesse, il l'aura sur les champs de bataille, au service des bonnes causes, celle des paysans et de la France contre les Anglais. La fortune, il ne la connaitra d'ailleurs jamais. Ce guerrier implacable mais droit distribue les butins aux besogneux. Il vend sa vaisselle à plusieurs reprises et emprunte les bagues de sa femme pour payer les soldats…

En 1355, Bertrand du Guesclin est fait chevalier. En 1356, les Anglais assiègent Rennes. La ville résiste. Une armée se réfugie à Dinan. Du Guesclin la rejoint, combat les Anglais et emporte une victoire éclatante. Les Anglais lèvent le siège. Cet exploit, et un autre à Melun, lui valent le titre de capitaine de Pontorson, dans la Manche, titre offert par Charles V, fils de Jean le Bon, ce roi né au Mans, mort en captivité en Angleterre[3].

À 39 ans, Bertrand du Guesclin est un héros national, riche selon les circonstances et cette fois respecté. On fait appel à lui partout dans le royaume. Belle revanche sur sa triste enfance ! Comble de bonheur, le petit homme épouse Thiphaine Raguenelle, une femme exceptionnelle, aveugle au physique ingrat de son compagnon, éblouie par sa beauté morale et chevaleresque. Au sommet de la gloire, il est fait comte de Longueville après une bataille au succès décisif et nommé capitaine...

Le vent tourne. À la bataille d'Auray, les Anglais l'emportent. Charles de Blois, ami de toujours, est tué et du Guesclin prisonnier. La rançon exigée pour sa libération est trop élevée. Le roi Charles V est pris à la gorge. Sans hésiter, Bertrand du Guesclin donne son comté de Longueville au roi, lequel peut ainsi payer la rançon.

Libre, Bertrand du Guesclin et ses compagnons de combat forment une armée privée, les Grandes Compagnies – on parle aussi des routiers, cottereaux ou Brabançons « tard-venus » dans le Maine –, rassemblant les pires brigands de l'époque, qu'il a combattus en d'autres temps. Ils sont d'une efficacité redoutable, tout ce dont a besoin Bertrand. On pourrait comparer cette organisation aux mercenaires, mais ce n'est pas exactement le cas. Il s'agit plutôt d'une bande de soldats au service du roi, équivalent des corsaires sur mer. Et c'est bien à la demande du roi que les Grandes Compagnies débarrassent l'Espagne des Sarrasins et d'un roi encombrant. À cause d'un de ses compagnons, une bataille tourne mal. Du Guesclin est à nouveau prisonnier. Il trouve l'argent, paie sa rançon et retourne au combat. Le nouveau roi d'Espagne est si content qu'il le nomme connétable de Castille et roi de Grenade.

Lieutenant du Maine

Premiers contacts avec la Sarthe à l'automne 1360, quand du Guesclin commence à pacifier le Maine et l'Anjou (il est alors lieutenant du Maine, d'Anjou et de Normandie). Le 12 décembre, il s'adresse aux habitants d'Écommoy, de

3. *Le Territoire partagé. Guide des cimetières de la Sarthe*, Éditions Cénomane, 2009.

Saint-Mars-d'Outillé et de Teloché, à qui il demande de « *faire le gué* » sur la forteresse de Belin. Plusieurs seigneurs se rallient à sa cause et combattent à ses côtés : les comtes d'Alençon et du Perche, Alain et Jean de Beaumont, Jean de Beaumanoir, Maulny...

Pendant l'hiver 1360-1361, Bertrand se saisit de la ville de Sablé, mais au port ou au gué de Juigné (le pont n'existait pas encore), il se laisse bêtement surprendre par les troupes de Hugues de Calveley. Il est sur le point d'être fait prisonnier, quand son frère Guillaume se sacrifie à sa place. Bertrand se charge de réunir la rançon. Le frère de Bertrand est ainsi libéré contre 30 000 écus et du Guesclin retourne sur ses champs de bataille en octobre.

On dit que Bertrand du Guesclin a tenu garnison au château de la Balluère, à Pirmil, en 1361 et qu'il y a séjourné à nouveau en 1370. Toujours à Pirmil, on cite aussi le château de Cheneru comme lieu de résidence de Du Guesclin, et d'Henri IV plus tard.

Hugh de Calveley est un mercenaire anglais, capitaine des Grandes Companies avec puis contre du Guesclin, dont la force est au moins égale à celle de dix hommes, dit-on. Il est décrit comme *« un géant anglo-saxon, une sorte d'ogre à cheveux roux, à dents longues comme des défenses »*, par le prix Goncourt Roger Vercel, né au Mans et auteur d'un *Du Guesclin* (Albin Michel, 1932). *« C'est un redoutable carnivore que les paysans n'arrivent pas à rassasier de viandes saignantes. La face est violette à force de congestion. Au combat, le sang-froid le plus audacieux et l'impassibilité la plus britannique ; au demeurant, assez dévot pour faire pieusement arroser d'eau bénite le butin arraché dans ses brigandages. »* Pour être saignant, le combat de Juigné est saignant ! Trois cents fidèles de Bertrand du Guesclin sont tués, chiffre énorme en ce temps-là.

Le 4 décembre 1370, du Guesclin démolit proprement les armées anglaises à Pontvallain (Pontvollant au moment des faits). Quelques mois avant, en octobre, le roi lui donne le titre suprême de connétable, autant dire chef des armées de France.

Thomas de Grandson, capitaine anglais, traîne dans le coin. Il est à Mayet et du Guesclin à Juillé, où il passe une nuit. Grandson se prépare à traverser le Loir, où il doit rejoindre Robert Knolles, chef des routiers.

Le 1er décembre 1370, Bertrand du Guesclin quitte Caen et arrive au Mans quelques jours plus tard. Il rassure les habitants, les encourage à s'armer, organise la défense et prend le temps d'analyser la situation. L'évêque Gautier de Baigneux l'accompagne à la sortie de la ville et bénit les soldats.

Le connétable se précipite à Viré-en-Champagne, où il tombe sur un émissaire anglais. L'Anglais lui propose, selon la tradition, une date et un lieu pour s'affronter. Bertrand lui dit poliment qu'il aura bientôt une réponse. On invite le héraut anglais à table au château de Viré, on lui offre dix marcs d'argent, on le fait boire, il s'effondre dans un profond sommeil, totalement ivre...

À minuit, le temps est exécrable. Il pleut à verse et il fait très froid. Du Guesclin n'en a cure. Il sait que Grandson se dirige vers Le Lude. Il donne l'ordre du départ et laisse l'Anglais là, seul, dormant comme un loir.

Quelques soldats protestent. Ils demandent d'attendre le jour pour partir. *« Suive qui voudra »* répond en gros Bertrand. La route est difficile, les soldats se dispersent, se perdent, s'égarent, s'embourbent... Du Guesclin s'en moque. Une seule chose compte, surprendre les Anglais. Deux cents chevaux se cassent les jambes. Les arguments du chef sont sans appel : des chevaux, nous en prendrons aux Anglais, et puis il fera bientôt jour ! Deux cents bonhommes (cinq cents chevaliers selon d'autres sources, commandés par le maréchal d'Andreghem et cinq cents ou mille cinq cents soldats qui suivent derrière sous les ordres d'Olivier de Clisson – au doux surnom de « boucher » – et du maréchal de Blainville) arrivent en vue du corps anglais, clopin-clopant. Du Guesclin leur remonte le moral en leur affirmant qu'ils seront récompensés par l'effet de surprise.

La troupe passe le pont d'Asnières-sur-Vègre, traverse la Sarthe à Parcé-sur-Sarthe, rejoint Noyen et Malicorne, continue jusqu'à Courcelles et La Fontaine-Saint-Martin, avant d'arriver enfin en vue de Pontvallain (des historiens mettent sérieusement en doute le fait qu'ils aient parcouru une telle distance – une cinquantaine de kilomètres – en une seule nuit).

Le 4 décembre 1370, soit après trois jours et trois nuits pratiquement sans repos, du Guesclin déclenche l'attaque contre une armée anglaise bien supérieure à la sienne (on dit qu'ils sont quatre mille). Au total, cinq à six mille hommes s'affrontent, chiffre alors considérable.

Panique chez les Anglais, à peine réveillés. Ils s'enfuient, courent dans tous les sens. Leurs tentes sont détruites, les chevaux s'emballent. Ce qui reste de l'armée anglaise se ressaisit et résiste courageusement. Hélas pour elle, les retardataires français, dispersés, certes, arrivent en renfort. C'est l'enfer ! *« Tout ce qui ne fut pas*

Sur le champ de bataille de Pontvallain, un obélisque marque la victoire de Bertrand du Guesclin sur les Anglais.

tué fut pris », résume Roger Vercel. Des Anglais surgissent eux aussi en renfort, mais trop tard. Ils sont anéantis à leur tour.

Thomas de Grandson est tué par du Guesclin en combat singulier selon certaines sources, fait prisonnier selon d'autres, après un bref combat avec du Guesclin. Dans la foulée, du Guesclin libère Vaas (Vaulx alors) le 5 décembre, où trois cents Anglais réfugiés au château trouvent la mort ou sont ramenés au Mans, où notre héros entre triomphalement. À Ruillé, où le connectable pense trouver les restes de l'armée anglaise, il n'y a plus personne. Elle a disparu. C'est la déroute complète. En récompense, Charles V envoie 2000 écus d'or à l'épouse Thiphaine du Guesclin *« pour sa toilette ».*

Puis du Guesclin reprend son périple en direction de la Loire et de l'Anjou, via Les Ponts-de-Cé. Il offre, pour un temps du moins, la paix à la province du Maine.

Un monument, La Croix-Brette (Brette pour Bretonne), illustre la bataille et le lieu où du Guesclin a fait enterrer ses morts, au-dessus desquels il avait fait élever une croix en bois. Elle a résisté au temps jusqu'en 1828, année où elle s'est effondrée. Elle a été remplacée par un Angevin, propriétaire du terrain et du château de Cherbon, à ses propres frais et alors qu'on ne lui demandait rien. Rien que pour ça, monsieur Dubignon mérite qu'on cite son nom. Vers 1840, à l'occasion de l'installation d'un pressoir près de la Montchevbalerie, dix-huit squelettes humains et des restes de chevaux y sont retrouvés.

Pour ceux qui voudraient effectuer un pèlerinage sur place, le champ de bataille se situerait en grande partie sur les chemins qui vont de Pontvallain à Mayet et Château-du-Loir, mais surtout sur les landes de Rigalet (ou Rigolart) et de Gandelain.

Après Pontvallain, le bilan de Bertrand du Guesclin est plus que glorieux : cent trente-quatre villes et châteaux conquis en trois mois.

Hommage à la cathédrale du Mans

En 1372, Bertrand du Guesclin a 50 ans et perd sa chère femme Thiphaine. Elle a 44 ans. Deux ans plus tard, il épouse Jeanne de Laval Tintenia, nouveau lien avec la Sarthe. Née vers 1350, elle possède Bouère et sa famille le château du XIIe siècle du Mont Porcher, à Saint-Symphorien. Elle meurt le 27 octobre 1437. Le Mont Porcher est offert aux chartreux de Notre-Dame-du-Parc, chassés en 1790. Il appartiendra plus tard à la famille de l'écrivain Guy des Cars jusqu'en 1919, année où elle le vend à maître Dezalay, notaire.

Après quarante années passées sur les champs de bataille, Bertrand du Guesclin meurt d'épuisement le 13 juillet 1380, à 60 ans, après une brutale montée de fièvre en Auvergne, au siège de Châteauneuf-de-Randon. Il était tellement vénéré par tous que les Anglais eux-mêmes, ses pires ennemis, lui ont rendu hommage. Ils appréciaient chez lui sa courtoisie et la parole donnée. Les obsèques sont celles d'un roi et, au même titre que les rois, son corps repose dans la basilique Saint-Denis, son cœur dans l'église Saint-Sauveur de Dinan, ville d'adoption du prix Goncourt sarthois Roger Vercel.

Au Mans, la dépouille de Du Guesclin marque une étape, où il a droit à un service funèbre. La cathédrale, illuminée, reste ouverte toute la nuit. Les Manceaux y défilent devant le catafalque dressé en l'honneur du célèbre chevalier. Ils n'ont pas oublié que, grâce à sa victoire à Pontvallain, les Anglais n'ont jamais pénétré dans leur ville (mais ce n'est que partie remise). *« Le lendemain, les bourgeois accompagnent le corps, torches en main, plus d'une lieu dans la campagne »*, précise Roger Vercel. Son histoire rédigée par Trueller en 1387 dans un *Roumans de messire Bertran du Glaiequin, jadis chevalier et connestable de France,* est visible à la médiathèque Louis-Aragon du Mans.

Charles V disait de Bertrand du Guesclin qu'il avait un *« cœur d'empereur »*. Quelle comparaison! Elle vaut à du Guesclin le titre de connétable de France. En d'autres termes, il est le chef des armées, détient les privilèges propres au roi, est jugé inviolable et toute offense à son encontre est considérée comme un crime de lèse-majesté. Lorsqu'il s'empare d'une ville, il devient propriétaire de tout ce qu'elle possède, sauf des prisonniers, de l'or et de l'artillerie. C'est ainsi qu'il devient gouverneur du Mans, selon Abel Hugo, frère du grand Victor. Héros n'est pas un vain mot concernant cet homme exceptionnel. Il a du sens avec du Guesclin. Peu, au cours de l'histoire, ont autant mérité ce titre.

Voltaire compare ces exploits à ceux de Turenne sous Louis XIV, désigné comme le plus grand général d'Europe. Ils ressemblent de la même façon aux campagnes foudroyantes de Leclerc à la Libération, à cette même hargne qui animait les deux hommes.

Dans l'église d'Assé-le-Riboul, une dalle funéraire serait, selon Serge Bertin, celle d'Agnès du Guesclin, cousine de Bertrand dans la branche des seigneurs de

Vauruzé, décédée en 1344. Elle était la femme de Hugues II d'Assé, seigneur du Plessis d'Assé, un Mainiau donc[4].

Dans cette même branche, une certaine Marie du Guesclin épouse au XVe siècle Jean Morin, seigneur du Tronchet, autre personnage du Haut-Maine.

Dernière trace sarthoise, une du Guesclin de la branche du connétable, épouse Jean de Daillon, le grand-père de Jean II de Daillon, futur comte du Lude sous le règne de Louis XI, son ami d'enfance.

À deux kilomètres de Pontvallain, sur la route d'Écommoy, la chapelle Notre-Dame-de-la-Faigne est le plus ancien lieu de pèlerinage de la Sarthe. Du Guesclin y est passé après la bataille de Pontvallain.

Beaucé de Du Guesclin à Fillon

Après le connectable Bertrand, les du Guesclin se rapprochent de plus en plus du Maine. Dans ses mémoires, René du Guesclin, propriétaire du manoir de Beaucé, à Solesmes (où habite aujourd'hui François Fillon), raconte ses origines. L'histoire commence avec son grand-père Gabriel, descendant d'un cousin germain de Bertrand du Guesclin. Conseiller au parlement de Bretagne, il épouse en 1610 Renée Neveu, fille de Rolland, bailli de Sablé, puis s'installe à Beaucé en 1618, juste à la frontière du Maine et de l'Anjou.

Son fils René (1614-1677) se marie à son tour avec un beau parti en 1644, Anne Cousinot, fille du premier médecin de Louis XIV. En 1647, René fils naît de cette union à Sablé. Il entre au collège des jésuites de La Flèche en classe de troisième et va pour la première fois à Paris avec son père en 1663, à la fin de sa dernière année scolaire. A cette occasion, il devient mousquetaire sous les ordres du célèbre d'Artagnan et meurt à Sablé en 1714. Son frère Bertrand, né à Paris en 1645, décède à l'âge de 3 ans à Sablé. Son deuxième frère Charles, né en 1650, disparaît à son tour à 14 ans à Sablé. Un troisième, Jacques, nait (1651) et s'éteint à Sablé en 1675 à 24 ans. Il a encore deux frères, Gabriel et Jean-Baptiste, et sept sœurs, Julienne, Marie-Madeleine, Marie-Anne, Anne-Angélique et trois autres dont le prénom est Renée, parce que deux d'entre elles sont mortes en bas âge (de moins de quatre mois à 6 ans).

---

4. L'histoire de ce roi 100 % sarthois est relatée dans *72 célébrités sarthoises*, ainsi que celle de Roger Vercel.

Un des enfants du mémorialiste René, Gabriel-Bertrand, nait et meurt à Solesmes. On suit encore la trace de la branche de Beaucé jusqu'au décès de Gabriel-Bertrand en 1750.

Le nom des du Guesclin disparaît avec Françoise-Marie, de la branche bretonne de La Roberie, lorsqu'elle épouse le duc de Gesvres en 1758, lequel est guillotiné le 7 juillet 1794.

Gilles de Rais

Entre légende et réalité

De 1427 à 1439

Gilles de Laval, baron de Rais – ou de Retz, c'est selon –, est un personnage d'une puissance extraordinaire. Sa fortune est énorme. Tellement énorme qu'il prête de l'argent aux rois. Une liste de ses titres, fonctions et possessions en dit long : pair de France, maréchal, chambellan du roi, lieutenant général de Bretagne, chanoine laïc de l'église-cathédrale Saint-Hilaire de Poitiers, seigneur de Machecoul, de Grez, de Montagné, de Legé, de La Bénate, d'Ingrandes, de Tiffauges, de Villemoison, de Pouzauges, de Pornic (il est propriétaire de tout le pays de Retz jusqu'à Bourgneuf...), de l'île Bouin, de Princé, de Chaumont, de Sénéché, de Louroux-Bottereaux... Et ce n'est pas fini... De tous ses titres, l'histoire retiendra celui de Barbe-Bleue, à cause de la couleur de sa barbe, blanche aux reflets d'argent.

Le 19 septembre 1440, au célèbre Château-Neuf de Nantes, cet étrange personnage est condamné par la justice ecclésiastique à être brûlé et pendu en même temps. Dans ce tribunal figure Guillaume de Malestroit, premier assesseur, présenté par erreur comme évêque du Mans par quelques chroniqueurs. Un malentendu dû au fait qu'il est mort au Mans le 17 août 1491. Par contre, il succède à son oncle Jean de Malestroit à l'évêché de Nantes en 1443. Toujours est-il que Jean de Malestroit préside le procès de Gilles de Rais, soutenu par Guillaume, suite à des rumeurs de plus en plus persistantes auprès de l'évêché nantais. Ces deux personnages vont particulièrement s'acharner sur Gilles de Rais. Avec ces deux-là nous sommes, disons-le franchement, face à un acte mafieux. Outre la haine qu'ils lui portent, nos deux évêques lui doivent de l'argent. Supprimer Gilles de Rais, c'est annuler une grosse dette par la même occasion.

Pour l'anecdote, Jean de Malestroit, allié des Anglais, est capturé le 29 septembre 1431 par les Français, puis enfermé d'abord à La Flèche, à Pouancé ensuite, avant de retrouver sa ville de Nantes.

Il n'existe aucune représentation de Gilles de Rais. Celles qui circulent relèvent de l'imagination du dessinateur ou du peintre.

Mais au fait, que reproche-t-on à Gilles de Rais? Peu de choses : sodomie, viols, tortures, meurtres, assassinat de ses valets, pendaisons de paysans, incendies de fermes et de cultures, homosexualité sadique bien avant Sade…

Le pire de tout concerne les enfants. Une dizaine d'hommes à sa solde chassent à longueur de temps dans les campagnes, cachés derrière un masque, et deux femmes servent d'indics, de rabatteuses. Ils enlèvent des enfants, filles ou garçons, peu importe, les chargent comme du gibier dans des sacs et les livrent à Gilles de Rais. Ils font leurs courses et alimentent la boulimie maladive de cet homme fou.

Il les viole, et quand il en a assez, leur coupe le sexe ou le clitoris, leur crève les yeux, les saigne. Excité par le sang qui coule sur lui, il éjacule sur leurs cadavres disloqués. Quand il a fini, il leur écrase la tête à coups de bâton, la tranche, leur coupe les poignets, les démembre, les étrangle, les pend à des crochets comme des animaux de boucherie. Plus raffiné, il utilise leur sang pour écrire…

Né on ne sait quand (1404 ou 1405 probablement), au château de Champtocé, dans le Maine-et-Loire, Gilles de Rais est un héros de guerre, un guerrier sans peur et non sans reproches. Il en fait voir de toutes couleurs aux Anglais, il est redouté pour sa cruauté. À Malicorne, il pend des soldats français pour trahison…

La vie de Gilles de Rais confirme son état : il est totalement dérangé. Il s'adonne aussi à la magie. Au total, il a cent dix dépositions contre lui. Mais on sait que le nombre de victimes est incalculable. On parle de mille ou plus.

La fortune des alliances

Gilles de Rais n'est pas Gilles de Rais. Il le devient par un subtil jeu d'alliances. Son nom d'origine est Gilles de Montmorency-Laval. Explications.

Nous avons d'un côté Jean de Craon. Il possède terres et châteaux à Bourgneuf-en-Retz, au Louroux-Bottereau en Bretagne, l'hôtel de la Suze à Nantes, les terres de La Suze dans la Sarthe, Sénéché et la Voulte dans le Poitou, Briolay, Champtocé et Ingrandes en Anjou.

De l'autre, nous avons Guy de Montmorency-Laval, père du futur tueur en série. Celui-là possède également de vastes territoires qui vont de Blaison à Chemillé, en passant par Fontaine-Milon, Grattecuisse, Ambrières, Saint-Aubin-Fosse-Louvain, Maurières, La Mothe-Achad et que sais-je encore…

Entre les deux, intervient Jeanne Chabot de Rais. Elle possède tout le pays de Retz depuis l'estuaire de Saint-Nazaire jusqu'au-delà de Pornic. Veuve, âgée et

Gilles de Rais cède la seigneurie de la Suze-sur-Sarthe à la majorité de son frère, René, lequel prend le nom de René de La Suze. Le château de La Suze devient par conséquent sa propriété.

sans héritier, elle attire les convoitises de Guy de Montmorency-Laval. Il lui tourne autour et parvient à ses fins : elle le déclare légataire universel à condition d'abandonner son nom pour celui de Rais. Face à l'immense richesse qui l'attend, Guy n'hésite pas une seconde et porte désormais le nom de Guy de Rais. Il ne le sait pas encore, mais il met le doigt dans un engrenage digne du loto. Il va gagner bien plus qu'il ne l'imaginait au départ.

Le déclencheur est un changement d'humeur de Jeanne de Rais. Elle décide de céder ses biens non plus à Guy mais à une lointaine cousine, mère de Jean de Craon. Furieux, Guy, toujours Montmorency-Laval pour l'instant, entame une procédure judiciaire. Jean de Craon propose un compromis. Si Guy épouse sa fille Marie de Craon, il lui laisse les terres. Belle opération qui transforme Guy de Rais en personnage très très puissant.

Et voilà comment Gilles de Rais hérite grâce à un papa très malin et très chanceux d'une fortune co-lo-ssale !

À cette nuance près que Gilles de Rais cède la seigneurie de la Suze-sur-Sarthe à la majorité de son frère René, par un acte établi devant la cour ducale de Nantes le 25 janvier 1434. À cette occasion, René de Rais prend le nom de René de La Suze et se fait parfois appeler Laval-Rais. Le document indique que : *« ès païs de Normandie, France, Poictou et Xaintonge, disoit ledit René este fondé à y prendre et avoir par héritaige ; et ès autres pays, comme Bretagne, Anjou et le Maine, à y prendre et avoir sa portion par bienfait et à viaige. »* En pratique, Gilles de Rais lui laisse, outre le château de La Suze, les châteaux et châtellenie de Briolay, Tercé, Loroux-Botereau et de Bouin (ces deux derniers endroits en Champagne, où René récupère quelques terres supplémentaires à Laon).

Contre les Anglais et en famille

En dehors de son entrée en scène sur le territoire du Haut-Maine, il importe de préciser qu'un ancêtre, Guy Ier de Laval, se distingue dans la Sarthe en épousant au XIe siècle Rotrude de Château-du-Loir, fille d'Hamelin de Château-du-Loir et d'Hildeburge de Bellême.

Deux autres membres de la famille à Gilles de Rais ont séjourné à l'évêché du Mans. Guy de Laval en premier lieu, fils de Guy de Laval VIII, évêque du Mans de 1326 à 1339, en pleine période de guerre avec les Anglais, à laquelle Gilles de Rais participe. Et puis Jean III de Craon ensuite, évêque au Mans de 1348 à 1355.

Tout ceci pour vous dire que la famille de Barbe-Bleue est profondément ancrée dans la Maine du côté maternel. Ses proches ancêtres sont de puissants nobles implantés à Sablé, Précigné, La Suze ou La Ferté-Bernard. Pierre de Craon a vendu son château de Sablé au duc de Bretagne le 11 mai 1392 et La Ferté-Bernard est donnée par le roi au duc d'Orléans. À sa mort en 1407, elle devient propriété de Louis II d'Anjou.

À part ça, Gilles de Rais séjourne régulièrement dans la Sarthe. Non seulement pour rendre visite à son frère au château de La Suze, notamment en 1435 et 1439, mais essentiellement pour des raisons « professionnelles ». Il y combat les Anglais aux côtés de son ami Ambroise de Loré (1396-1446) : au Mans face à Talbot, au château du Lude, au château de Malicorne, à Sillé-le-Guillaume, Conlie, Sablé, Château-L'Hermitage...

Ambroise de Loré est une des personnalités souvent citées par les historiens locaux pour avoir combattu farouchement les Anglais dans le Maine entre 1422 et 1427. Baron de Juillé, Ambroise porte le nom de son château de Loré, situé à Domfront dans l'Orne. Charles VII l'a nommé prévôt de Paris, ville où il laisse un excellent souvenir après sa mort.

Commençons d'abord par Le Lude en 1427. Au Lude, Gilles de Rais se comporte en héros. Pour encourager les troupes, il grimpe le premier à l'assaut de la forteresse à quatre tours d'angle et aux douves profondes à l'aide d'une échelle (ce n'est pas encore le château Renaissance que nous connaissons). *« Il ne l'a pas fait par bravade »*, écrit de manière romanesque l'historien Michel Bataille, *« mais en froid homme de guerre qui sait devoir payer de sa personne quand les soldats hésitent. »* Arrivé sur le chemin de ronde, il tombe nez à nez avec le commandant de la place, le capitaine anglais Blackburn. Les deux hommes s'affrontent. Gilles de Rais a rapidement le dessus et enfonce son épée dans le corps de l'Anglais, acculé contre un mur. On le dit ici et là, Gilles de Rais aurait découvert la jouissance de tuer ce jour-là et son nom entre dans l'histoire par la même occasion. Les Anglais sont vaincus et s'enfuient, les soldats français acclament leur chef. Le futur Barbe-Bleue va rapidement monter en grade. Le roi salue *« les grands périls et dangers à la prise du Lude et divers beaux faits »* du maréchal car, en effet, Gilles de Rais sera fait maréchal à 24 ans.

Gilles de Rais se lance ensuite à l'assaut du château de Malicorne. Les Anglais prisonniers sont rançonnés et les Français « traîtres » pendus sans façon, comme ce fut déjà le cas au Lude.

En 1427, Gilles de Rais est nommé capitaine de Sablé. Il y revient en 1429. De son côté, Jean V de Bueil s'installe à Château-L'Hermitage[5]. Jean et Gilles sont proches, puisque le premier a épousé la fille d'Anne de Sillé, belle-grand-mère du deuxième, sachant qu'elle a épousé un Craon après le décès de son premier mari.

Jean de Bueil était pourtant avec Gilles de Rais au château du Lude pour expulser les Anglais, mais le problème est que ces deux hommes se détestent royalement. Haine facile à constater sur le terrain. Au cours de l'hiver 1429-1430, Gilles de Rais tente de s'emparer de Château-L'Hermitage pendant une nuit. Jean de Bueil n'est pas sur place au moment de cet événement. Ainsi, il est capturé par Gilles de Rais lorsqu'il rentre « chez lui ». Rais l'enferme dans une tour et le libère contre un cheval. Autant vous dire que l'esprit de famille en prend un sacré coup. Jean de Bueil, encore enfermé dans sa tour, tente déjà de court-circuiter son rival en étudiant en douce la configuration de Sablé. Libéré, et profitant d'une absence de Gilles de Rais, il envahit la ville de Sablé, ou plus exactement le château. Aussitôt fait,

---

5. La famille de Bueil est très présente dans la région (Maine et Touraine). Honorat de Bueil, dit Racan, écrivain et académicien d'Aubigné-Racan, est lié à ses membres. Lire *72 célébrités sarthoises* pour en savoir plus sur Racan.

aussitôt devient-il capitaine de Sablé. Le sang de Gilles de Rais ne fait qu'un tour. Il revient au galop et reprend possession des lieux pendant une nuit, disons, agitée.

Le 25 mai 1428, Gilles de Rais arrive devant la ville du Mans. Grâce à l'aide de l'évêque, il s'empare de la cité sans combat, à part quelques escarmouches. Mais pour peu de temps. Trois jours plus tard, les Anglais reprennent la ville, lord John Talbot à leur tête.

Peu de temps après le partage d'héritage entre Gilles et René de Rais, en mars 1434, les Anglais encerclent Sillé-le-Guillaume, après avoir envahi Saint-Célerin. Mais Gilles de Rais, Ambroise de Loré et d'autres troupes viennent à la rescousse. Tout le monde se regarde en chiens de faïence et, finalement, les Anglais marquent leur refus de combattre en se retirant... pour revenir en douce plus tard et s'emparer du château.

Gilles de Rais se bat encore à Conlie dans la foulée, en 1435, avant de rejoindre ses terres, désavoué par le roi, et sans doute désabusé.

Une légende prétend que des ossements d'enfants ont été retrouvés au château de La Suze. Il s'agit d'une confusion avec l'hôtel de La Suze à Nantes (disparu), où Gilles de Rais a effectivement tué cent quarante enfants.

Cette méprise est déjà pour le moins « amusante », cependant bien moins étonnante qu'un autre épisode, authentique mais assez peu connu, survenu avec Jeanne d'Arc. Une femme, Claude-Jeanne des Armoises, ressemblant à s'y méprendre à Jeanne d'Arc, s'est fait passer pour elle. Elle fait savoir à Gilles de Rais qu'il sera capitaine de la ville du Mans s'il en expulse les Anglais. Gilles, qui a pourtant combattu aux côtés de la Pucelle à Orléans, ne voit pas la supercherie et l'aide. Il lui fournit même une troupe de soldats pour l'aider à délivrer Le Mans. Il va ainsi se faire berner pendant un an, jusqu'à ce que le roi découvre et dénonce la supercherie. On raconte que Jeanne d'Arc aurait passé une nuit à l'épicerie du Pré, rue du Pré au Mans. Comme Jeanne d'Arc n'a jamais mis les pieds dans la Sarthe, on peut supposer que ce fut en fait la fausse Jeanne, mais cette théorie n'engage que moi.

Pour finir, René de La Suze, le jeune frère de Gilles de Rais, meurt en 1473. Il témoigne au procès de son frère Gilles en 1440 et l'accuse de dilapider la fortune familiale, ce qui s'avère parfaitement exact.

Ronsard, du Bellay, Peletier, Baïf…

Naissance de la Pléiade au Mans

1543

Avant toute chose, et ceci explique cela, il faut préciser l'origine angevine très ancienne de la famille du Bellay. Sa présence dans la région remonte au moins au XIIe siècle et l'un de ses membres est connu pour être le compagnon de Richard Cœur de Lion, mari de notre célèbre Bérengère[6], pendant la troisième croisade. Un autre, Jean du Bellay, à la tête de ses troupes, a littéralement massacré les Anglais à Crissé en 1422.

La grande famille du Bellay rayonne à plusieurs occasions sur le Haut-Maine. Jeanne, une sœur de Gilles de Souvré, marquis de Courtanvaux (Bessé-sur-Braye), et maréchal de France[7], a épousé René du Bellay, baron de la Flotte, fils de Jean du Bellay et de Françoise de Mailly, aux alentours de 1590.

Bien avant, un autre René du Bellay, évêque du Mans depuis 1535, bénéficie des ressources de l'abbaye Saint-Laurent du Gué-de-Launay, à proximité de Vibraye. Il vit au château de Touvoie (Touvoye à l'époque), à Saint-Corneille. Mécène de Pierre Belon[8], il lui permet de constituer un arboretum de plantes étrangères venues de Grèce ou d'Égypte dans les jardins de la demeure : épinards, cèdre, chêne-liège, thuya…

De son côté, Rabelais envoie à l'évêque des semences d'Italie : melon, giroflée, citrouille et carde. Ils partagent la même passion pour la botanique et lorsqu'il l'accueille au Mans, René lui réserve un logement dans une aile du palais épiscopal. Ils se promènent ensemble dans le parc et admirent le seul platane existant alors en France, ramené par Pierre Belon. Selon l'historien Michel Ragon, lorsqu'il

---

6. Voir le chapitre consacré à la reine Bérengère et au roi d'Angleterre Richard Cœur de Lion, fils d'Henri II d'Angleterre, né au Mans, dans ce même ouvrage. Voir par ailleurs le chapitre sur Henri II dans *72 célébrités sarthoises*.

7. À retrouver dans *72 célébrités sarthoises*.

8. À retrouver dans *72 célébrités sarthoises*.

repart vers Paris pour rejoindre Jean du Bellay, Rabelais est accompagné d'un jeune cavalier, Joachim du Bellay, petit-neveu de René et de Jean.

Mort en 1546, René du Bellay repose en la cathédrale de Paris, tandis que son cœur est déposé dans celle du Mans. C'est donc René qui assure l'office religieux de Guillaume en 1543 en la cathédrale du Mans.

Dans ladite cathédrale du Mans, un mausolée rappelle depuis 1557 l'existence exceptionnelle de Guillaume du Bellay et, à travers lui, la prestigieuse destinée du clan.

Son frère, Jean du Bellay, est ambassadeur auprès de Henri VIII, roi d'Angleterre en 1527 et 1533, puis évêque de Bayonne et de Paris en 1532, de Limoges en 1541, du Mans de 1546 à 1556, cardinal en 1535, archevêque de Bordeaux en 1544, doyen du Sacré Collège de Rome à partir de 1547. Il a même échoué de peu à la papauté.

Jean du Bellay, frère de Guillaume donc, succède à son troisième frère René à la tête de l'évêché du Mans, après son décès en 1546.

Guillaume, René et Jean du Bellay sont fils de Louis du Bellay, conseiller au parlement de Paris. Après ses études à Angers et Paris, Guillaume entre à la cour de François Ier en 1515, à 24 ans, et Rabelais est son médecin. Guillaume se distingue à Marignan en 1515. Prisonnier des Espagnols en 1525 en même temps que François Ier, il est libéré contre rançon. Il passe quasiment le reste de sa vie en Italie, où il joue les intermédiaires entre ce pays et la France. Il y installe en réalité un service d'espionnage d'une redoutable efficacité.

Épuisé par la maladie, le diplomate quitte l'Italie et rentre en France sur une litière. Il n'arrivera jamais à destination ! Le 9 janvier 1543, il s'effondre pratiquement dans les bras de Rabelais à Saint-Symphorien-de-Lay, dans la Loire, sur la route de Lyon à Roanne. Rabelais embaume le corps et l'accompagne au Mans (c'est une supposition, car nous n'avons aucune preuve et il ne dit rien dans son *Récit de l'agonie de Guillaume de Langey* extrait du *Quart Livre*), où une cérémonie religieuse est célébrée par son jeune frère René du Bellay, l'évêque du Mans déjà cité. Son autre frère Jean, alors cardinal à Paris, ne peut se déplacer.

Le 2 mars 1543, Guillaume est déposé dans l'église abbatiale de Saint-Vincent du Mans. Le 5 mars, à 8 heures, huit hérauts devancent le corps de Guillaume, des sonnettes à la main. Enseignants et élèves des écoles suivent, des cordeliers, l'ordre des Jacobins, vingt-six marchands avec une torche, suivis de vingt-six pauvres (habillés pour la circonstance), vingt-quatre officiers de la cour ecclésiastique tenant un flambeau, tandis que douze domestiques et huit nobles portent le cercueil, dont Louis de Ronsard, père du poète, lequel précède un autre frère de Guillaume, Martin du Bellay (la famille comprend cinq fils et deux filles). Le cortège se dirige vers le château, puis vers la cathédrale.

La présence à la cathédrale de Pierre de Ronsard, Antoine de Baïf, Peletier, Tahureau et probablement Denisot (grand ami d'enfance de Peletier), marque la naissance future de la Pléiade, ou plus précisément la première rencontre des protagonistes. Ronsard a alors 19 ans. Contrairement à Rabelais, pour qui subsiste un doute, la présence de Joachim du Bellay est exclue. À cause de ses études très prenantes à Angers à cette date et surtout parce qu'il rencontre Peletier et Ronsard pour la première fois plusieurs années après, respectivement en 1546 et 1547 à Poitiers.

Ronsard, Baïf et du Bellay se retrouvent sur les mêmes bancs d'école de Paris, au collège de la Montagne Sainte-Geneviève, dans l'hôtel de Bourgogne. Avec leur professeur Dorat, ils sont les meilleurs amis du monde. C'est là et autour de ces quatre personnages que se construit la Pléiade. Un jour de 1548, Dorat et ses élèves partagent leur goût pour la poésie avec ceux du collège voisin de Boncourt. Rémy Belleau, Jean Bastier de la Péruse, Étienne Jodelle et Nicolas Denisot participent à cette discussion animée. On connait la suite...

Rabelais curé de Saint-Christophe-du-Jambet

La Touraine et le Poitou sont les terres ancestrales de François Rabelais (1483 ou 1494-1553). La Devinière, domaine de son père près de Chinon, est probablement son lieu de naissance. Moine franciscain chez les cordeliers du Puy-Saint-Martin, près de Fontenay-le-Comte, il change d'habit pour celui de bénédictin, cette fois à Saint-Pierre-de-Maillezais, toujours proche de Fontenay-le-Comte.

En 1527, pour d'obscures raisons, Rabelais quitte son cher pays et se lance dans une tournée générale à travers la France. Il fait étape à Bordeaux, Toulouse, Montpellier, Valence, Bourges, Orléans, Angers, Paris...

En 1530, Rabelais se fixe un peu, le temps d'entrer à la faculté de médecine de Montpellier. Diplômé, il commence à exercer la médecine à Lyon en 1532, au Grand Hôtel-Dieu de Notre-Dame-de-Pitié du Pont-du-Rhône. Il y publie son *Pantagruel*. Mais la littérature ne nourrit guère son homme à cette époque et Rabelais cherche auprès de ses relations une autre source de revenus.

C'est le cardinal Jean du Bellay, évêque de Paris puis du Mans, qui va le faire entrer à l'abbaye bénédictine de Saint-Maur-des-Fossés, à côté de Paris. Ils font connaissance par l'intermédiaire du poète lyonnais Salmon Macrin, lorsque Rabelais fait imprimer son *Pantagruel* dans cette ville. Dès lors, Rabelais fréquente avec régularité les quatre frères du Bellay.

Jean du Bellay effectue un séjour à Lyon en mai et juin 1533 et revient en janvier 1534. C'est lors de ce deuxième voyage qu'il propose à Rabelais de l'accompagner à Rome, où ils arrivent en février. Ils retournent en Italie en juillet 1535 à Ferrare et en août quand Jean du Bellay devient cardinal. Rabelais est à la fois son médecin et son secrétaire jusqu'au décès du cardinal en 1553. Un point commun les rapproche, le gallicanisme, à savoir le rattachement de l'église à l'autorité du roi avant celle du pape.

Rabelais reprend ses activités médicales à Lyon et publie en 1535 *Gargantua*. Ses attaques contre l'Église ont le don d'agacer la Sorbonne et Rabelais disparaît quelque temps dans la nature, assez pour se faire oublier. Il retourne à Rome avec Jean du Bellay.

Et puis c'est reparti. Rabelais retourne à Montpellier, on le croise à Aigues-Mortes, où il assiste à une entrevue entre François Ier et Charles V, on le rencontre à Lyon, il visite l'Italie en 1540, avec Guillaume du Bellay, gouverneur du Piémont, malade... Il s'occupe de tout : de la santé de Guillaume, de l'armée, mais aussi de la pharmacie militaire... Il guérit Guillaume du Bellay d'une très douloureuse colique provoquée par une rétention d'urine, elle-même provoquée par une pierre.

On a déjà raconté la suite : Guillaume meurt à l'auberge de la Tête Noire, à Saint-Symphorien, près de Lyon, victime de la goutte à 52 ans. Le médecin Rabelais embaume le corps, le lave avec du vinaigre et le parfume. Il ouvre le ventre et retire le cœur, introduit de la menthe, de la lavande et du thym. Recousu, Guillaume est oint une dernière fois de térébenthine, enroulé dans deux toiles goudronnées et enfermé dans un cercueil de plomb avec quelques herbes supplémentaires. Rabelais accompagne semble-t-il le convoi mortuaire jusqu'au Mans, via Orléans.

Il est présent dans la cathédrale du Mans le jour de l'enterrement de son patron comme le veut la tradition (il n'est pas mentionné dans la liste des présents) et il rencontre trois jeunes poètes, la génération montante de la littérature : Pierre de Ronsard, Jacques Peletier et probablement Nicolas Denisot[9], sans pour autant

---

9. À retrouver dans *72 célébrités sarthoises*.

Rabelais était curé de Saint-Christophe-du-Jambet. On ne sait pas s'il y a vraiment mis les pieds.

s'associer au projet de la Brigade, future Pléiade. Pour une raison simple, Ronsard et Rabelais étaient en désaccord complet sur la façon de traiter notre langue, sans compter qu'ils ne s'aimaient guère.

On le retrouve en nos terres en 1551, après la publication du *Tiers livre* (1546), suite à son exil à Metz, toujours par crainte de répression de la part de la Sorbonne et après un dernier séjour à Rome avec Jean du Bellay en 1548, année de publication du *Quart livre*.

Grâce au testament de Guillaume du Bellay du 13 novembre 1542, qui l'a inscrit dans sa succession, il vit des revenus de deux cures, celle de Saint-Martin-de-Meudon et celle de Saint-Christophe-du-Jambet, dans le canton de Beaumont-sur-Sarthe, où René du Bellay a déjà été curé (Rabelais appelle cette cure sa « jambe de Dieu »). Il doit ces privilèges à Guillaume, mais aussi à l'évêque du Mans Jean du Bellay.

Jean du Bellay, compagnon d'enfance de Rabelais, lui voue une admiration sans bornes depuis sa guérison, grâce à l'écrivain, d'une terrible crise de sciatique à Lyon. Passionnés d'archéologie tous les deux, ils effectuent ensemble des fouilles à Rome.

Une admiration poussée jusqu'à la tyrannie. François Rabelais, médecin privé, protégé et domestique, habite à côté et accourt au moindre appel du cardinal. Leurs relations sont celles d'un couple qui s'aime et se déchire. *« Je vous manque, et lorsque je suis là, je vous agace »*, lui écrit Rabelais. À la fin de sa vie, il passe d'ailleurs l'essentiel de son temps à Saint-Maur-des-Fossés, auprès de Jean du Bellay.

Ce qui ne réduit en rien sa vie de nomade : il retourne à Poitiers, va à Ligugé et Maillezais (deux communes de Vendée), à Toulouse et Avignon, à Angers qu'il quitte précipitamment à cause d'une épidémie de peste, à Bourges où il étudie le droit...

On se demande même s'il n'a jamais eu le temps de mettre les pieds à Saint-Christophe-du-Jambet, et encore moins s'il y a donné la messe... à part, sans doute, une simple visite de curiosité... En 1553, Rabelais résilie ses deux cures et meurt dans la foulée, en avril, à 70 ans dit la chronique, rue des Jardins à Paris.

Rabelais ne se contente pas de séjours dans le Haut-Maine. Il l'évoque à plusieurs reprises dans ses écrits. Dans *Pantagruel*, par exemple, Beaumont-le-Viconte (Beaumont-sur-Sarthe) est l'objet d'une savoureuse contrepèterie. Panurge fait la cour à une dame. Il la retrouve à l'église, s'agenouille auprès d'elle et lui dit :

« Ma dame, saichez que je suis amoureux de vous que je n'en peuz ny pisser ny fianter. Je ne sçay comment l'entendez ; s'il m'en advenoit quelque mal, que en seroit-il ?

— Allez, (dist elle) allez, je ne m'en soucie ; laissez moy icy prier Dieu.

— Mais (dist il), ecquivocquez sur "A Beaumont le Viconte".

— Je ne sçaurois, dist elle.

— C'est (dist il), "A beau con le vit monte." *et sur cella priez Dieu qu'il me doint ce que vostre noble cueur desire, et me donnez ces patenostres par grace.*

— Tenez (dist elle), et ne me tabustez plus. »

Joachim du Bellay, archidiacre de Château-du-Loir

Le du Bellay qui nous intéresse le plus, orphelin très jeune, est né au château de la Turmelière, près de Liré (Maine-et-Loire), en 1522. Il est élevé par son frère aîné, âgé de quinze ans de plus que lui.

On parle toujours de Pierre de Ronsard parce qu'il a chanté le Maine et le Loir. Il a laissé quelques traces dans la région du Maine et il est né au château de la Possonnière, c'est vrai. Mais on oublie le plus souvent Joachim du Bellay, son parent éloigné, qui ne fut pas moins archidiacre de Château-du-Loir.

Le département de la Sarthe est fortement associé à la grande révolution de la Renaissance littéraire du XVIe siècle, qui a donné à la langue française ses lettres de noblesse au travers d'une organisation prestigieuse, La Pléiade, à laquelle appartenait du Bellay. Ce que Ronsard appelait La Brigade ou La Bande, comptait dans ses rangs, en effet, des noms aussi proches de chez nous que Ronsard – évidemment –, que Joachim rencontre en été 1547 dans une auberge de Poitiers, mais aussi Jacques Peletier du Mans (savant et écrivain manceau qui a appuyé une réforme de l'orthographe), rencontré pour la première fois en 1546 à l'université de Poitiers où il effectue ses études (après un séjour au collège d'Ancenis), ou encore Antoine de Baïf, d'origine fléchoise[10].

Ronsard, inspiré par la constellation des sept étoiles de la Pléiade, adopte définitivement le nom en 1556, quand Belleau les rejoint. *Dixit* Ronsard :

« *Belleau, qui vient en la brigade*
Des bons, pour accomplir la septième Pléiade ! »

10. À retrouver dans *72 célébrités sarthoises*.

Joachim du Bellay a été archidiacre de Château-du-Loir, poste repris par Ronsard après sa mort.

À la fin de sa vie, Ronsard bouleverse tout. Au départ, Joachim du Bellay n'entre pas dans les rangs de la Pléiade. Sont admis dans cette instance, outre Ronsard, Jean Daurat (ou Dorat, leur maître au collège de Coqueret de Paris), Peletier, Pontus de Tyard, Belleau, Jodelle et Baïf. Mais l'ascendant de Du Bellay prend une telle ampleur (il devient le numéro deux après Ronsard), que Peletier est sacrifié sur l'hôtel de la gloire au profit de Du Bellay et n'est plus qu'une huitième étoile.

Joachim du Bellay continue ses études à Paris avec Ronsard. Il y apprend le latin, le grec et l'italien. Il imagine alors une carrière militaire. Pour ce faire, il compte un peu, voire beaucoup, sur son cousin Guillaume dont nous venons de parler. Malheureusement, ce dernier meurt subitement. Deux religieux, frères de Guillaume, René et Jean du Bellay, eux aussi déjà cités, vont aider le poète, mais autrement.

Joachim du Bellay voyage dans le Maine en 1552 et, vers la fin de sa vie, en 1557, le cardinal Jean du Bellay, à cette époque évêque de Paris, qu'il a accompagné à Rome en 1553 (la ville et ses habitants déplaisent fortement à Joachim), lui confie la gestion de ses revenus et lui alloue un bénéfice de 3000 livres. Il a également le titre honorifique de protonotaire du Saint-Siège et d'archidiacre de

Château-du-Loir. Grâce à cette attribution, et à d'autres bénéfices de prieurés de province, l'auteur des *Regrets* peut vivre honorablement, la plume étant à cette époque peu rémunératrice. Signalons à ce propos qu'il est courant en ce temps-là de se voir doté de cures sans exercer la prêtrise.

Jusqu'à sa mort, ce même Jean du Bellay maintient hors de l'eau la tête de Joachim, obligé de prendre en charge l'éducation de Claude, fils de son frère aîné disparu en 1551. À cette tutelle s'ajoute une série de procès de succession qui achève de ruiner notre pauvre Joachim. Après un séjour de quatre ans à Rome avec le cardinal Jean à partir de 1553, Joachim rentre à Paris totalement épuisé. Sa santé ne cessera plus de dégrader.

Sourd et tuberculeux très tôt, à partir de 1550, syphilitique et atteint de la pelade, Joachim du Bellay meurt d'apoplexie jeune, à 37 ans, le 1er janvier 1560. Après un repas, on le retrouve inanimé à sa table de travail, où il était en train d'écrire ses derniers vers. Cette mort prématurée, qui plus est dans un état de pauvreté avancé, lui vaut, même s'il est entré dans la postérité, d'être largement détrôné par Ronsard. Il a pourtant eu le temps de traduire Virgile et Ovide.

Joachim du Bellay était ami avec un autre poète ignoré aujourd'hui, Jacques Bouju (1515-1577), seigneur du Rancher (à Teloché, dans le canton d'Écommoy), dont la famille a contribué à l'enrichissement de l'hôtel-Dieu du Mans et dont le bisaïeul avait commandé le château du Mans.

Peletier avant du Bellay

Quant à Jacques Peletier, né au Mans en 1517 et mort au collège du Mans de Paris en 1582 (fondé par l'évêque du Mans Philippe de Luxembourg en 1549), homme brillant en tout, médecine, mathématiques, littérature, langues..., il a eu une grande influence dans la défense de la langue française préconisée plus tard par du Bellay dans sa *Défense et illustration de la langue française*, publiée en 1549, dédiée au cardinal Jean du Bellay, cousin germain de son père.

Peletier aurait pu rédiger la *Défense et illustration de la langue française*. L'ouvrage est le produit d'une décision collective et la synthèse des discussions de la Pléiade, sous forme de manifeste. Du Bellay est choisi pour être le porte-parole et le porte-plume du groupe. Mais Peletier est le premier à défendre cette langue. Il expose textuellement ses théories sur une simplification de l'orthographe et une écriture en français, et non plus en latin, avant Joachim du Bellay, notamment dès la préface de la traduction de *L'Art poétique* d'Horace en 1544. Il développe à nouveau ces théories dans ses *Œuvres poétiques* de 1547, puis, après la publication de *Défense et illustration de la langue* française de Du Bellay, dans *Dialogue de l'orthographe* en 1550, dans *Art poétique* et *Amour des amours* en 1555.

Peletier est enfin secrétaire de René du Bellay à partir de 1539. Comme on peut le constater, autour des du Bellay, la confrérie littéraire est vaste et variée.

Dans ses *Œuvres poétiques* de 1547, Peletier intègre les premiers textes de Ronsard et de Joachim du Bellay. Celui de du Bellay s'intitule *À la ville du Mans* :

« Cesse, Le Mans, cesse de prendre gloire
En tes Grebans ces deux divins espritz :
Trop plus sera durable la memoire
De ton renom, si tu donnes le prix
À Peletier sur tous le mieux appris
À translater, et qui d'invention
N'a pas acquis moindre perfection.
Mais si doutteuse en est la verité
Au temps présent, laissons l'affection :
Je m'en rapporte à la posterité. »

Pierre de Ronsard, curé de Challes et de Champfleur, archidiacre de Château-du-Loir et chanoine du Mans

Oser dire que Ronsard est Sarthois va faire se dresser les cheveux des Vendômois ! Et ils auraient bien raison de protester. Nonosbtant, tout est question de géographie et tout dépend à quel moment se situe l'histoire de notre pays. Là où il est né en 1524, au château de la Possonnière, la direction prise en sortant du château influence le jugement. Vers le nord, il suffit d'un saut de puce pour franchir la frontière sarthoise. Mais l'argument est trop mesquin, il faut en convenir, sans doute. Un autre angle achèvera de convaincre les sceptiques. Ronsard n'est pas Sarthois, c'est certain, mais il l'est presque si on considère que Couture-sur-Loir dépend en ce temps-là de l'évêché du Mans et si on rappelle que le Bas-Vendômois, où se situe la Possonnière, faisait partie du Maine. Inattaquable !

D'autres situations relient les Ronsard au Maine. Au tout début du XVe siècle, Jeanne de Vendômois, fille du seigneur de Bessé-sur-Braye, ou plus exactement de la Cour-de-Bessé, a pour premier mari Gervais de Ronsard, seigneur de la Possonnière.

Le château de la Possonnière, où est né Ronsard, est situé dans le Vendômois. Mais à l'époque de sa naissance, cette zone géographique faisait partie du Maine.

Venons-en maintenant à l'église de La Chapelle-Gaugain. Claude de Ronsard, fils de Louis de Ronsard et frère du poète, y fait construire une nef au XVIe siècle. Les armes de la famille sont visibles à l'extérieur et à l'intérieur, sur une clef de voûte. Pour une simple raison, La Chapelle-Gaugain fait partie de leur seigneurie. Olivier de Ronsard, grand-père de l'écrivain, mort le 7 mai 1493, est cité comme seigneur de cette commune en 1470, 1483 et 1486. Les Ronsard logent régulièrement au château de La Chapelle-Gaugain et le fils de Claude y vit à plein temps. Il est leur propriété pendant tout le XVe siècle et tout le XVIe.

Faut-il encore ajouter que l'oncle de l'écrivain, Jean de Ronsard a été curé de Bessé-sur-Braye et un des précepteurs du poète était Guy Peccate, ou Pacate, membre de l'abbaye de la Couture au Mans, prieur de Sougé-le-Ganelon et curé de Spay. Et pour finir, il est propriétaire avec ses frères du domaine de Sarceau, à Sarcé, entre Mayet et Le Lude.

S'il n'avait pas été atteint de surdité, Pierre de Ronsard aurait sans doute été page du roi et aurait peut-être manqué de temps pour écrire. Allez savoir si nous aurions connu tous ses chefs-d'œuvre ! Il commence donc bel et bien une carrière de page en 1536, fonction avantageuse sur le plan touristique, puisqu'elle lui permet de se rendre en Écosse et en Flandre en 1537, sans oublier l'Allemagne en 1540.

Ce 5 mars 1543, date de l'enterrement du diplomate Guillaume du Bellay, où Ronsard rencontre Peletier, secrétaire de René du Bellay, occulte le fait que c'est le lendemain qu'il reçoit la petite tonsure au château de Touvoie, début d'une carrière ecclésiastique moins remarquable que celle de poète. L'évêque René du Bellay se charge de cette besogne. L'acte officiel indique *« que tous sachent que nous, René du Bellay, par la miséricorde divine évêque du Mans, avons conféré au nom du Seigneur la tonsure de clerc à notre cher Pierre, fils du noble homme Louis de Ronsard et de demoiselle Jeanne de Chauldrier, paroissiens de Saint-Germain-de-Couture, de notre diocèse du Mans, né et originaire et dans un légitime mariage, doué de l'âge et de l'instruction suffisants »*.

Une grande amitié naît entre Ronsard et Peletier. Elle dure toute leur vie. Ils se retrouvent plus tard à Paris dans la grande aventure de la Pléiade.

Ronsard publie ses quatre premiers livres des *Odes* en 1550, les *Amours* en 1552 et 1553, *La Continuation des amours* en 1555, les *Hymnes* en 1555 et 1556, les *Discours* en 1562, *La Franciade* en 1572, les *Amours de Marie* en 1574, les *Sonnets pour Hélène* en 1578 et les *Derniers vers* en 1585, année de sa mort.

Les légendes ont la vie dure et il faut tuer celle-ci, venue d'on ne sait où, et une fois pour toutes : non, Ronsard n'a jamais été curé d'Évaillé ! Il n'existe aucun élément quelconque pour affirmer une telle thèse : aucune trace, aucun document, aucune preuve. Pourtant, on situe étrangement avec une certaine précision et l'année et les faits. Il aurait la cure-baronnie en 1555, laissée par son frère Charles. La confusion serait-elle en rapport avec la défense militaire d'Évaillé contre les protestants de Levasseur de Cogners, à laquelle il participe en effet en 1562 ? Toujours est-il qu'il écrit à ce sujet : *« N'ayant pu défendre mes enfants par la clé de Saint-Pierre, j'ai pris l'épée de Saint-Paul. »*

Par contre, il est bien réel qu'il a la charge de la paroisse de Challes à partir du 30 juin 1554, attribuée par le cardinal Jean du Bellay, que Ronsard remplace en 1557 par celle de Champfleur et de Fontaine, près de Montoire. À la mort de Joachim du Bellay, il devient archidiacre de Château-du-Loir le 16 juin 1560 et le remplace au chapitre de la cathédrale du Mans en 1562. En d'autres termes, il est chanoine. Il est décidément très présent dans le Haut-Maine, puisqu'il obtient le prieuré de Saint-Guingalois, à Château-du-Loir, en 1562, jusqu'en 1570.

La Pléiade constitue un avant-goût de l'Académie française, sur son principe *« d'avancement de la langue »*. Ses membres visaient le même but et Jean-Antoine de Baïf avait essayé d'en créer une, sous la protection de Charles II.

Antoine de Baïf, Sarthois né à Venise

Lazare de Baïf, né à La Flèche en 1494 et mort en 1547, père d'Antoine, favorise les rencontres (avec Dorat notamment) et joue le rôle de protecteur de la Pléiade, tandis qu'Antoine en est l'acteur. Lazare s'occupe de Ronsard, orphelin, comme de son propre fils et l'emmène en voyage avec lui (le trio séjourne à Haguenau, en Alsace, en 1540). Il est ambassadeur à Venise lorsque son fils Antoine y naît en 1532.

Antoine effectue ses études à Paris, en compagnie de Ronsard et du Bellay. Son amitié avec Ronsard est forte, mais ponctuée de désaccords parfois virulents. Ce qui ne les empêche pas de voyager ensemble un peu partout en Europe.

Nonobstant sa participation à la naissance de la Pléiade, il fonde la première Académie de poésie et de musique de France en 1570, disparue en 1684, ancêtre du conservatoire.

La devise familiale Hâte-toi avec lenteur, *en grec, est encore visible sur la maison de Lazare de Baïf à La Flèche, où a habité son fils Antoine.*

Outre son héritage de la Cour-des-Pins à La Flèche, Antoine de Baïf obtient les bénéfices ecclésiastiques de Saint-Cosme-en-Vairais et Saint-Germain-des-Coudrais. Il loge par ailleurs souvent chez son ami Jacques Tahureau, ami de la Pléiade, et chez Jacques Morin de Loudon, seigneur du Tronchet.

S'il n'est pas le plus talentueux de la Pléiade, il en est sans doute le plus coquin. N'oublions pas qu'il laisse une œuvre poétique à caractère érotique toujours appréciée des amateurs aujourd'hui. Il meurt en 1589.

Claude Le Jeune, compositeur (1530-1600), adapte une trentaine de poèmes d'Antoine de Baïf, *Chansonnettes mesurées pour plusieurs voix* et *Le Printemps*. Olivier Messiaen, admirateur du chant grégorien de Solesmes, disait que *Le Printe*mps est *« un des plus grands chefs-d'œuvre de toute l'histoire de la musique »*.

Les complices Nicolas Denisot et Jacques Tahureau

La Pléiade ne s'arrête pas aux personnages déjà cités. Elle se développe et accueille de nouveaux membres, parmi lesquels deux Sarthois[11].

Le premier d'entre eux est Nicolas Denisot, né au Mans en 1515 et mort à Paris en 1559 à 44 ans d'une violente fièvre. Ami d'enfance de Jacques Peletier, il fréquente la même école que Pierre Belon. Peintre avant tout, il écrit des poèmes à partir de 1544 pour s'attirer les bonnes grâces des princes. Ami de Ronsard, il participe aux activités de la Pléiade sans être élu, mais aussi à celles de l'académie de Jean Daurat.

Jacques Tahureau, né au Mans en 1527 et mort en 1555 on ne sait où, probablement au Fougeray, n'entre pas dans la Pléiade mais tourne autour, à travers ce qui n'est encore que la Brigade, et à travers les amitiés qui l'unissent à Jean-Antoine de Baïf et Ronsard, avec lequel il a des liens familiaux par sa mère. Encensé par Ronsard, il réunissait toutes les conditions pour rejoindre la confrérie, mais il est mort deux ans après la naissance de la Pléiade, à 28 ans. *Mignardises de l'admirée* est son chef-d'œuvre. Paul Éluard lui fait une place dans son *Anthologie de la poésie française*.

Note : les sept fondateurs de la Pléiade sont Pierre de Ronsard, Jean Daurat, Jacques Peletier, Rémy Belleau, Antoine de Baïf, Pontus de Tyard et Étienne

11. À retrouver dans *72 célébrités sarthoises*.

Jodelle. Joachim du Bellay remplace peu de temps après Jacques Peletier. On voit immédiatement qu'ils sont tous, sauf deux de Paris et de Bourgogne, de la région : Maine, Anjou, Perche, Vendômois. D'autres les rejoindront ensuite.

Les spécialistes s'accordent pour dire que Peletier est l'initiateur de la Pléiade, Daurat le professeur, du Bellay le législateur et Ronsard à la fois le père et le chef.

Ils ont fortement été impressionnés par la révolution linguistique de l'Italie au XIIIe siècle avec Dante, et au XIVe siècle avec Boccace et Pétrarque. Bien avant la Pléiade, ces trois écrivains avaient choisi de transformer la langue vernaculaire, l'italien, en langage littéraire, plutôt que le latin.

Paul Scarron

Chanoine de la cathédrale du Mans

De 1633 à 1641

Paul Scarroni, d'origine italienne (Piémont), se fait passer pour un noble sous le nom de seigneur Beauvais de la Guespière. Il assiste à l'enterrement du roi Henri IV à la basilique Saint-Denis trois jours avant la naissance de son fils... Paul (les fils portent alors couramment le prénom de leur père), le 4 juillet 1610 à Paris. On ne sait pas si le bambin est facétieux dès sa naissance, mais il entre pour l'instant dans le monde avec quelques avantages. Son père, devenu Scarron, conseiller à la Chambre des comptes, est plutôt à l'aise financièrement.

Pas de quoi être facétieux pour l'instant, en réalité. Paul perd sa mère à 3 ans, son père se remarie avec une femme avare et dépensant toute son énergie à déshériter les enfants du premier mariage au profit des siens. Paul Scarron engagera plus tard un long procès contre elle, en vain.

Paul Scarron achève ses études en 1629. Son père lui impose une carrière ecclésiastique. Sera-t-il prêtre ? Peut-être. En attendant, il passe par l'étape des ordres mineurs (est prêtre celui qui passe par les ordres majeurs). En d'autres termes, il travaillera pour l'église. Pourtant, s'il n'est pas curé, il n'en porte pas moins la soutane. Connaissant la légèreté du personnage et l'image retenue par l'histoire, notre esprit a quelques difficultés à le voir dans un tel accoutrement (il existe un portrait au sourire coquin dans cette tenue). D'autant qu'il entre immédiatement dans la vie festive et littéraire. Il fréquente le salon de Marion Delorme et des auteurs comme Scudéry ou Saint-Amant.

La fête parisienne cesse quand son père l'envoie au Mans. Le jeune Paul est pistonné par son cousin Pierre Scarron, évêque de Grenoble, et « embauché » en qualité de domestique familier par monseigneur Charles de Beaumanoir-Lavardin (né à Lavardin en 1586, mort dans son château d'Yvré-l'Évêque en 1637), évêque du Mans depuis 1610. Dans le langage moderne, il serait l'équivalent d'un secrétaire.

La maison dite de Scarron, face à la cathédrale du Mans. Était-ce bien celle-là ? Les preuves manquent.

Paul s'installe au Mans en 1633 et s'y trouve tout de suite très à l'aise. Comme à Paris, il retrouve ses marques dans la bonne société. Il devient l'ami et le protégé du comte de Belin François d'Averton, bien connu des habitants du canton d'Écommoy. Un nombre imposant de communes portent son nom : Saint-Gervais-en-Belin, Saint-Ouen-en-Belin, Saint-Biez-en-Belin, Moncé-en-Belin, Laigné-en-Belin... Passionné de théâtre, le comte de Belin réunit près de lui les auteurs du temps, comme les poètes Rotrou ou Mairet, voisins du Maine, et crée une sorte d'académie à l'image de celle de Richelieu, ancêtre de l'académie du Maine. Mairet écrit d'ailleurs la plupart de ses tragédies au château du Plessis, à Saint-Gervais-en-Belin. *« C'est ce qui attirait tous les ans dans la capitale du Maine les meilleures troupes de comédiens du royaume »*, témoigne Scarron. Dans son *Roman comique*, Scarron présente le comte de Belin sous le nom de marquis d'Orsé.

La carrière de Scarron commence dans l'euphorie. En avril 1635, sur demande de l'évêque de Lyon Alphonse de Richelieu, frère du célèbre cardinal, le voilà parti à Rome en compagnie de monseigneur de Beaumanoir-Lavardin. Rome où les femmes sont bien plus belles que *« ces sottes Mancelles sanglées dans leurs justaucorps tachés, échevelées, aux aisselles puantes, baveuses de calomnies, hypocrites perruches caquetantes qui cadenassent leurs maigres ventres sales et en offrent la clef dans de longues œillades suppliantes à tous les mâles qu'elles rencontrent. Gloire au pays du soleil, honte au terroir des brumes »* ! Pas très sympathique pour les Sarthoises de la part du venimeux écrivain.

À une autre occasion, il jette encore son petit venin, en disant du Mans qu'elle est :

« Au reste la Nation qui raille
Incessamment, vaille que vaille
Et qui de son meilleur ami
Donne à dos en diable et demi. »

À Rome, comble de bonheur, Scarron rencontre le peintre Nicolas Poussin. Lorsqu'il rentre au Mans pendant l'hiver 1635, Scarron fait la connaissance de Marie de Hautefort, une amie de la reine Anne d'Autriche, épouse de Louis XIII, souvent citée dans ses vers. Elle devient sa protectrice et, grâce à elle, Anne d'Autriche verse une pension régulière à Scarron. Lorsqu'il la perd au moment de la Fronde, il garde le soutien de Fouquet et de madame de Sévigné. Le 18 décembre 1636, le chanoine de la cathédrale François Mélot meurt. Scarron le remplace.

Il fréquente le comte de Tessé au château de Vernie[12], madame de Sablé au château de Sablé, la comtesse de Bourbon-Soissons au château de Bonnétable, le comte de Tresmes, gouverneur du Mans, Marie de Hautefort dans son hôtel du Mans, et la marquise de Lavardin au château de Malicorne... Il se régale de chapons, perdrix, pâtés de lièvre et cochons de lait... Tout va pour le mieux...

Commence alors une vie de douleurs croissantes. Les premiers symptômes ne sont pas inquiétants, mais son corps change progressivement, et pas en bien. Scarron accuse un médecin, d'autres parlent d'une chute de cheval, Tallemant des Réaux d'empoisonnement avec la drogue d'un charlatan. Un écrivain du XVIIIe siècle, Laurent de La Beaumelle, attribue cette maladie à un accident. Voici ce qu'il écrit dans ses *Mémoires pour servir à l'histoire de Madame de Maintenon* en 1755. Un jour de carnaval à Pontlieue, en 1638, Scarron se déguise en oiseau. *« Il s'enduit de miel toutes les parties du corps, ouvre un lit de plumes, s'y jette et s'y retourne jusqu'à ce que le sauvage en soit emplumé. Il va courir la foire et en attire toute l'attention. Les femmes l'entourent : les unes s'enfuient, les autres le déplument, tout se réunit contre lui et bientôt le beau masque a plus l'air d'un chanoine que d'un Américain. À ce spectacle, le peuple s'attroupe, est indigné, crie au scandale.*

---

12. Scarron écrit *« À Verny, maison bien bâtie/Un jour en bonne compagnie... »*.

Ce serait à cet endroit précis, tout près du vieux pont de Pontlieue que l'écrivain Paul Scarron serait devenu infirme, étant resté trop longtemps dans l'eau gelée.

Scarron se dégage de la foule. Poursuivi, dégouttant de miel et d'eau, partout relancé, aux abois, il trouve un pont, le saute héroïquement et va se cacher dans des roseaux. Ses feux s'amortissent. Un froid glaçant pénètre ses veines et met dans son sang le principe des maux qui l'accablèrent depuis. Une lymphe âcre se jeta sur ses nerfs et se joua de tout le savoir des médecins. La sciatique, la goutte, le rhumatisme arrivèrent tantôt successivement, tantôt ensemble et firent du jeune abbé un raccourci de la misère humaine. »

C'est là qu'il aurait contracté cette mystérieuse et destructrice maladie. Il s'agirait en fait soit d'une tuberculose osseuse, soit de rhumatismes, ou spondylarthrite, arthrite déformante aiguë ayant la particularité d'évoluer rapidement. Bref, Scarron est de plus en plus déformé, de plus en plus handicapé. Il semble que, comble de malchance, la maladie s'aggrave encore après un accident de transport en litière. Tant et si bien qu'il ne peut plus monter à cheval.

Quelques historiens sont très méfiants vis-à-vis de La Beaumelle, un homme *« sans scrupules, sans conscience, sans aucun souci de la vérité »* dit de lui Henri Chardon, spécialiste d'histoire locale né à Mamers. Beaumelle est un écrivain *« qui invente pour le seul plaisir d'inventer et de satisfaire sa vocation »*. Pour Chardon, *« Les vrais coupables ce sont les poulardes de Mézeray, et ce petit vin blanc des coteaux de Savigné ou d'Yvré »*. Autrement dit, *« C'est à cette date de 1638 que*

Scarron a toujours rapporté le point de départ de sa maladie. On la retrouve à chaque pas dans toutes ses œuvres. »

D'autres confirment les excès de Scarron, source de ses ennuis probablement, mais, à force de confronter les théories des uns et des autres, jusqu'aux médecins et professeurs qui se sont penchés sur son cas (certains ont évoqué la vérole), une troisième catégorie finit par en conclure que, finalement, la version de Beaumelle pourrait bien être la moins mauvaise. Quand on vous dit que la vérité historique est fragile... Si, j'allais oublier l'intéressé, Scarron. Il accuse un mauvais médecin qui lui aurait « brûlé les nerfs » d'après un journaliste du *Maine Libre*, Jean-Luc Colin...

Et que dit d'autre l'intéressé ? Scarron ne fait jamais ouvertement allusion ni à ce déguisement, ni à sa baignade. Quelques signes, peut-être... Un poème, *Le Perroquet*, écrit en 1642, pourrait nous y faire penser, mais aussi une de ses pièces, *L'Héritier ridicule*, où on relève cette phrase :

« Mais dans l'occasion je vais tête première
Quitte pour me sausser un peu dans la rivière. »

Quand il dit, dans sa pièce *Dom Japhet, « Me voilà pris en cage, ainsi qu'un perroquet »,* faut-il se précipiter dans la conviction qu'il pense à son déguisement et à ce maudit bain ? Et plus loin, quand il fait dire à Dom Japhet *« Je m'en allais baigner »,* et que le Commandeur lui demande : *« En hiver ? »*, Scarron pense-t-il à sa propre mésaventure ?

On peut encore citer la fin du *Roman comique*, où Ragotin *« poussa si rudement le révérend père Giflot, qu'il le fit choir dans l'eau... »*. Voilà de quoi devenir fou et ouvrir toutes les portes à toutes les suppositions. Mieux vaut en rester là.

Une seule certitude, Scarron reconnaît ceci : *« J'ai trop mérité le tourment que j'endure »*, et confesse :

« Pour moi, je sais que mes offenses
Veulent de rudes pénitences,
Et que si j'ai des mots cuisants,
J'en ai fait en mes jeunes ans
Qui méritent ce que j'endure,
Et même une peine plus dure. »

Voilà une confirmation de ses excès.

« Je ne ressemble pas mal à un Z »

« Les uns disent que je suis cul-de-jatte ; les autres que je n'ai point de cuisses, et que l'on me met sur une table, dans un étui, où je cause comme une pie borgne ; et les autres, que mon chapeau tient à une corde qui passe dans une poulie, et que je le hausse et le baisse pour saluer ceux qui me visitent. » Scarron soigne son mal avec de fortes doses d'humour. *« J'ai trente ans passés. J'ai eu la taille bien faite, quoique petite ; ma maladie l'a raccourcie d'un bon pied. Ma tête est un peu grosse pour ma taille. J'ai le visage assez plein pour avoir le corps décharné ; j'ai la vue assez bonne, quoique les yeux gros ; je les ai bleus ; j'en ai un plus enfoncé que l'autre, du côté que je penche la tête. Mes dents, autrefois perles carrées, sont de couleur de bois, et seront bientôt de couleur d'ardoise ; j'en ai perdu une et demie, du côté gauche, et deux et demie du côté droit : j'en ai deux un peu égratignées, des cheveux assez pour ne porter point de perruque. »*

Scarron n'a aucun complexe à se décrire dans les moindres détails. Il parle de ses yeux gros et bleus et, lorsqu'il effectue l'inventaire du reste, donne de lui une image édifiante. *« Mes jambes et mes cuisses ont fait, premièrement, un angle obtus, et puis un angle égal, et enfin un aigu ; mes cuisses et mon corps en font un autre, et ma tête se penchant sur mon estomac, je ne ressemble pas mal à un Z. J'ai les bras raccourcis aussi bien que les jambes, et les doigts aussi bien que les bras ; enfin, je suis un raccourci de la misère humaine. Voilà à peu près comment je suis fait… »* Il lance un appel au secours dans un de ses fameux poèmes dont voici un extrait :

« Revenez, mes fesses perdues,
Revenez me donner un cul.
En vous perdant, j'ai tout perdu.
Hélas ! Qu'êtes-vous devenues,
Appui de mes membres perclus,
Cul que j'eus et que je n'ai plus,
Étant une pièce si rare,
Que l'on devrait vous tenir cher !
Hé que la coutume est barbare,
De porter vêtements afin de vous cacher ! »

Scarron assiste au mariage de Madeleine de Beaumanoir, *« l'infante Lavardine »*, devenue *« la femme d'un bon mari »*, René II de Froulay, comte de Tessé. Il écrit pour eux un texte éloquent :

« En danger d'être cul-de-jatte,
Pour moi je suis dans un grabat,
Sans manchette et sans rabat,
Sans remuer ni pied ni patte.
Je n'ai plus de force au jarret
Quoique je sois plus gras qu'un engraissé goret.
O bienheureux amans, vos ennuis sont passés,
O Comte fortuné, riez, sautez, dansez !
Riez, sautez, dansez Comtesse fortunée !
Que du ventre, d'où sort l'eau chaude que pissez,
Puisse bientôt sortir une heureuse lignée !
Hymen, io, hymen, ô hyménée ! »

Comme on peut le constater, cette terrible maladie hante sa vie et occupe souvent sa plume. Nous en citons un dernier, mais il y en a bien d'autres :

« Mon corps n'est plus un corps humain ;
Sa peau n'est qu'un sec parchemin,
Dont mes os veulent faire un crible,
Ce qui me sera bien sensible.
O vous, mes membres décharnés,
Pour servir vous m'étiez donnés ;
Mais hélas ! Tortus que vous êtes,
Rien que me nuire vous me faites.
Ha ! Si j'étais sans sentiment
Aussi bien que sans mouvement,
Je serais exempt du mésaise
Que je trouve dans une chaise :
Car comment y trouver repos,
N'étant assis que sur des os ?
Mais ici je me glorifie,
L'homme sans cul ne s'assie mie :
Et moi pauvret je n'en ai point,
Faute de chair et d'embonpoint. »

Paul Scarron rentre à Paris en 1641 et cherche à guérir ou au moins à réduire sa maladie en prenant des bains de tripes ! Et puis il envisage un voyage dans les Amériques, promesse de miracles. Retrouvant le sens des réalités, il effectue un séjour à l'hôpital de la Charité de Paris et deux cures thermales à Bourbon-l'Archambaud, en Auvergne. Pendant ce temps, les œuvres qu'il écrit font sa fortune, outre ses revenus de chanoine conservés jusqu'en 1652.

Scarron retourne au Mans une dernière fois, pendant l'hiver de 1646, pour assister au chapitre général de la cathédrale Saint-Julien, non par désir, mais par nécessité, au risque de perdre ses revenus s'il ne respecte pas ses obligations ecclésiastiques avec l'évêché manceau. Le voyage est long et douloureux, installé sur un brancard entre deux chevaux. Bientôt, son vieil ami Philibert de Lavardin, devenu évêque, le raie du registre du chapitre, sans autre forme de scrupule.

Il publie son premier roman en 1651, *Le Roman comique*, lequel raconte la vie d'une troupe de comédiens dans la ville du Mans et ses alentours (Tours, La Flèche, Alençon, Bonnétable, Château-du-Loir, Domfront, Bellême) et où est cité le tragédien fertois Garnier. Le héros, Ragotin, est inspiré d'un Manceau connu de l'époque, Ambroys Denisot, avocat, poète et secrétaire de l'évêque du Mans. Les autres héros deviennent célèbres : Destin, Angélique, La Rancune et Sigognac, repris plus tard dans *Capitaine Fracasse* de Théophile Gautier. Une deuxième partie est éditée en 1657.

Madame Scarron devient madame de Maintenon

La gloire n'efface rien. Scarron n'oublie jamais la Sarthe. Il devient moins virulent avec elle lorsqu'il salue le retour de Marie de Hautefort à la cour, mais la relègue toutefois au second rang :

« Le Mans est bon aux Manceaux et Mancelles,
Mais l'élément des illustres pucelles
Telle que l'est cette dame d'atour
Ne fut jamais que Paris et la Cour. »

Scarron écrit des poèmes dédiés et consacrés à la comtesse de Belin ou à mademoiselle Descars (*« Belle Descars, mon âme fut joyeuse »*), amie de Scarron et sœur de madame de Hautefort. Il maintient avec le Maine des relations « avicoles » soutenues. Des poulardes du Mans, des chapons, du pâté, des pruneaux lui sont envoyés régulièrement par Marie de Hautefort, livrés par mademoiselle Descars.

« Vous dirai-je quelque nouvelle
Des Mancelles et des Manceaux,
De qui les chapons sont si beaux :
Mais que vous en pourrai-je dire ?
Je n'y vois pas le mot pour rire... »

Il faut dire que l'écrivain a des besoins. Il tient salon dans son logement des Marais, y reçoit du beau monde – mademoiselle de Scudéry, Madame de Sévigné, madame de Montespan, maîtresse de Louis XIV... – et rencontre une « belle Indienne », venue de la Martinique, orpheline, pauvre, mais petite-fille du poète Agrippa d'Aubigné (1552-1630). Le duc de La Force, qui, ne l'aimait pas beaucoup, disait que les d'Aubigné *« étaient de fort petites gens »*. Elle s'appelle Françoise d'Aubigné, elle est adolescente, il a la quarantaine, ils forment un couple improbable, mais se marient pourtant le 4 avril 1652 devant notaire et deux jours après au petit oratoire de l'hôtel de Troyes, parce que *« j'aime mieux l'épouser que le couvent »* aurait déclaré la jeune Françoise. Scarron lui apprend la littérature, le grec et le latin. D'abord simplement intelligente, elle devient brillante, qualité utile pour l'avenir, relit les textes de l'écrivain, les corrige...

L'idylle amoureuse et le train de vie ne durent pas. L'argent, trop dépensé, vient à manquer et la belle Françoise commence à tromper son infirme de mari, tandis que la santé de l'écrivain se dégrade rapidement. Sentant la fin proche, il rédige plusieurs textes. Le premier est son testament en vers :

« Il n'est plus temps de rimailler,
On a dit qu'il faut détaler :
Moi, qui suis dans un cul-de-jatte,
Qui ne remue ni pied ni patte,
Et qui n'ai jamais fait un pas,
Il faut aller jusqu'au trépas... »

Scarron, lucide, ne se fait aucune illusion sur son avenir :

« Le chagrin me mène à grands pas
Vers où sera mon dernier gîte ;
Et quoique je ne marche pas,
Je sens bien que j'y cours bien vite. »

Le dernier texte est une épitaphe qu'il veut graver sur sa tombe :

« Celui qui cy devant dort
Fit plus de pitié que d'envie,
Et souffrit mille fois la mort
Avant que de perdre la vie.
Passants, ne faites ici de bruit
Et gardez vous bien qu'il ne s'éveille :
Car voici la première nuit
Que le pauvre Scarron sommeille. »

Dans une lettre, Honoré de Balzac admire cette façon étonnante de présenter une maladie aussi grave : *« J'ai bien vu en plusieurs lieux de l'Antiquité des douleurs constantes, des douleurs modestes, voir des douleurs sages et des douleurs éloquentes ; mais je n'avais point vu de si joyeuses que celles-ci ; il ne s'était point encore trouvé d'esprit qui sût danser la sarabande dans un corps paralytique. »* Si Balzac avait lu avec attention les poèmes de Scarron, il aurait vu que son humour est une façade. Certains passages sont de véritables cris de souffrance et de désespoir. Ils portent plus aux larmes qu'au rire. Sinon, pourquoi aurait-il parlé de son état avec autant d'insistance ? C'est, je pense, qu'il ne le supportait pas.

Scarron n'a pas le temps d'achever la troisième partie de son *Roman comique*. Il meurt dans la nuit du 6 au 7 octobre 1660 et enterré dans la nef de l'église Saint-Gervais, à Paris. La troisième partie du roman est publiée en 1664. Elle a été achevée par quelqu'un d'autre, son éditeur Offray peut-être. Nous n'en savons rien.

Françoise avoue à son frère Charles le peu de sentiments éprouvés à l'égard du poète : *« Vous savez que je n'ai jamais été mariée* [...] *C'était une union où le cœur entrait en peu de chose, et le corps, en vérité pour rien. »* Après huit ans de vie commune, madame Scarron, 25 ans, ruinée, se retire au couvent des Hospitalières, place Royale. Intrigué par la belle, Louis XIV la nomme gouvernante de ses bâtards, nés de madame de Montespan, l'un d'eux étant Louis-Auguste, duc du Maine, et, grâce aux générosités du roi, elle achète le château de Maintenon et le titre de noblesse qui va avec. Noble ou non, pour Saint-Simon, qui ne l'aime pas, *« elle était toujours, en effet, moins que Mme Scarron »*.

Elle est marquise de Maintenon en 1675, devient la maîtresse du roi et son épouse en 1683. L'orpheline est devenue reine... Mais ceci est une autre histoire. Sauf si on y ajoute un petit détail en rapport avec le Maine, où elle n'a jamais mis les pieds. Madame Caylus raconte dans ses mémoires que *« ses vêtements n'étaient que d'étamine du Lude »* très à la mode en ce temps-là (l'étamine du Mans avait également grande réputation). On peut ajouter qu'elle s'occupe d'un enfant qui n'est pas le sien et qu'elle aimera toute sa vie, le duc du Maine, fils d'une maîtresse du roi, pourtant sa rivale.

Le maréchal de Tessé a commandé au peintre Pierre-Denis Martin (et non Jean-Baptiste Coulom comme on l'a cru longtemps) une vingtaine de toiles pour illustrer *Le Roman comique*. Exécutées entre 1712 et 1725, elles sont visibles au musée de Tessé.

La vie de Scarron excite l'imagination. En 1905, Catulle Mendès en fait une pièce, *Scarron*, dans laquelle l'auteur du *Roman comique* se déguise en singe. Il est jeté à l'eau par la foule. Un bourgeois crie : *« A l'eau, l'infâme ! »* et tous de répondre : *« A l'eau ! Ils emportent par la droite, vers la Sarthe, Scarron qui se débat en criant... »*, écrit l'auteur dans le premier acte. Dans cette pièce interviennent des personnages bien connus des Sarthois, comme le comte de Tessé ou le comte de Belin...

Outre le fait que Molière joue toutes les pièces de Scarron, Ragotin, héros du *Roman comique*, inspire lui aussi diverses versions à divers auteurs. C'est le cas de Charles Chevillet, connu sous le nom de Champmeslé, qui écrit des pièces de théâtre avec La Fontaine. L'une d'elles, écrite en vers en 1684, s'intitule *Ragotin ou le Roman comique*.

Quant à Racine, oubliant les usages et par manque de tact, il estime, face au roi Louis XIV et Madame de Maintenon médusés, que les pièces de Scarron *« ne valent rien »* et *« rebutent tout le monde »*. Excédé, le roi l'invite à quitter les lieux sans délai. Racine n'aura plus jamais les faveurs de Versailles.

En Allemagne, Karl Friedrich Kretschmann (1738-1808) écrit une nouvelle intitulée *Scarron à sa fenêtre*, et en 1977 l'écrivain est-allemand Hans Joachim Schädlich écrit un recueil de récits intitulé *Tentative d'approche*, dans lequel Scarron est le sujet du chapitre *Enquête sur une phrase*.

Retour en France avec Théophile Gautier. Il consacre un chapitre à Scarron dans *Les Grotesques* et reprend le fil du *Roman comique* dans son *Capitaine Fracasse*. Plus près de nous, *Cyrano ou les soleils de la raison*, de Claude Bonnefoy, est créé en 1978 au théâtre national de Chaillot. Scarron y apparaît dans deux scènes. Toujours en 1978, *Grandeur et courbatures de Paul Scarron*, de Christian Corelli, est joué au Mans par la compagnie amateur *La Naé*. Guy Vassal, directeur du théâtre populaire des Cévennes, adapte enfin *Le Roman comique* en 1979 dans une version théâtrale, jouée à Montpellier.

Madame de Sévigné

Liaisons non dangereuses avec le Maine

De 1671 à 1690

Madame de Sévigné (1626-1696), auteur des fameuses lettres, a probablement traversé la Sarthe plus souvent qu'on ne l'imagine, chemin incontournable vers son domaine des Rochers, en Bretagne, près de Vitré. Elle emprunte une route très fréquentée à l'époque, celle du chemin aux Bœufs. La marquise a maintes fois l'occasion d'y passer pour y visiter des Saboliens, des Ludois et des Malicornais. Mais elle fréquente surtout la fine fleur des salons littéraires : madame de La Fayette (célèbre pour être l'auteur d'un grand roman immortel, *La Princesse de Clèves*) ; monsieur de La Rochefoucauld (connu pour ses *Maximes*) ; madame de Sablé et Gilles Ménage (auteur d'une histoire de Sablé qui fait toujours autorité) ; Abel Servien, ministre des Finances, marquis de Sablé[13], académicien, époux de la veuve du marquis de Vibraye ; Scarron, puis la veuve Scarron devenue Maintenon (elles se voient pour la dernière fois en février 1689 à Saint-Cyr) ; son cousin le marquis de Vassé (du château de Rouessé-Vassé, pour ceux qui l'ignoreraient), amoureux d'elle comme beaucoup d'autres...

Scarron envoie des lettres passionnées à Marie de Sévigné : *« Madame, j'ai vécu de régime le mieux que j'ai pu, pour obéir au commandement que vous m'aviez fait, de ne mourir point que vous ne m'eussiez vu. Mais, Madame, avec tout mon régime, je me sens tous les jours mourir d'impatience de vous voir. »*

Un jour, chez la marquise, le duc de Rohan se querelle avec le marquis de Tonquedec. L'affaire manque de mal tourner. Madame de Sévigné parvient à faire rengainer leurs épées aux deux gentilshommes. Seulement, très vite, l'incident est rendu public, et la marquise mise en cause. Heureusement, elle sort intacte de cette aventure, et Gilles Ménage lui adresse ce vers :

---

13. Dont on a déjà parlé dans *72 célébrités sarthoises*.

Marie de Sévigné.

« Des ouvrages du ciel le plus parfait ouvrage,
Ornement de la cour, merveille de notre âge,
Aimable Sévigné [il écrit parfois Sévigny] *dont les charmes puissants*
Captivent la raison et maîtrisent les sens,
Mais de qui la vertu, sur le visage peinte,
Imprime aux plus hardis le respect et la crainte,
Vous, dont l'humeur contraire aux lois de l'amitié,
Et dont la main sensible aux traits de la pitié
Fait ses doux entretiens et ses plaisirs
Du funeste récit des histoires tragiques,
Écoutez les soupirs d'un pêcheur amoureux. »

Qu'il soit abbé importe peu, Gilles Ménage est amoureux et drague sans plus de discrétion la belle Marie. En vain ! Ce qui n'empêche pas madame de Sévigné d'être jalouse de ses conquêtes.

Gilles Ménage aura même l'occasion de la défendre. Le bruit court en effet qu'elle a eu une liaison avec Fouquet, ministre de Louis XIV. Effondrée, Madame de Sévigné s'adressera à ses amis, et à Ménage en particulier, qui fera partout éclater la vérité, sauvant ainsi la réputation de la marquise.

Au château du Lude

La marquise de Sévigné reçoit beaucoup dans son château de Bretagne. Elle y croise des gens du Maine, comme le duc et la duchesse de Chaulnes, gouverneurs de province, immensément riches et descendants de ceux qui vont acquérir plus tard le château de Sablé-sur-Sarthe.

Marie de Sévigné séjourne enfin au château du Lude en 1690, chez le propriétaire de l'époque, le comte Henri de Daillon, devenu duc du Lude, absent ce jour-là, et pour cause. *« C'est en pleurs qu'elle y vint »*, dit un chroniqueur. *« Celui qu'on appelait son ami l'Angevin, depuis longtemps déjà reposait dans l'église. »* Daillon était très amoureux de madame de Sévigné (sentiment partagé pensent certains), mais fera aussi la cour à madame Scarron, celle qui deviendra madame de Maintenon, favorite, puis épouse de Louis XIV.

Au château du Lude, madame de Sévigné se désole dans une lettre du 7 octobre. *« J'ai couché d'abord à Laval, puis à Sablé, puis au Lude, puis ici* [Tours] *: tous ces noms-là ne sont point barbares. Mais ce qui est bien barbare, ma bonne* [elle parle à sa fille], *c'est la mort : je voulus me promener le soir au Lude ; je commençai par l'*église ; j'*y trouvai le pauvre Grand-Maître* [le comte de Daillon était grand-maître de l'Artillerie du roi] *: cela est triste ! Je portai cette pensée dans sa belle maison : je voulus m'accoutumer aux terrasses magnifiques et à l'air d'un château qui l'est infiniment ; tout y pleure, tout est négligé ; cent orangers morts ou mourants font voir qu'ils n'ont vu, depuis cinq ans* [le duc du Lude est mort d'un accident de chasse en 1685], *ni maître ni maîtresse ! Je pars dans une heure, ma très-chère bonne, j'ai un temps charmant et divin ; j'espère toujours être le 14ᵉ à Moulins.* »

Ce voyage par Le Lude, plutôt que par Malicorne, habituellement, est dû au fait que Marie de Sévigné ne passe pas par Paris, mais se dirige directement vers le sud pour y rejoindre sa fille à Grignan, en Provence, en passant par Laval, Sablé, Tours, Moulins et Lyon.

Madame de Sévigné rend visite à « *une amie qu* ['elle] *estime beaucoup et qui* [l'] *aime naturellement* », pour y évoquer leur veuvage. Son nom : madame Marguerite-Renée de Beaumanoir, marquise de Lavardin, comtesse de Malicorne. Pour simplifier, madame de Sévigné l'appelle « *l'illustre veuve* ». Monsieur et madame de Lavardin se voient à peine. Parti faire la guerre dès l'année de son mariage en 1642, il rentre en 1644 dans un cercueil, tué au siège de Gravelines.

La famille Lavardin compte six maréchaux et six évêques (dont un cardinal). Malicorne appartient à la famille depuis 1545. Marguerite de Chaources l'apporte en dot à Charles de Beaumanoir. Le château devient résidence principale de la famille en 1609, avec Jean, maréchal de France, gouverneur du Maine, du comté de Laval et du Perche.

Les Lavardin vivent entre Paris et Malicorne. De 1612 à 1639, ils habitent 6, place des Vosges (Victor Hugo l'occupe entre 1832 et 1848). Ils sont voisins de madame de Sablé, du duc de Chaulnes et de Madame de Sévigné, laquelle habite au 1 bis, dans l'hôtel de Coulanges, où elle est née, jusqu'à la mort de son grand-père en 1636. Elle déménage ensuite régulièrement.

Comme Madame de Sévigné, bien plus qu'elle encore, la marquise de Lavardin a des relations très étendues avec le duc de La Rochefoucauld, madame de La Fayette, la reine Christine de Suède, le couple Chaulnes (futur occupant du château de Sablé), la femme de Colbert, l'évêque de Rennes et du Mans ou le cardinal de Noailles (une Noailles épousera le duc sarthois de La Force, académicien)...

Lorsque Marie de Sévigné est invitée, elle dit : « *J'ai dîné en lavardinage, c'est-à-dire en bavardinage.* » Cette « *bonne Vardin* », « *Gazette* », « *ma boussole* », autrement dit madame de Lavardin, est bonne à consulter en tout. Archidiacre du Mans, le chanoine Costar, précepteur d'Henri de Lavardin, fils de la marquise, écrit avec humour à Madame de Sévigné : *« J'ai appris de vous que cette excellente marquise n'était guère moins un habile homme qu'une honnête femme. »*

La marquise de Sévigné s'arrête à Malicorne, puis aux Rochers et inversement de 1671 à 1680, pendant un voyage de neuf jours en moyenne, pendant lequel elle passe par Loresse, Meslay, Laval, Le Mans et Palaiseau. Chaque voyage exige une organisation difficile à imaginer de nos jours. Marie part avec deux calèches de quatre chevaux chacune. La quantité de bagages est énorme, surtout qu'elle y ajoute un lit (elle ne supporte pas ceux des auberges). Quatre domestiques l'accompagnent, qu'il faudrait plutôt qualifier de gardes du corps, car les routes ne sont pas sûres et il faut du muscle lorsqu'une voiture s'embourbe ou se renverse. Enfin, chaque journée est ponctuée de deux arrêts pour se restaurer. La nuit, on s'arrête dans un couvent, de préférence aux auberges. Fatiguée, épuisée, arrivée à Malicorne, *« il me fallait toute l'eau que j'y ai trouvée, pour me rafraîchir du fond de chaleur que j'ai eu depuis six jours ».*

« Si je pouvais être ici huit jours, Madame de Lavardin et ses soins achèveraient de me guérir ; mais j'ai mille affaires à Paris, et pour vous et pour mon fils », écrit-elle le 28 mars 1676. Elle fréquente plus souvent Malicorne non par préférence, mais par commodité : le chemin le plus court de Paris aux Rochers passe par Malicorne.

Et puis, surtout, ces deux familles se connaissent depuis longtemps. Les documents retrouvés font état de rencontres entre les deux marquises très tôt, par exemple en 1655 au château de Saint-Fageau, chez la fille de Gaston d'Orléans, ou chez Philibert-Emmanuel de Lavardin, évêque du Mans, dans sa résidence parisienne, en 1671. À Paris, tout le monde l'appelle monsieur du Mans. *« Je dîne tous les vendredis chez Le Mans avec M. de La Rochefoucauld, madame de Brissac et Benserade, qui toujours y fait la joie de la compagnie »*, écrit madame de Sévigné le 11 mars 1671. Et, deux jours plus tard, *« j'ai dîné aujourd'hui chez madame de Lavardin »*, mais à Paris. Ces soirées sont si habituelles que madame de Sévigné les nomme *« dînés en Lavardin »*.

Parfaitement organisée, madame de Sévigné s'arrange pour faire suivre le courrier. *« J'arrive ici, où je trouve une lettre de vous,* confirme-t-elle à sa fille le 23 mai 1671. *Je vous écrivis lundi en partant de Paris ; depuis cela, mon enfant, je n'ai fait que m'éloigner de vous avec une telle tristesse et un souvenir de vous si pressant, qu'en vérité la noirceur de mes pensées m'a rendue quelquefois insupportable. »*

Pour madame de Sévigné, le château de Malicorne est l'étape incontournable entre la Bretagne et Paris. Paul Newman a logé au château pendant les 24 Heures du Mans 1979.

Elle reste généralement une nuit, le temps de permettre aux chevaux de se reposer. *« Nous partons dès deux heures du matin pour éviter l'extrême chaleur »*, indique la marquise ce jour-là. Faut-il le rappeler ? Les voyages durent longtemps à cette époque. *« Nous serons le 27 aux Rochers, où je trouverai une de vos lettres. »* Quitte à faire étape, autant en profiter pour se divertir. *« Nous avons relu des pièces de Corneille »*, ou bien *« jamais je n'ai vu une meilleure chère, ni une plus agréable maison »*.

Lorsque sa fille accouche d'un garçon, la marquise de Sévigné n'en peut plus. Il lui faut voir ce beau bébé blond. « *J'aurai donc mes lettres de vendredi, et puis je participerai, et je recevrai celles de l'autre vendredi à Malicorne* » décide-t-elle, impatiente, le 2 décembre 1671. Le 6, elle confirme : *« Je pars dans trois jours, je ne recevrai plus ici de vos lettres, j'en aurai à Malicorne. »* Et plus loin, dans un autre courrier, *« je serai avant Noël à Paris »*. Le 9 décembre, enfin, *« je pars tout présentement, ma fille »* et *« me voilà donc partie »*. Le 13 décembre, *« me voilà par voie et par chemin »*. Sur son parcours, *« vendredi j'arrive à Laval »* puis *« la poste m'attend, comme si j'étais gouvernante du Maine »* pour y réceptionner les lettres de sa fille et envoyer les siennes. Quinze jours s'écoulent ainsi avant d'avoir des nouvelles de l'enfant, seulement des nouvelles... Elle ne l'a toujours pas vu...

Fin mars 1676, *« Je pars mardi pour coucher à Laval* [...] *Je vous écrirai de Malicorne, où je me reposerai deux jours* [...] *J'ai donné ordre pour trouver de vos lettres à Malicorne ».* Le samedi 28 mars, elle sait déjà qu'elle sera *« à Paris où* [elle] *compte arriver vendredi ».*

Le 9 juin 1680, elle informe madame de Grignan sa fille sur le fait que *« Madame de Lavardin est dans la noce par-dessus les yeux ; je lui ferai vos compliments ; elle m'écrit qu'elle est contente* [...] *Madame de Lavardin me parle de Malicorne, où elle veut achever doucement sa carrière ».*

Le 20 octobre, elle annonce : *« Quand vous recevrez cette lettre, vous pourrez dire,* "Ma mère est à Paris." *Je pars demain matin, et je mène mon fils, pour trouver un soulagement sûr dans cette grande ville. »* Que se passe-t-il donc ? Son fils, à trop fréquenter madame de Villeroy, dit-on, a contracté une maladie très douloureuse, difficile à guérir. *« Maman se charge de le soigner. »* Une étape était prévue dans la Sarthe. Mais *« il nous fut impossible hier d'arriver à Sablé »,* précise-t-elle le 23 octobre 1680. *« Nous demeurâmes dans un pouillier* [une auberge de mauvaise qualité] *à deux pas de celui où je suai si bien il y a cinq ans. »* Le séjour à Malicorne est d'une grande brièveté. *« Nous partons demain, nous n'avons pas le temps de nous reposer. »* Dans une lettre du 30 octobre, la marquise donne quelques précisions supplémentaires. Le temps, si court soit-il, est promptement consacré aux soins du fils. *« Je vous écrivis de Malicorne de quelle façon nous amusions les douleurs et la fièvre de mon pauvre fils ; nous avions enfin réussi, par un bon gouvernement, à le remettre dans son naturel ; plus de fièvre, plus de douleurs, assez de forces ; il n'y a plus qu'à le guérir de cette santé, et non pas à le ressusciter ; c'est à quoi nous allons travailler. »*

« Nous arriverons à Paris le 19 [octobre 1687]*, selon notre arrangement. J'y veux embrasser madame de La Fayette et madame de Lavardin. »*

Les relations entre les deux veuves cessent après la dégénérescence mentale de madame de Lavardin en 1691, aboutissant à son décès en avril 1694. Lorsqu'elle apprend la déchéance de son amie, la marquise de Sévigné exprime son désarroi le 10 avril 1691 à son cousin Coulanges : *« Savez-vous, mon cher cousin, que je suis, depuis dix ou douze jours, dans une tristesse dont vous seul êtes capable de me tirer, pendant que je vous écris ? C'est de la maladie extrême de madame de Lavardin la douairière, mon intime et mon ancienne amie ; cette femme, d'un si bon et si solide esprit, cette illustre veuve, qui nous avait toutes rassemblées sous son aile ; cette personne d'un si grand mérite est tombée d'un coup dans une espèce d'apoplexie; elle est assoupie, elle est paralytique, elle a une grosse fièvre; quand on la réveille, elle parle de bon sens; mais elle retombe; enfin, mon enfant, je ne pouvais faire dans l'amitié une plus grande perte; je la sens très vivement. Madame la duchesse de Chaulnes m'en apprend des nouvelles, et en est très affligée; madame de La Fayette encore plus; enfin, c'est un mérite reconnu, où tout le monde s'intéresse comme à une perte publique : jugez ce que ce doit être pour toutes ses amies. On m'assure que M. de Lavardin en est fort touché; je le souhaite, c'est son éloge que de regretter bien tendrement une mère à qui il doit, en quelque sorte, tout ce qu'il est. Adieu, mon cher cousin, je n'en puis plus; j'ai le cœur serré; si j'avais commencé par ce triste sujet, je n'aurais pas eu le courage de vous entretenir. »*

Avec la disparition de madame de La Fayette, la tristesse est grande, mais résignée. *« J'ai perdu mes deux premières amies, Mme de La Fayette et Mme de Lavardin, j'en laisse encore ici que j'aime et que j'estime; mais comme ce n'est pas à ce degré, et qu'elles en ont d'autres que moi, je les quitte avec un regret supportable »*, écrit la marquise le 25 avril 1694 à la comtesse de Guitaut.

En 1689, Marie de Rabutin-Chantal, marquise de Sévigné, cherche à caser son fiston Charles. Elle essaie de lui obtenir un poste de député des États de Bretagne et utilise au maximum son réseau d'amitiés pour parvenir à ses fins. Elle sollicite le duc et la duchesse de Chaulnes. Le duc en parle à monsieur de Lavardin, la duchesse à monsieur de Croissi – *« deux fois très bien »* précise Marie de Sévigné –, madame de La Fayette à l'abbé Têtu, monsieur de Chaulnes écrit au maréchal d'Estrées, le fils de madame de Sévigné rend visite au même maréchal, monsieur de Pommerevil remet la lettre de Chaulnes à monsieur d'Estrées, l'abbé Têtu en parle au ministre, les Chaulnes, en passant par Malicorne, en parlent à l'évêque de Rennes, un Beaumanoir aussi, cousin germain des Lavardin de Malicorne; les Chaulnes tentent même, vainement, d'atteindre le roi; monsieur de Croissi y parvient, sans plus de succès. Tout cela pour aboutir à un lamentable échec. Un autre a été choisi! C'est madame de La Fayette qui annonce la mauvaise nouvelle dans une lettre du 8 octobre 1689. *« Votre affaire est manquée sans remède. »* Son fils n'est pas député! Néanmoins, *« le roi n'a témoigné nulle répugnance pour M. de Sévigné »* ajoute Madame de La Fayette. Mais le roi *« était engagé il y a longtemps, et il l'a dit à tous ceux qui pensaient à la députation : il faut laisser nos espérances jusqu'aux états prochains »*.

Dans cette même lettre, elle demande à la marquise de la rejoindre à Paris. *« Monsieur de Sévigné vous donne son équipage ; vous venez à Malicorne, vous trouverez les chevaux et la calèche de M. de Chaulnes ; vous voilà à Paris. »* Marie de Rabutin-Chantal rejette l'invitation. *« J'aime bien mieux sans comparaison être ici »*, affirme-t-elle. Elle ne veut pas aller à Paris *« de peur de me distraire : c'est une chose plaisante que la manière dont madame de Lavardin m'en presse, et m'en facilite tous les moyens »*.

Son passage au Lude en octobre 1690, à notre connaissance, est le dernier. Ses rhumatismes limitent de plus en plus ses déplacements. Ils s'achèvent à Grignan où elle meurt en 1696.

Saint-Simon

Visite de ses relations sarthoises

1709 ET 1728

Saint-Simon (1675-1755) est un peu notre voisin. S'il a son appartement attitré à Versailles, c'est néanmoins en son château de La Ferté-Vidame, dans l'Eure-et-Loir, situé sur la terre percheronne, qu'il réside le plus souvent. L'Orne n'a guère plus de secrets pour lui. Il y a comme relation celle du ministre de la Guerre Bauyn d'Angervilliers, intendant d'Alençon.

On a aussi retrouvé dans sa bibliothèque les lettres de Catherine de Villedieu[14], célèbre en son temps pour ses pièces de théâtre et ses romans, née dans la Sarthe à Saint-Rémy-du-Val (Saint-Rémi-du-Plan alors).

Le petit-fils de madame de Sévigné, ensuite, souvent hôte des châteaux de Malicorne et du Lude, dont on parle dans cet ouvrage, est son ami. Et puis il a vécu, jeune encore, le mariage secret du roi Louis XIV et de madame de Maintenon, veuve de l'écrivain Scarron, chanoine de la cathédrale du Mans. Madame de Maintenon remplace madame de Montespan dans le lit de Louis XIV. Pourquoi parler de madame de Montespan? Parce qu'elle est la cousine de Saint-Simon et parce qu'elle aussi est venue à La Flèche et au château de Vernie, propriété du comte de Tessé.

On peut encore citer le maréchal Berwick, fils d'un roi d'Angleterre et ancien élève du collège royal de La Flèche, vieil ami et compagnon de route à plusieurs reprises[15]. Vieil ami aussi le duc de La Force défendu par Saint-Simon lorsqu'il est mêlé à un trafic de divers produits en provenance d'Asie.

14. Les biographies de Villedieu, Tessé et Courtanvaux sont présentées dans *72 célébrités sarthoises*.
15. Lire *Les Grands Destins du Prytanée*.

Quatre jours à Sablé

Saint-Simon connaît bien le comte de Tessé, dont il parle régulièrement dans ses *Mémoires*. Jamais en bien. Il évoque ses travers, comme le fait de porter un excentrique chapeau gris devant le roi, sérieusement agacé *(« Jamais je ne vis homme plus confondu que Tessé... »)*, ou ses échecs constants sur les champs de bataille d'Europe. Le duc n'a guère plus de considération pour Colbert de Torcy, secrétaire d'État aux Affaires étrangères et propriétaire du château de Sablé, qu'il cherche à détruire avant de s'en faire un ami. Fidèle en haine comme en amitié, Saint-Simon rend visite avec sa femme à Colbert de Torcy à Sablé et ils y séjournent quatre jours en juillet 1728.

Voici ce qu'écrit Torcy depuis Sablé-sur-Sarthe à l'abbé Le Grand dans une lettre du 27 juillet 1728 à propos de l'interdiction de publication du *Traité de la succession à la Couronne de France* que l'abbé avait rédigé :

*« Il y a des temps où la lumière est insupportable, mais quelque soin qu'on prenne pour l'éteindre, le jour reparaît et les yeux reconnaissent et distinguent les œuvres de lumière et celle des ténèbres... Il me semble que ce coup d'*éperon vous était nécessaire pour vous exciter à rentrer dans la carrière. C*'est un profit certain pour ceux qui voudront s'instruire. J'ai fait voir cette lettre à M. le Duc de St. Simon qui vint ici jeudi et a passé quatre jours. Il ne m'a pas contredit. »*

En 1728, Saint-Simon et sa femme rendent visite à Colbert de Torcy, propriétaire du château de Sablé-sur-Sarthe (que l'on aperçoit en arrière-plan sur la carte postale).

Saint-Simon côtoie de Courtanvaux et connaît Louis de La Vergne de Montenard de Tressan, évêque du Mans, mort dans cette même ville en 1712.

Il faut enfin citer le duc du Maine, bâtard du roi Louis XIV, l'homme le plus détesté de Saint-Simon, haine partagée avec trois autres personnages, le duc de Noailles (un duc de La Force sarthois a épousé une Noailles), Pontchartrain et l'abbé Dubois. Plein de tendresse, il réduit le duc du Maine à l'état de *« monstre »*.

Homme de Cour, c'est connu, Saint-Simon n'en est pas moins voyageur. On le retrouve en Flandre, en Allemagne, en Lorraine, en Espagne, dans le Sud-Ouest, sur les bords de la Loire, à Cheverny, Blois, Chambord...

La Flèche, Courcelles et La Fontaine-Saint-Martin

Michel Chamillart (1652-1721), conseiller au parlement de Paris, intendant de Rouen, contrôleur général des finances de Louis XIV, puis secrétaire d'État à la Guerre, achète une terre à Courcelles-La-Forêt. Le château a disparu entre les deux guerres mondiales, mais subsistent les douves, les dépendances, les caves, une porte peinte, le pont qui enjambe les douves, une maquette et quelques photos. Seuls ont été sauvés l'escalier de pierre à décors de palmes et les plafonds à solives peintes, remontés pierre par pierre au château des Mesnuls, proche de Montfort-l'Amaury.

Construit en 1640 sur les ruines d'un ancien château fort (probablement du XIIIe siècle), il est embelli par Chamillard et est transmis par héritage à la famille Murat. C'est enfin par une Murat, qui épouse Paul de La Fresnaye, que le nom s'est perpétué jusqu'à aujourd'hui.

Dans les années 1870, les Chamillart agrandissent une maison dans la forêt voisine, laquelle devient le château de Vadré, et décident d'y vivre. Du coup, le château de Courcelles est abandonné. En 1925, effrayé par l'ampleur des travaux de restauration à effectuer, monsieur de Murat décide de le raser.

Revenons au début du XVIIIe siècle. Fin septembre 1709, Chamillart invite Saint-Simon, *« au retour de ses courses pour aller voir des terres à acheter »*, écrit ce dernier, à Courcelles-la-Forêt. Achat provoqué selon le mémorialiste par *« les avis et les propos menaçants de Mme de Maintenon »*. Chamillart préfère s'éloigner et se *« tenir au loin dans le dépit de la nombreuse et bonne compagnie qui ne l'abandonnait point, et plus encore dans l'appréhension que lui donnait le goût du roi pour lui* [...] *Après dix ou douze jours, il s'en alla à Paris, conclure le marché*

Le château de Courcelles au début du XXe siècle, peu de temps avant qu'il ne soit rasé.

de Courcelles. » Et puis Chamillart « *et sa famille ne tardèrent pas à s'en aller à Courcelles, et bientôt j'y menai ma belle-sœur* ».

Ensemble, ils visitent le collège de La Flèche, futur Prytanée sous Napoléon. Trois semaines plus tard, Saint-Simon rejoint son château de La Ferté-Vidame. Mais le plus simple est de laisser Saint-Simon nous raconter lui-même son voyage dans la Sarthe.

« *J'y fus témoin de deux aventures que je ne puis m'empêcher de rapporter. Ce magnifique collège de La Flèche n'est qu'à deux lieues de Courcelles ; nous l'allâmes voir. Les jésuites firent de leur mieux pour faire la meilleure réception qu'ils purent. Chauvelin, intendant de la province, s'y trouva pour y ajouter tout ce qu'il put : c'est celui qui devint après conseiller d'État, cousin de Chauvelin qui longtemps depuis eut les sceaux et bien mieux encore. Tessé avait donné pour rien une de ses filles à la Varenne, qui était seigneur de La Flèche ; elle était veuve, et y demeurait : Chamillart crut de la politesse de l'aller voir, et me le proposa. Je crus lui devoir dire qu'elle était fille de Tessé, parce que ce maréchal avait contribué à sa chute, et qu'il n'avait pas gardé de mesures avec lui dans les derniers temps. Cela n'arrêta pas Chamillart ; je ne lui en dis pas aussi davantage. Nous y allâmes. La maison se trouva dégarnie de domestiques, et si peu en ordre, que nous demeurâmes tous deux seuls près d'un quart d'heure dans une antichambre. Il y avait une grande et vieille cheminée, sur laquelle on lisait en fort grosses lettres ces deux vers latins :* "Cum fueris felix, multos numerabis amicos ; tempora si fuerint nubila, solus eris." »[16]

« L'autre aventure fut plus pesante. » Saint-Simon visite Courcelles et la région. *« La paroisse de Courcelles est petite, éloignée, et par un fort mauvais chemin : contents d'y avoir été à la grand messe le jour de la Toussaints* [sic], *nous allâmes à vêpres à une abbaye de filles qui n'est qu'à demie lieue, qui s'appelle La Fontaine-Saint-Martin. Nous vîmes l'abbesse à la grille ; les dames entrèrent dans la maison. Chamillart et moi avions envie d'éviter un mauvais sermon ; mais l'abbesse nous dit que l'évêque du Mans, qui avait su que nous devions aller ce jour-là chez elle, avait prié les jésuites d'y envoyer leur meilleur prédicateur, qui serait mortifié, et ses Pères, si nous ne l'entendions point : il fallut donc s'y résoudre. »*

Ainsi s'achève son voyage. Après un discours sur les *« dangers de la jouissance de la prospérité »* du jésuite, sur lesquels nous ne nous étendrons pas (les passionnés pourront lire les détails assez tordus du prédicateur dans le chapitre 22 des *Mémoires* de Saint-Simon), *« nous retournâmes à Courcelles, où nous nous déchargeâmes le cœur les uns aux autres de cette scandaleuse indiscrétion où le jésuite, apparemment, avait cru faire merveille. Peu de jours après, je retournai à La Ferté après un mois d'absence »*.

Si nous avons accès aujourd'hui aux *Mémoires* de Saint-Simon, nous le devons à Montalembert. Il parvient à convaincre les membres de l'Académie française de préserver « La vie et l'œuvre de Saint-Simon », titre du concours lancé alors. Montalembert a beaucoup œuvré pour la Sarthe, d'abord en participant à la sauvegarde de l'abbaye de Solesmes, ensuite en soutenant la reconstruction de l'église d'Écommoy. Sans oublier le fait que la famille Montalembert est présente dans le département depuis fort longtemps à Coudrecieux, Solesmes et Souvigné-sur-Sarthe[17].

---

16. *« Aussi longtemps que tu seras heureux, tu compteras de nombreux amis ; si les temps deviennent orageux, tu demeureras seul. »* (Ovide)

17. Lire *Les Hôtes illustres de Solesmes.*

Le marquis de La Fayette

Député de la Sarthe

De 1818 à 1822

Marie Joseph Paul Roch Yves Gilbert du Motier, marquis de La Fayette (1757-1834), a un premier lien avec le Maine, son oncle, maréchal de camp et comte de Tessé[18]. Et un second avec Sieyès, politique celui-là. À cette différence que Sieyès, député de la Sarthe, ne l'aime pas. Il le traite *« d'intrigant borné »*. Il joue d'ailleurs un rôle dans l'exil de La Fayette en Allemagne, du moins pour freiner son retour. On peut encore citer un troisième lien, indirect cette fois, avec le chevalier de Borda, savant et ingénieur tombé dans l'oubli alors que nous vivons quotidiennement à ses côtés, avec notre triple décimètre à l'école, ou notre mètre pour bricoler... Il est à l'origine du système métrique ! Quel rapport avec la Sarthe ? Il a été élève au collège des jésuites de La Flèche. Mais encore ? Il accompagne La Fayette dans son expédition destinée à défendre les armes à la main l'indépendance des futurs États-Unis[19].

Sur place, La Fayette écrit à madame de Tessé le 4 octobre 1780 : *« Nous autres Américains, sans argent, sans paie et sans vivres, nous avons par de bonnes paroles formé une armée qui depuis trois mois offre la bataille aux Anglais mais qui, sans vaisseaux, ne peut pas aller sur l'île de New York. »* Et, plus loin, *« nous sommes d'une frugalité, d'une pauvreté, d'une nudité dont j'espère on nous tiendra compte dans l'autre monde en guise de purgatoire »*. On reste étonné du résultat glorieux de cette campagne avec si peu de moyens. *« Ma grande affaire à moi paraît arrangée car l'Amérique est sûre de son indépendance, l'humanité a gagné son procès et la liberté ne sera jamais plus sans asile »*, confirme le neveu à la comtesse de Tessé trois ans plus tard, le 4 janvier 1783.

---

18. Les Tessé (et La Fayette) vivent toutefois plus souvent à la cour de Versailles qu'en Sarthe. La Fayette et Tessé restent unis jusque dans l'exil en Allemagne, à la fin des années 1790. À propos de Tessé, lire par ailleurs *72 célébrités sarthoises*.

19. Lire *Les Grands Destins du Prytanée*.

Benjamin Constant et La Fayette ont marqué un arrêt à l'auberge du Chapeau Rouge de La Ferté-Bernard (à droite sur la carte postale) à l'occasion d'une tournée dans la Sarthe. L'hôtel n'existe plus, remplacé par une société de travail par intérim.

D'autres noms résonnent dans l'oreille des Sarthois : de Nicolaÿ, président de la Chambre des comptes, le duc d'Harcourt et même un voisin, le duc de Laval. Tous ces gens font partie de l'assemblée des notables, une instance créée dans l'urgence en 1786 pour faire face à une crise financière sans précédent de la France. De Nicolaÿ s'y distingue en dénonçant les marchés dispendieux de l'État. Cette assemblée ne parvient pas, malgré tout, à éviter la Révolution de 1789. Il est trop tard et La Fayette a été bien aveugle, lui qui affirmait à la comtesse de Tessé qu'il n'y aurait ni *« guerre civile »*, ni *« désobéissance »*, ni *« flots de sang et cent ans de guerre et de malheur »*.

Succès foudroyant

Son entrée dans la vie sarthoise est l'aboutissement d'une série de carrières avortées. La Fayette refuse un poste de sénateur proposé par Bonaparte. En 1800, il refuse tout autant d'être candidat législatif en Haute-Loire. Sieyès pense à lui pour diriger la garde nationale. Talleyrand lui propose un poste d'ambassadeur aux États-Unis ; La Fayette rejette la proposition. Il n'accepte pas plus le titre de conseiller général, malgré une liberté de choix entre la Haute-Loire, la Seine-et-Marne ou

Paris. Il refuse même le grand cordon de la Légion d'honneur et, pire encore, lui le plus Américain des Français, terrains et gouvernement de la Louisiane offerts par le président des États-Unis Jefferson ! Lassé, fatigué ? Toujours est-il qu'il va jusqu'à demander sa retraite militaire, à 44 ans. Période incertaine de sa vie, complétée d'un malheur, la mort de sa femme en 1807, quasiment dans les bras de madame de Tessé.

Sa tante n'aura pas la possibilité d'assister à l'entrée en politique de La Fayette. Elle meurt le 1er février 1814. C'est donc après la chute de l'Empire qu'il revient sur le devant de la scène. Au retour de l'empereur de l'île d'Elbe, Benjamin Constant et d'autres proposent à nouveau à La Fayette de prendre le commandement de la garde nationale. Nouvel échec. Benjamin Constant insiste et Napoléon essuie un nouveau refus lorsqu'il lui ouvre les portes de la Chambre des pairs. À cette différence que, cette fois, la position de La Fayette est claire : *« Je suis un homme populaire, c'est par la voix du peuple que je dois sortir de ma retraite. Si je suis élu, je m'unirai à vous, comme représentant de la nation, pour repousser l'invasion et l'influence étrangères, en conservant néanmoins toute mon indépendance. »* Il rencontre Benjamin Constant... L'affaire est entendue, La Fayette sera candidat aux législatives de 1815... de Seine-et-Marne. Il est élu... et Napoléon battu...

Il faut attendre encore un peu. En 1817, La Fayette essuie un échec aux législatives de Paris et, en octobre 1818, est élu député de la Sarthe avec 569 voix sur 1050 votants. Avec le recul, les Sarthois ne mesurent pas l'impact de cette élection. La duchesse de Broglie résume parfaitement le retentissement de cet événement. Le succès de La Fayette a *« ébranlé toute la France et presque l'Europe »*. Jusqu'au roi qui *« a mieux pris son parti de l'élection de Grégoire*[20] *que de celle de M. de La Fayette »*. Il doit ce succès pour une bonne part à un Sarthois, Charles Goyet, lequel avait mené une campagne en sa faveur dans le journal *Le Propagateur de la Sarthe*. La Fayette lui renvoie la balle à l'occasion d'un procès pour complot : La Fayette obtient son acquittement.

La Fayette mesure lui aussi ce qu'il doit aux Sarthois : *« Le département de la Sarthe a mis à me nommer député, une persévérance que j'appellerais Patriotique, attendu que je n'ai jamais eu de rapports personnels avec ce pays-là, si ce n'est ceux qui, depuis trente ans, me sont communs avec les amis de la liberté »*, écrit-il dans une lettre datée du 19 novembre 1818.

---

20. L'abbé Henri Grégoire avait été évêque de Blois et sénateur de l'Institut de France. Il a été élu député de l'Isère en 1819, après avoir été député du Loir-et-Cher.

En effet, Benjamin Constant et La Fayette sont semble-t-il très appréciés. Tous deux ont droit à un chant d'accueil écrit pour la circonstance en 1820 :

« Nous vous possédons dans ces lieux
Sage Constant, bon La Fayette,
Le ciel daigne combler nos vœux,
La Sarthe enfin est satisfaite.
Par le délire des Manceaux,
Vous devez avoir l'assurance
Que les députés libéraux
Sont les Idoles de la France.
Français, d'un aussi noble choix,
On peut s'enorgueillir soi-même.
Illustres députés sarthois,
La France vous chérit, vous aime,
Des lois, courageux défenseurs,
À votre aspect, la gaieté brille
Sur nos lèvres, voyez nos cœurs,
Nous composons votre famille. »

En 1822, La Fayette est réélu député, en Seine-et-Marne cette fois, et ce jusqu'en 1834. L'aventure sarthoise fut courte. Dernier lien avec le département, La Fayette assiste le 13 décembre 1830 aux obsèques de son ami Benjamin Constant, comme lui ancien député de la Sarthe. Le square Lafayette, au Mans, est un petit rappel de son bref passage dans la région.

Benjamin Constant

Un autre député de la Sarthe

De 1819 à 1822

Élu député de la Sarthe en 1819, Benjamin Constant de Rebecque (1767-1830) inaugure une présence ininterrompue dans ce département. La demi-sœur de Benjamin, Louise, s'installe à La Flèche; le plus célèbre, Paul, est prix Nobel de la paix en 1909, et sa petite-fille Marguerite, peintre, décoratrice et costumière de théâtre, est une amie d'Albert Camus.

Benjamin Constant est l'amant de madame de Staël quand il se lance dans la politique. Il correspond avec Kant et Chateaubriand, fréquente madame Récamier, Schiller et Gœthe, écrit quelques chefs-d'œuvre et devient le porte-parole de Napoléon Ier, puis son conseiller d'État. Il participe par exemple à la rédaction du Code civil.

Aux élections législatives du 26 octobre 1818, les Sarthois dénoncent leurs élus, dont ils sont mécontents. Sur les quatre députés, deux démissionnent, Thoré-Cohendet et Delahaye. Alerté de ces vacances par un certain Goyet, l'auteur du roman *Adolphe* se présente. Il a essuyé un échec aux élections législatives de 1798 dans le territoire du Léman, deux autres échecs à Paris en 1817 et 1818, et ses alliances avec Sieyès n'ont servi à rien. Il espère bien se rattraper.

Le 6 février 1819, le préfet indique à son ministre *« que dans la position actuelle, il est probable ou plutôt certain que l'individu désigné par le sieur Goyet réunirait la majorité des suffrages »*. Il est par conséquent nécessaire de réunir un collège électoral à La Flèche, *« parce que la portion des électeurs les plus influencés par les écrits du sieur Goyet se trouve disséminés dans l'arrondissement de Mamers, à l'autre extrémité du département, de manière à ce que les électeurs auraient 20 à 25 lieux à faire pour se rendre au collège électoral, ce qui en dégoûterait beaucoup »*, estime le préfet. Il faut bien comprendre le sens de cette missive. Elle est extrêmement défavorable à Benjamin Constant et on cherche à lui mettre

Benjamin Constant a séjourné dans à l'hôtel d'Espagne, à Mamers, pendant son mandat de député.

des bâtons dans les roues en empêchant ses futurs électeurs de le soutenir. On pousse même le bouchon jusqu'à en éliminer quelques-uns. Trois cent quarante, dont cent vingt-sept cultivateurs, sont rayés des listes d'électeurs de l'arrondissement de Mamers.

Une ordonnance royale du 28 février confirme la réunion du collège électoral, une autre, du 10 mars, décide qu'elle aura lieu au Mans, sous la présidence du préfet de Versailles, le baron Destouches. Les conditions pour les deux candidats sont des plus explicites : un au moins des deux doit être citoyen sarthois et l'autre paiera 1000 francs pour se présenter et il aura au moins 40 ans. Benjamin Constant sera celui-là.

Le collège électoral se réunit les 25 et 26 mars. Benjamin Constant est élu avec 667 voix. Ceux qui avaient tenté de lui barrer la route ont échoué. *« Des cultivateurs de Sablé et de Mamers qui ne s'étaient jamais vus allaient ensemble boire la bouteille et la tasse »*, témoigne l'ami et soutien de Constant, monsieur Goyet. *« Vous êtes député de la Sarthe, mon bon ami. »* Et d'ajouter, admiratif : *« Augmentez votre gloire, nous en attraperons un rayon. »*

Les Sarthois n'auront pas à le regretter. En trois ans, cet écrivain particulièrement passionné prendra 265 fois la parole à l'Assemblée. C'est un grand orateur qui ne lit jamais ses discours, constatent les témoins. Il propose la transparence des finances, soutient la liberté de la presse, défend la liberté individuelle et le respect de la vie privée… Une passion un peu excessive, poussée jusqu'au duel avec un certain Forbin des Essarts en 1821. Drôle de duel à vrai dire, car il a eu lieu assis, à cause d'une entorse provoquée par une chute de Benjamin Constant dans l'hémicycle.

Dans une *Lettre à Messieurs les habitants de la Sarthe*, Benjamin Constant témoigne de son engagement. *« Je me suis efforcé de m'acquitter d'une double tâche ; celle de votre représentant auprès des autorités qui ont à se prononcer sur vos intérêts ; et celle de défenseur, par mes écrits, des intérêts plus généraux de la liberté et de la France. »*

Il évoque la liberté de la presse, *« cette première de toutes les garanties* […] *il n'y a plus parmi nous de ces partis aveugles et exclusifs qui ne voulaient la liberté que pour eux. Tous les Français sont assez éclairés pour sentir que la violation du droit d'un seul citoyen, quelles que soient les opinions qu'il professe, est l'anéantissement des droits et de la sécurité de tous »*.

Le deuxième point qu'il défend avec acharnement est *« la liberté individuelle, compagne inséparable de celle de la presse »*. Elle a heureusement progressé. *« Les violations de domicile, les détentions arbitraires, sont moins fréquentes qu'autrefois. Nous n'avons certainement pas atteint la perfection de la garantie. Les administrateurs de plus d'un département ont conservé de leurs longues habitudes d'insolence et de tyrannie des formes tranchantes et vexatoires, et ils oublient que le respect envers les gouvernés est un devoir dans les gouvernants... »* Autrement dit, grâce à Benjamin Constant, la Sarthe échappe à *« la faction de 1815 »* qui voudrait rétablir cette autorité. *« Tel est, Messieurs, le plan que je me suis tracé. Il n'a rien d'hostile, rien de subversif, rien qui ne tende à donner au gouvernement de la force et au peuple de la liberté... »*

Jamais les Sarthois n'oublieront ce qu'ils doivent à Benjamin Constant. En 1913, ils inaugurent, Joseph Caillaux en tête, un buste de bronze réalisé par Le Feuvre, dessinateur du bébé Cadum, à l'angle de la rue des Ursulines et de la rue de l'Étoile. Comme d'autres, il est fondu par les Allemands pendant l'Occupation. Une copie en plâtre le remplacera plus tard.

Goyet témoigne de la popularité du député. *« Il est impossible de surpasser l'enthousiasme et l'admiration que votre conduite et vos discours occasionnent dans la Sarthe. »* Goyet en fait sans doute un peu trop avec la brosse à reluire, et va jusqu'à exprimer des affirmations abusives d'éternité, même s'il est vrai que la Sarthe, flattée, a un sentiment de grandeur à travers cet homme brillant et si des électeurs lui écrivent pour le remercier de ses actions en leur faveur. Bref, *« vous serez toujours Sarthois, vous me l'avez promis, et moi je vous assure que vous serez toujours leur Benjamin »*, enchaîne Goyet. L'adverbe *« toujours »* est de trop. Benjamin Constant perd son siège aux élections de 1822... Mais en retrouve un autre dans les Vosges. Ses opposants ont réussi à l'écarter ? Vive les Vosges ! Et puis vive Paris, vive la Seine, vive le Bas-Rhin, où il est successivement élu jusqu'à sa mort.

En attendant, Benjamin Constant règne sur la Sarthe et la sert avec... « constance ». Il suffit de reprendre les discours qu'il prononce. *« Pendant trois ans, ce département a été en butte aux plus horribles vexations, des destitutions en masse y ont été prononcées ; des citoyens y ont été l'objet des persécutions les plus violentes... »*

Il n'hésite pas à dénoncer les coupables, en l'occurrence le préfet de la Sarthe Pasquier, frère d'un ministre. *« Les persécutions, messieurs, les destitutions ont eu*

Le buste de Benjamin Constant, dans le parc du château de Tessé, au Mans, a disparu. Reste le socle.

lieu sous l'administration d'un préfet que M. le Ministre des Relations extérieures connaît fort bien. » Il se bat pour chaque commune victime de saisies. « *Ici, je puis citer des faits. Oui, Montfort et Pont-de-Gennes ont été menacées d'être dépouillées de leurs propriétés, de leurs places publiques, de leurs marchés, qui leur appartenaient depuis bien des années.* »

En septembre 1820, les Sarthois accueillent du beau monde : La Fayette, avec son fils baptisé sous le prénom original de Georges Washington, Constant et sa femme Charlotte de Hardenberg. Ils arrivent à La Ferté-Bernard le 23 septembre dans la nuit, où ils dorment et participent à trois banquets, dont un à l'hôtel du Chapeau rouge, puis passent par Connerré en pleine nuit du 24, accueillis tout le long de la route par des troupes de gendarmes et de militaires, et ce jusqu'au Mans, où ils arrivent le dimanche 24 à 4 heures du matin. Le trio visite les hôpitaux, la bibliothèque (quelques jours plus tard), l'École d'enseignement mutuel et les halles, le tout ponctué de banquets à répétition.

Un banquet est offert le 25. Hostiles, quelques militaires tentent de perturber les cérémonies. Des officiers essaient même de soudoyer le cocher pendant le banquet, pour qu'il disparaisse, histoire d'abandonner les élus sans véhicule.

La Fayette repart pour Paris ce jour-là, accompagné d'une vingtaine de cavaliers.

Benjamin Constant prend la route à son tour le 28 septembre. À Montfort-le-Rotrou et à Pont-de-Gennes (devenues depuis Montfort-le-Gesnois après fusion des deux communes), les habitants lui font un triomphe. Ils n'ont pas oublié l'intervention de Benjamin Constant à l'Assemblée nationale. Et le tour du département continue ainsi, jusqu'à Château-du-Loir le 29, Écommoy le 30, où un banquet l'attend, Bonnétable le 1er octobre, Mamers le 2, où il participe à un banquet à l'hôtel d'Espagne, Le Mans à nouveau, puis La Flèche, où il se rend le 5 octobre, étape vers Baugé et Saumur. L'accueil y est plus que frais, c'est le moins qu'on puisse dire, avant le retour à Paris, via Orléans...

La Flèche, justement !

La demi-soeur Louise d'Estournelles de Constant

La mère du futur et illustre Benjamin Constant meurt en le mettant au monde, en 1767. Son père, le colonel Juste Constant de Rebecque, se remarie alors avec Jeanne-Marie Magnin. De cette union naîtront deux enfants, dont Anne-Marie-Louise, le 4 juin 1792, par conséquent demi-soeur de l'auteur Benjamin. Ces naissances n'empêchent pas Jeanne-Marie d'élever Benjamin comme son propre enfant.

Benjamin Constant traite d'abord sa demi-soeur de « bâtarde ». Quant à la famille installée à Genève, elle n'a jamais vraiment accueilli avec enthousiasme la jeune Louise de Constant. Dans les années 1800, elle compose déjà des vers parus dans le *Journal des dames* sous le pseudonyme d'Aliska et y exprime son isolement. Pour comble, la mort de son père en 1812 la laisse dans la pauvreté. C'est à ce moment qu'elle écrit son premier roman, *Laure de Montalde*, jamais publié.

Heureusement, Benjamin lui offre finalement toute sa tendresse et, en 1816, la situation s'améliore lorsqu'elle rencontre un officier de l'armée impériale, le chevalier Claude-Louis Balluet d'Estournelles, qu'elle épouse en 1817. Benjamin consent et obtient même pour le mari le commandement de la place de Perpignan. *« Esprit distingué »*, monsieur d'Estournelles rédige des citations et des vers.

Distinguée, Louise l'est aussi. « *Généreuse et charmante* », ajoutent même les chroniqueurs. Sans doute, mais aussi « *volontaire, changeante et impérieuse* », pire, impossible à vivre. Tant et si bien que le ménage s'effrite pour aboutir à une séparation définitive.

Exil

Louise d'Estournelles de Constant n'est pas une femme heureuse. Après la perte de sa mère en 1820, elle se console en écrivant deux autres romans, *Alphonse et Mathilde* et *Pascaline*. Elle séjourne à Brévans, près de Dôle, dans le Jura, où elle rencontre Charles Nodier qui l'accueille dans son salon littéraire parisien. Cette période de relations mondaines ne dure cependant pas. Elle doit bientôt s'exiler dans le Maine. Son fils est reçu au Prytanée militaire de La Flèche. Benjamin obtient par ailleurs un emploi de directrice des postes pour Louise dans la même ville. En octobre 1830, elle s'installe donc, deux mois tout juste avant la mort de Benjamin.

Elle succède en quelque sorte à Benjamin, en maintenant le nom familial dans le département. Là où se situe le restaurant du Vert Galant, Louise tient salon et apporte beaucoup à la société littéraire de la ville. Outre *Félix*, publié avant son arrivée, Louise produit à La Flèche *Fatalité*, *Causeries d'hiver*, *Le Lépreux et le monde ou R*êve et réveil, *Un beau mariage*, *La S*œur et *Deux femmes*.

En réalité, Louise d'Estournelles de Constant ne parvient pas à s'habituer à La Flèche. Sa rencontre, à 40 ans bien tassés, avec le poète Casimir Bonjour, n'y change rien. Décidément accablée par la vie, Louise apprend la mort de son fils Léonce qui laisse six orphelins. Louise s'en occupe, mais décède le 8 février 1860, à 68 ans. Elle disparaît dans l'oubli, étouffée par la gloire de son frère Benjamin et de son petit-fils Paul d'Estournelles de Constant[21]. Elle laisse toutefois une œuvre sentimentale bouleversante aux amateurs de raretés littéraires.

---

21. Dans *Le Nouvelliste de la Sarthe* du 18 juin 1912, Paul Tailliez qui ne l'aime pas, déforme son nom en *« plus inconstant des étourneaux. »*

Alfred de Musset

Chez ses oncles de Cogners et du Mans

De 1822 à 1829

Adolescents, Alfred de Musset (1810-1857) et son frère Paul passent leurs vacances au château de Cogners, datant des XVIe et XVIIe siècles. Les propriétaires occupent les lieux depuis trois générations. Le marquis Louis-Alexandre de Musset (1753-1839) est parrain d'Alfred et cousin de son père, conseiller général de la Sarthe, membre du bureau des Arts du Mans (Société sciences et arts depuis) et maire de Cogners.

Le jeune Alfred y vient trois étés seul, en 1822, 1824 et 1827, et y reste environ quatre mois à chaque fois. En 1822, il ramène le souvenir de repas copieux. Les années suivantes, il y connaît ses premiers émois lorsqu'il observe en bas de la colline les jeunes filles au lavoir, mais s'ennuie. Il exprime cet ennui dans deux lettres datées du 27 septembre et du 19 octobre 1827 (la plus ancienne correspondance de Musset connue). Dans celle de septembre, adressée à Paul Foucher, un copain de collège, beau-frère de Victor Hugo, il parle de son passage au Mans : *« J'avais à peine expédié mon examen, que je pensais au plaisir qui m'attendait ici. Mon diplôme de bachelier rencontre dans ma poche mon billet de diligence, et l'un n'attendait que l'autre. Me voici au Mans ; je cours chez mes belles voisines. Tout s'arrange à merveille ; on m'emmène dans un vieux château. »* Rapidement, son séjour prend une tournure moins joyeuse. Sa grand-mère, victime d'un *« maudit catarrhe oublié depuis six mois »*, meurt le 12 septembre. *« Je ne puis dire quelles affreuses réflexions m'a fait faire cette mort, arrivée si vite ; et voilà le sort qui m'attend, qui nous attend tous ! »*

Face à ce drame, dans « *l'infernal château de Cogners* », il exprime le 19 octobre son désarroi face à l'avenir : *« Je sens que le plus grand malheur qui puisse arriver à un homme qui a les passions vives, c'est de n'en avoir point. Je ne suis point amoureux ; je ne fais donc rien... Je donnerais ma vie pour deux sous, si, pour la quitter, il ne fallait passer par la mort. Mais j'ai l'esprit français, je le sens : qu'il arrive*

Alfred de Musset.

une jolie femme, j'oublierai tout le système amassé pendant un mois de misanthropie ; qu'elle me fasse les yeux en coulisse, et je l'adorerai pendant, au moins, six mois. L'âge me mûrira, j'espère, car je suis bon à jeter à l'eau... J'ai besoin d'un joli pied et d'une taille fine ; j'ai besoin d'aimer. J'aimerais ma cousine qui est vieille de ses quarante-quatre ans et laide, si elle n'était pas pédante et économe... Si je me trouvais dans ce moment-ci à Paris, j'éteindrais ce qui me reste d'un peu noble dans le punch et la bière, et je me sentirais soulagé. On endort bien un malade avec de l'opium, quoiqu'on sache que le sommeil lui doive être mortel. J'en agirais de même avec mon âme... J'ai au fond de l'âme un instinct qui me crie le contraire, je crois encore au bonheur, quoique je sois bien malheureux dans ce moment... Pourtant, je ne suis pas amoureux ; j'en suis à dix mille lieues, mais je le sens, je suis fait pour l'être... Je hais les femmes en théorie... Mais j'ai beau faire, j'y serai pris ; trompez-moi, méchantes, trompez-moi, mais vous n'aurez pas de mérite à me tromper !... Je ne saurais rien voir avec mes yeux de dix-sept ans que je n'y mêle un peu d'idéal. Je suis fait ainsi. Ah ! Crois-moi, c'est là le Bonheur : si en passant devant, dans la rue, une jeune figure inconnue m'a semblé belle, je ne me retournerai pas pour qu'un second coup d'œil me montre que le premier l'avait trompé, je m'enfuis au contraire, emportant cette image à moitié vraie, à moitié fausse

Le château de Cogners est le lieu le plus marquant pour Alfred de Musset. Il y croise en même temps ennui et exaltation.

et l'embellissant encore de la force de mon imagination... J'ai besoin d'un excès quelconque... La poésie chez moi est sœur de l'amour. L'une fait naître l'autre, et ils viennent toujours ensemble... Tu ris de ce misanthrope de seize ans ; non mon ami, je n'en suis pas un, car je t'aime plus que moi-même, et j'aimerais autant que toi la femme qui doit m'aimer un jour... »

« J'ai failli tuer mon frère »

La mort de sa grand-mère maternelle est pour quelque chose dans cette neurasthénie, mais aussi le comportement du vieux marquis (72 ans en 1827), hermétique à la littérature romantique, « *vieille tête à perruque et système* », qu'Alfred rêve d'étrangler, tandis que la cousine Odile « *est vieille et laide* » comme on vient de le voir dans son courrier de septembre 1827. Troisième élément confié dans une de ces lettres de fin de vacances, l'idée de reprendre des études de droit qu'il déteste.

Dans cette même lettre, il pardonne les goûts du vieil oncle. *« Je ne puis parler à personne qu'à mon oncle, qui, il est vrai, a mille bontés pour moi ; mais les idées d'un homme à cheveux blancs ne sont pas celles d'une tête blonde. C'est un homme excessivement instruit, et quand je lui parle des dames qui me plaisent ou des vers qui m'ont frappé, il me répond* : "Est-ce que tu n'aimes pas mieux lire tout cela dans quelque bon historien ? Cela est toujours plus vrai et plus exact." *Toi qui as lu l'*Hamlet *de Shakespeare, tu sais quel effet produit sur lui le savant et érudit Polonius ! Et pourtant cet homme-là est bon, il est vertueux, il est aimé de tout le monde ! Il n'est pas de ces gens pour qui le ruisseau n'est que de l'eau qui coule, les forêts que du bois de telle ou telle espèce et des cents de fagots. Que le ciel les bénisse ! Ils sont peut-être plus heureux que toi et moi. »*

On dit qu'il a trouvé l'inspiration de sa *Ballade à la lune* en regardant le clocher de Cogners. En dehors de l'inspiration littéraire, la seule aventure marquante de ces passages au château de Cogners concerne un jour de chasse de 1824, « *l'année où j'ai failli tuer mon frère* ». Alfred participe à sa première chasse ce matin-là, une chasse aux lapins de garenne avec un vieux fusil à un coup. Le coup part tout seul et les plombs frôlent le pied droit de Paul. Profondément perturbé, Alfred tombe, s'assoit et tremble de fièvre. Il ne touchera plus un fusil qu'avec modération.

Son enfance à Paris, où il est né, comme dans la Sarthe, où il séjournait longuement, fut douce et heureuse, entre un père adepte de Rousseau et une mère éprise de poésie. Imprégné de cette riche culture, le jeune Alfred dessine et joue de la musique, étudie le droit et la médecine.

Musset vient au Mans en diligence, à une époque (1826, 1827 et 1829) où le train attend encore la révolution des transports. Il passe par la rue Courthardy pour se rendre à la préfecture, où son oncle maternel Stephen Guyot des Herbiers exerce la profession de secrétaire général depuis 1820, et visite Notre-Dame-de-la-Couture.

Le 27 août 1829, Alfred s'installe à la préfecture, dans un appartement donnant sur le parc, à une époque occupé par l'inspection académique et y écrit jusqu'au 19 septembre les cinq cent quatre-vingt-dix vers de *Mardoche*, destinés à ses *Contes d'Espagne et d'Italie*. La société de chauffage militaire Febvrel et Cie, son employeur du moment, très compréhensive, lui accorde trois semaines de congés.

Havre de repos et de méditation littéraire, la préfecture est aussi lieu de plaisirs. Il joue au billard avec son oncle, vainqueur à tous les coups, navigue sur la Sarthe et fréquente de belles et jeunes Mancelles. Deux sont connues, Marie-Louise (née le 21 mai 1808) et Zoé-Louise (née le 4 octobre 1810, décédée à Nantes le 22 avril 1889) Le Douairin, filles d'un ingénieur-vérificateur du cadastre de 1808 à 1832, pour avoir été les héroïnes Ninette et Ninon dans sa pièce À *quoi rêvent les jeunes filles*. Dans ses souvenirs biographiques, Paul de Musset cite *« deux sœurs pleines d'esprit et de grâce, qu'il avait connues au Mans et qu'il appelait ses premières danseuses »*. En octobre 1826, il exprime sa tristesse de devoir quitter Zoé Le Douarin pour Paris :

« Heureux séjour où la beauté
M'accueillit avec indulgence.
Demain, le jour, ramenant la clarté,
Te rendra leur douce présence
Et demain je t'aurai quitté.
Mais si le temps, marquant l'heure funeste,
De ces beaux lieux m'ordonne de partir,
Il ne m'ôtera pas le seul bien qui me reste,
De mon bonheur le tendre souvenir... »

Dans la deuxième lettre d'octobre 1827, l'écrivain annonce son départ. « *Je reviens, mon cher ami, jeudi prochain, c'est à dire le 25. Je serai à Paris vendredi soir.* » Il évoque à nouveau ses amies, sans doute celles dont nous venons de parler. « *Hier, ces demoiselles sont reparties pour la Champagne* ; *j'ai déjeuné chez elles et je les ai embarquées. Jusqu'au moment du départ, tout a été à merveille, je leur ai*

La préfecture est sans aucun doute à l'origine des premières amours du jeune Alfred de Musset.

donné des dessins pour leurs albums, j'étais gai et insouciant. Mais le croirais-tu ? Quand il a fallu les embrasser, quand elles eurent disparu derrière le coin de la rue, j'ai senti cette impression triste et douce que mon cœur avait oublié, je l'ai gardée jusqu'à ce soir ; toujours la même, mais toujours plus faible et aujourd'hui, je ne sens plus rien, et je regrette de ne plus rien sentir. »

« Foutu temps pour la chasse »

C'est à la préfecture du Mans qu'il écrit : « *La poésie chez moi est sœur de l'amour ; l'une fait naître l'autre et ils viennent toujours ensemble.* »

Il s'est également rendu chez monsieur Desmares, au château de Chardonneux, à Saint-Biez-en-Belin, en septembre 1829, où il séjourne quelques jours.

Mais Alfred de Musset a l'impression de tourner en rond. Le 18 septembre 1829 il écrit à Sainte-Beuve : *« Voilà un foutu temps pour la chasse, mon ami. Je ne sais pas si c'est à Paris comme ici, mais je suppose que le Bon Dieu a attrapé quelque chose ; ici l'ennui me prend au collet. Donnez-moi de vos vers ; je suis sûr que vous en découlez comme les chênes de Virgile. J'ai pour toute ressource la conversation d'un fat qui est de l'école de Lamartine et qui fait des vers comme le chevalier de Parny. Vous voyez que je vous écris à la hâte et sur un torchon ; je suis si paresseux et affairé que je ne sais où va mon temps. Je n'ai encore fait que de jouer au billard du matin au soir. Mon oncle me bat quelquefois, dont j'enrage. Priez pour moi, je pars pour la chasse.* » Il quitte Le Mans le lendemain.

En janvier de l'année suivante, Alfred de Musset envoie un exemplaire des *Contes d'Espagne et d'Italie* à son oncle du Mans, lequel a joué un rôle dans la rédaction, si on en croit la lettre jointe d'Alfred. « *Je t'envoie, mon cher Oncle, ces poèmes dont tu as entendu une partie... J'attends tes avis. Mes amis m'ont fait des éloges que j'ai mis dans ma poche de derrière. C'est à quatre ou cinq conversations avec toi que je dois d'avoir réformé mes opinions sur des points très importants ; et depuis, j'ai fait bien d'autres réflexions. Mais tu sais qu'elles ne vont pas encore jusqu'à me faire aimer Racine. Adieu donc, mon bon oncle. Aime-moi toujours et crois que je te rends du meilleur de mon cœur. Je n'ai qu'un regret, c'est de ne t'avoir pas auprès de moi pour me servir de guide et d'ami.* »

On ne verra guère d'allusions à la Sarthe dans ses futurs écrits, à part dans un conte de 1844, *Pierre et Camille*, où le père d'une sourde et muette se retire vers 1760 « *près du Mans dans une jolie maison de campagne* », en l'occurrence au lieu-dit Chardonneux. Il cite également le Gué-de-Maulny. Dans la *Revue historique et archéologique du Maine* de 2010, Fabrice Hugo indique que Cogners et sa campagne ont été le cadre d'*On ne badine pas avec l'amour* et cite également *Margot*.

Dernière allusion à la Sarthe

Reste une lettre datée du 16 avril 1832, adressée au marquis de Musset, retrouvée dans les années 1910 et publiée dans la *Revue historique et archéologique du Maine*, dans laquelle Alfred de Musset annonce la mort de son père, victime du choléra. « *C'est aux tristes circonstances dans lesquelles nous nous trouvons à m'excuser si je ne vous ai pas fait part plus tôt du malheur affreux qui vient de frapper notre famille. Les journaux vous l'auront sans doute déjà appris ; mon père est mort dans l'espace de quelques heures de la maladie qui règne en ce moment à Paris.*

Il n'aimait pas sa femme et ses enfants plus qu'il ne vous aimait. Vous jugerez d'après votre propre cœur de ce qui s'est passé dans le nôtre. Ma mère et ma sœur sont parties pour Melun le jour même où il a été frappé. Il était impossible qu'après de telles émotions ma pauvre mère ne fût pas malade ; heureusement que son indisposition, prise à temps, ne nous laisse plus d'inquiétude.

La position dans laquelle notre famille se trouve tout à coup jetée ne nous permet pas, à mon frère et à moi, de rester oisifs un seul instant. Depuis cinq ou six jours, nous attendons le résultat des démarches qui peuvent seules nous tirer du plus cruel embarras.

Ce n'est guère, mon cher oncle, qu'en se trouvant dans de telles circonstances qu'on peut juger du prix de ce qu'on a perdu. Où en sommes-nous maintenant, nous qui nous plaignions quelquefois de notre situation il y a un mois ou un an ? Jamais on ne sent mieux non plus combien on aimait son père que lorsque de pareilles souffrances vous l'enlèvent !

Mais il faut bien que le courage prenne le dessus sur le chagrin. Mon frère a quelques espérances d'avancement à la Guerre [le ministère de la Guerre] ; il sera bientôt décidé là-dessus. Dieu fasse qu'*elles se réalisent ! Les miennes trouveront peut-être plus d'obstacles malgré la protection du prince* [le duc d'Orléans, compagnon de collège], *qui s'est montré pour moi plein de bienveillance. Avec de la persévérance, l'intérêt qu'inspire nécessairement notre triste position finira peut-être par l'emporter.*

L'épouvantable aspect de Paris dans ce moment est presque pour nous une consolation. Nous sommes ici comme en un jour de bataille, où les hommes sont décimés. Les portes des cimetières sont encombrées. Mais que sur des milliers d'êtres le fléau choisisse un père de famille aimé de tous, nécessaire à tous, voilà ce qui est cruel.

Jamais personne, vous le savez, ne rendit tant de service que lui ; je n'ai encore vu personne de ceux qui l'ont connu apprendre sa mort sans une vive douleur. Que ne suis-je auprès de vous, mon cher oncle, vous qui l'avez connu dès les premiers jours de sa vie, pour parler de lui ensemble, pour le pleurer, pour nous aider l'un l'autre à supporter un coup que je n'aurais pas osé vous porter aussi brusquement, si je n'avais pensé que déjà vous en étiez instruit par les feuilles publiques, et qu'il ne me restait plus qu'à mêler mes larmes aux vôtres.

Je vous embrasse tendrement et suis avec respect, mon oncle, votre filleul et neveu.

*J'espère que vous voudrez bien vous charger d'*être mon interprète auprès d'*Onésiphore, de ma cousine Odile, et de la comtesse de Musset.* »

Victor de Musset avait accompagné ses deux fils au château de Cogners en 1822.

Le marquis de Musset meurt en 1839. L'oncle Stéphen Guyot des Herbiers quitte son poste de secrétaire général en 1832. Quant à Alfred de Musset, né en 1810, il décède en 1857.

Propriété des Le Vasseur au XVIe siècle, le château de Cogners a accueilli Henri IV et sa maîtresse Gabrielle d'Estrées à plusieurs reprises, notamment en 1598. On dit que leur fils César, né en 1593, aurait peut-être bien été conçu à Cogners.

Charles Garnier

L'enfant de Saint-Calais devient l'architecte de l'opéra de Paris

De 1825 à 1898

« J*e viens, M. Le Maire, vous offrir pour le musée de votre ville les huit tableaux dont je vous envoie ci-joint la liste.* » Le 26 octobre 1898, Louise Garnier écrit au maire de Saint-Calais le désarroi dans lequel elle se trouve *« après la mort de mon si regretté mari, Charles Garnier, l'architecte de l'Opéra »*. Désarroi d'autant plus grand que, *« un mois après son père, notre unique enfant, lui aussi, m'a été ravi par la mort... et je suis restée seule à pleurer, en attendant l'heure de partir retrouver là-haut ceux que j'ai tant aimés ici-bas »*. L'appartement parisien de l'architecte est rempli *« de ses œuvres qui sont presque toutes des souvenirs d'artistes amis de Charles Garnier »*. C'est Christian, le fils disparu précocement, qui lui *« avait proposé d'en offrir quelques-unes au musée de Saint-Calais, lieu d'origine de la famille Garnier »*.

Charles Garnier est né à Paris le 6 novembre 1825, mais son père, Jean-André, a vu le jour à Saint-Calais le 2 août 1793, tandis que Louise Garnier évoque Challes. Des historiens se sont penchés sur cette énigme, non sans difficulté. Les registres des deux communes sont muets sur ce point. Difficile de s'y retrouver. Les évolutions administratives de la Révolution coïncident avec la naissance du père et nombre de documents ont été détruits dans cette période troublée. À travers certains éléments, l'étau se resserre cependant autour de Saint-Calais. D'abord, l'état civil parisien situe la naissance à Saint-Calais. Le grand-père de Charles Garnier, ensuite, s'est marié à Saint-Calais en 1790. Il était ouvrier-cloutier. L'ombre de son père, enfin, rôde à Saint-Calais. Forgeron, il a laissé plusieurs objets de sa fabrication dans la ville.

Et n'oublions pas Charles Garnier en personne. Il évoque son enfance de manière explicite le 10 novembre 1889, à l'occasion de l'inauguration du théâtre de

Charles Garnier.

Saint-Calais, réalisé par l'architecte Poivet, mais fortement inspiré des théories de Garnier. *« Avec quelle émotion profonde j'ai revu mon vieux Saint-Calais après cinquante ans d'absence. J'ai retrouvé la petite maison où je pêchais autrefois sur les bords de l'Anille, l'église, le vieux château. À ce banquet je ne me vois entouré que d'amis. Pardonnez-moi si je m'explique avec difficulté. L'émotion m'empêche de continuer. »* Par conséquent, l'enfant vivait bien dans cette cité. Les deux maisons familiales de la rue Bourgneuf, à côté de l'église, n'existent plus.

Jean-André, son père, compagnon, effectuant son tour de France, avait posé ses valises à Paris au moment de la naissance de Charles. En d'autres circonstances, Charles Garnier serait donc, certainement, présenté comme Sarthois pur jus... En tout état de cause, il passe ses vacances annuelles chez sa grand-mère, madame Launay. Pour les Calaisiens, en tout cas, il est un enfant du pays. Ils n'attendent même pas sa mort pour donner son nom à une rue. Quelques-uns avaient protesté, mais le Sarthois Cavaignac, député et ministre de la Guerre, avait soutenu le projet et avait demandé de passer outre les critiques. De toute façon, l'intéressé avait donné son accord.

Les huit tableaux de Louise Garnier viennent enrichir d'autres donations de Charles Garnier lui-même. Ils datent de sa jeunesse et de sa formation. Peu de temps avant l'inauguration du théâtre et du musée le même jour, Charles Garnier avait déjà été sollicité. Il avait répondu dans une lettre presque illisible datée du 6 août 1889 : *« Puisque vous voulez bien me demander un petit crayon de moi, je vais chercher ce qu'on peut trouver... »* Le *« petit crayon »* en question est sans doute l'aquarelle *Santa Maria in Trastevere*, peinte à la villa Medicis. Pensionnaire à Rome, Charles Garnier s'était retrouvé au cœur d'une révolution, au printemps 1849. Dans l'obligation de fuir, il s'était réfugié à Florence.

On ne va pas présenter un inventaire de tout ce qu'il a laissé, mais on peut quand même citer les deux volumes de planches reliés en un seul intitulés *Le Nouvel Opéra de Paris* publiés en 1878, *L'Habitation humaine* de 1891, publié chez Hachette, et les *Notes pour la biographie de Charles Garnier* écrites par sa veuve. Sur un buste en plâtre laissé au musée de Saint-Calais, il a fait inscrire : « *C'est non par amour-propre mais seulement comme souvenir que je me permets d'offrir cette épreuve à la ville où est né mon père. »*

S'il n'avait pas conçu l'opéra de Paris portant son nom, *« un monument qui reste le plus parfait et le plus fascinant théâtre d'opéra jamais construit »*, n'hésite pas à affirmer Gérard Fontaine, serait-il entré dans la postérité? Probablement pas.

Louise Garnier, veuve de l'architecte, a fait don au musée de Saint-Calais de quelques œuvres. Parmi les collections, un ouvrage magnifique, représentant des décors d'origine. Cette illustration n'est qu'un exemple.

Car, il faut bien le dire, il n'a rien produit d'exceptionnel ni avant ni après. Mais avec des si… D'aucuns me trouveront un peu sévère avec lui, tant il est vrai que, par exemple, le prince Albert Ier de Monaco (époux de la princesse Alice, elle-même propriétaire d'un château à Cherré, près de La Ferté-Bernard) lui a commandé l'opéra de Monaco, bâti sur le modèle parisien. Mais ce que je lui reprocherai, si je peux me permettre, c'est justement de ne s'être pratiquement jamais renouvelé.

Charles Garnier étudie l'architecture à l'École des arts décoratifs et remporte le grand prix de Rome en 1848. Il voyage alors en Grèce, en Sicile, en Italie et en Turquie. Architecte de la ville de Paris en 1860, il est choisi pour la construction de l'opéra, ouvert le 5 janvier 1875. Outre ce que nous avons déjà cité, il réalise également l'observatoire de Nice, le casino de Monaco, une partie du Grand Hôtel de Vittel (casino, station thermale, chapelle, salle à manger) et le théâtre Marigny de Paris.

Charles Garnier conçoit l'Opéra de Paris à une époque où les ingénieurs dominent la construction. On peut même affirmer qu'ils menacent sérieusement l'avenir des architectes. Les évolutions technologiques et scientifiques laissent à penser qu'il n'y aura plus besoin d'eux. L'exemple de la tour Eiffel est flagrant. L'entreprise qui la construit est dirigée par un ingénieur, Gustave Eiffel, et l'idée est développée par deux autres ingénieurs, Maurice Koechlin et Émile Nouguier. Mais il manque l'essentiel : l'esthétique. Les premiers dessins de la tour Eiffel sont purement et simplement immondes. C'est un architecte de Bonnétable, Stephen Sauvestre, qui va sauver le monument en lui donnant l'élégance qu'on lui connaît aujourd'hui.

Charles Garnier sait jouer sur ce terrain et c'est bien l'esprit créatif qui perpétuera le métier d'architecte. Garnier adopte volontiers le métal comme structure de l'opéra, par exemple, mais garde la main sur l'allure à donner à l'ensemble. Mieux, il s'implique directement sur le terrain. Comme les ingénieurs, il est constamment en contact avec les artisans, les ouvriers, les peintres, les sculpteurs, voire les « bureaucrates », ce qui lui permet d'avoir maîtrise totale et pouvoir quasi absolu sur son bébé. Il sait également se faire aimer. Sur le chantier, tout le monde l'appelle complaisamment *« le grand chef »*.

Et, surtout, il ne se laisse impressionner par personne. L'impératrice Eugénie, à la vue du projet sur le papier, s'écrie : *« Ce n'est pas du style ! Ce n'est ni du grec, ni du Louis XVI, pas même du Louis XV. »* Sans se démonter, Charles Garnier lui répond : *« Non… c'est du Napoléon III ! »* Tout sourire, l'empereur se penche à l'oreille de

Charles Garnier et lui dit tout bas : *« Ne vous tourmentez pas… elle n'y entend rien du tout. »*

Si le palais Garnier est l'œuvre maîtresse de Garnier, c'est aussi parce qu'il aime profondément l'opéra. Au point de se prendre au jeu et de tenter d'en écrire un avec Charles Nuitter, *Le Baron de Groschaminet*, sur une musique de Jules Duprato, aspect peu connu de son destin peu commun.

Charles Garnier décède en 1898.

Louis Bruyère, architecte de la Bourse

Le hasard sépare deux architectes de quelques centaines de mètres. Les plans de la Bourse de Paris ont en effet été dessinés par Louis Bruyère, un Lyonnais né le 19 mars 1758. Il est nommé sous-ingénieur des ponts et chaussées au Mans le 1er avril 1786. Habitant rue de la Paille, il laisse quelques traces encore visibles aujourd'hui : les plans des quartiers des Jacobins et d'une bonne partie de la rive gauche, la navigation devenue possible entre Le Mans et Arnage, les promenades du Greffier et les allées de Pontlieue. À Paris, il dessine encore les entrepôts de vin de Bercy, les abattoirs et le collège d'Harcourt… Une de ses filles a été supérieure du couvent bénédictin Sainte-Cécile à Solesmes.

Thérésa

Reine de Neufchâtel et première vedette de la chanson

De 1877 à 1913

On se souvient plus facilement d'Yvette Guilbert. Sans doute pour des raisons techniques. Yvette Guilbert enregistre sur rouleau, puis sur disque. On connaît sa voix. Thérésa disparaît avant ces inventions révolutionnaires, même si le phonographe d'Édison est présenté à l'Exposition universelle de 1889. Ces années-là, la voix de Thérésa ne le permet plus. Elle vient de prendre sa retraite.

On n'achète pas d'enregistrements, mais des partitions, des livrets. La gloire se mesure au nombre d'exemplaires vendus et au succès des concerts. On ne connaît donc pas la voix de Thérésa. On sait juste qu'elle était contralto pouvant monter au mezzo-soprano. Elle était pourtant l'égale des célébrités de son temps, de Sarah Bernhardt à Offenbach, qu'elle chante, à Barbey d'Aurevilly ou Napoléon III, qui l'invite à la cour...

Thérésa est née dans l'Eure-et-Loire en 1837, mais devient parisienne dès l'âge de 3 ans. Enfant, le directeur du théâtre de la Porte Saint-Martin, Hyppolyte Cogniard, l'entend chanter dans la cour de l'immeuble. Il en parle à la famille, essuie un refus catégorique. Elle n'a que 7 ans et *« c'est pas un métier »* ce truc-là. Eugénie-Emma Valladon sera modiste. Modiste ou pas, une idée fixe envahit le cerveau de la jeune fille : elle veut chanter ! Et en vivre.

À 12 ans, Eugénie-Emma a perdu ses parents. Ils ne sont pas morts, mais ont disparu dans la nature. Elle vit chez son oncle, dentiste. À 16 ans – elle a déjà choisi le nom de Thérésa – Emma chante dans un chœur, grâce à une choriste du théâtre de la porte Saint-Martin rencontrée bien à propos. Le nouveau directeur, Marc Fournier, est intrigué. Il l'écoute et lui offre un rôle de bohémienne dans un drame en trois actes de Victor Séjour, *Le Fils de la nuit*. Le théâtre de la Porte Saint-Martin l'avait découverte à 7 ans à travers Hyppolyte Cogniard, la voilà qui débute avec le même théâtre de la Porte Saint-Martin, grâce à son successeur Marc Fournier.

Après cette représentation commence une vie de bohème. Elle chante dans les cafés et les cabarets. Jusqu'à son entrée à l'Alcazar en 1859, où un semblant de carrière se dessine, ponctué de petites prestations par-ci par-là. L'Alcazar, qu'elle quitte un instant, sonne son heure de gloire, quand elle rencontre le directeur Arsène Goubert dans une soirée. Enthousiaste, il lui offre un contrat enfin digne de ce nom en 1862.

La presse parle d'elle, en bien ou en mal, mais elle en parle, c'est ça qui compte. Louis Veuillot, alors célèbre écrivain et journaliste (il vient souvent à l'abbaye de Solesmes), n'aime pas du tout cette chanteuse. *« Le répertoire a un caractère de charge corrompue et canaille. »* Désolé d'une telle pauvreté artistique, il constate : *« Qu'il pleuve, qu'il neige, qu'il faille rester dehors, vous voulez sortir. C'est ce qui fait le succès du vaudeville, de Thérésa et de la pipe. »* Bref, *« elle sait chanter »* admet-il, mais *« cela se ramasse dans le ruisseau »*.

Ce côté populaire, nous dirions la « pop » aujourd'hui – Veuillot parle de chansons thérésales – déclenche la gloire de Thérésa, foudroyante ! Sa carrière et sa fortune sont assurées. Elle est la première à toucher des cachets faramineux. La thérésa-mania s'empare des Parisiens, ses fans sont appelés les *Thérésistes*, les ouvriers chantent ses chansons sur le chantier de l'opéra Garnier. On boit *La Thérésa*, une limonade, ou *la liqueur de Thérésa*, on mange un *potage Thérésa* ou on porte des robes « à la Thérésa » depuis le premier « tube » de l'histoire, *La Femme à barbe*.

Une journaliste, Deraismes, va très loin dans l'encensement. *« Le succès de Thérésa est au succès de ses contemporains ce que les colosses de l'Égypte sont à nos statues modernes. »* Elle la compare même à Lacordaire, autre célébrité de ce temps pour avoir relancé l'ordre dominicain (encore un visiteur de Solesmes)[22]. Même notre Johnny national n'a jamais eu droit à de telles images métaphoriques. *« Elle ouvre sa grande bouche et il en sort la voix la plus grossièrement, la plus délicatement, la plus spirituellement tendre qui soit. Et l'âme, et le goût, où peut-on en trouver de meilleur ? C'est admirable »* s'enthousiasme le peintre Edgar Degas. Plus détendu, Théophile Gautier ajoute : *« La voix est franche, rustique, d'une émission parfaite ; la prononciation est une merveille de netteté… »*

---

22. Le passage de Veuillot et Lacordaire à l'abbaye de Solesmes est raconté (et les inspirations de Gounod) dans *Les Hôtes illustres de Solesmes*.

Véritable star de la chanson, Thérésa signait déjà des photos dédicacées bien avant que cette mode s'installe définitivement.

Dans les années 1870, la star, l'idole, la diva (certains l'appellent la cantatrice, c'est dire ce que produisent ses cordes vocales), appelons-la comme on veut, ne connaît pas encore la Sarthe. Elle a probablement entendu parler d'un certain Amédée Bollée, lequel a construit un drôle de véhicule motorisé, l'Obéissante, considérée comme la première voiture[23], et l'opéra Garnier est inauguré en 1875. Sait-elle que ce Garnier est lui aussi un proche de la Sarthe, puisqu'il a de la famille à Saint-Calais ? Non ! C'est en fait par un illustre inconnu qu'elle va découvrir ce département, et en tomber amoureuse.

Reine de Neufchâtel

À l'état civil, cet homme est artiste peintre. En réalité, on n'en sait trop rien. Il est présenté successivement comme porteur dans une gare, flûtiste, télégraphiste, boucher, comédien, c'est selon. Au final, pistonné par sa maîtresse, l'homme en question jouera quelques rôles sous le nom de Donval (créé à partir de Valladon), puis de Raoul Donval. Son talent n'étant pas démontré, c'est dans un autre registre qu'il réussira plutôt bien, les piscines. Joseph Oller, inventeur du Pari Mutuel, fondateur des hippodromes de Maison-Laffitte et de Saint-Germain, impliqué dans des aventures aussi prestigieuses que l'Olympia ou le Moulin Rouge, a une millième idée de génie, la création de la première grande piscine parisienne, la grande piscine Rochechouart, avec sauna, hydrothérapie, magasins... le tout transformé en café et dancing l'hiver sous le nom de Palais d'hiver. Donval en prend la direction et administre parallèlement l'Alcazar d'hiver.

Il s'appelle en réalité Arthur-Théobald Guilloreau, né en 1852. Son père est gendarme à Neuchâtel-en-Saosnois et son grand-père y exerçait les métiers de fûtier et de fabricant d'attelles. Lorsque Thérésa rend visite à la famille, c'est le coup de foudre ! Elle craque pour un ancien relais de diligences, l'Auberge du Laurier, l'achète en 1877[24], se sent heureuse et avec cette région et avec ses beaux-parents, qu'elle adore et bichonne. Elle sera très affectée par la mort de sa belle-mère à 58 ans et elle restera présente au côté de son beau-père jusqu'à son dernier souffle.

---

23. Lire *72 célébrités sarthoises*.

24. En fait, elle l'achète deux fois. La première fois au nom de ses beaux-parents, comme un cadeau. Quand ils meurent, Raoul Donval hérite de la maison. Mais ils sont divorcés. Amoureuse de cette demeure, elle la rachète à son ex-mari.

La maison de Neufchâtel-en-Saosnois est conservée comme l'a connue Thérésa.

Le couple se marie discrètement à l'église de Neufchâtel le 10 août 1878 et passe l'été à folâtrer dans la campagne. Leur vie est désormais partagée entre les nécessités parisiennes et les étés sarthois, des étés de plus en plus longs, des étés qui durent jusqu'à l'automne. Une occasion pour Thérésa de développer les galas de province. La Sarthe est désormais sa deuxième patrie et elle s'y investit sans compter dès qu'elle est en péril. En juin 1879, un orage et la grêle provoquent des dégâts sans précédent dans la région de Mamers. Forêts, maisons, fermes, cultures, animaux sont détruits... Thérésa chante à la salle des fêtes de Mamers le 27 juillet 1879 et offre la recette aux sinistrés. Elle est assez riche pour acheter une quinzaine de petites maisons de Neufchâtel, dans lesquelles elle installe les plus pauvres. Elle offre le pot-au-feu chaque dimanche, paie les médicaments et offre des vêtements...

Quand la débutante Yvette Guilbert commence à se faire connaître, dès le début des années 1890, la carrière de Thérésa s'achève. Elle décide d'en rester là, de finir ses jours à Neufchâtel-en-Saosnois et abandonne son mari à ses affaires, à la tête du Nouveau-Cirque. Ils n'ont plus rien en commun. Elle ne chante plus pour sa gloire parisienne, mais pour quelques amis et pour les Sarthois, comme ce 27 septembre 1891 à Mamers ou pour un concert de bienfaisance à Alençon, où elle dîne avec Sarah Bernardt à l'hôtel du Grand Cerf.

La soixantaine passée, sa voix se perd, il lui faut renoncer. *« J'aurais tant voulu donner des leçons de* Marseillaise *aux gamins de Neuchâtel »*, regrette-t-elle. *« Simplement pouvoir d'une berceuse – sans paroles – endormir ma petite-fille. Mais rien, plus rien là... »,* dans cette gorge qui a soulevé les foules. Son fils adoptif, Frédéric, vient vivre avec sa femme enceinte à Neufchâtel. Thérésa adopte sans condition Marie et l'envoie accoucher au Mans, le 18 janvier 1907, d'une petite Marie-Thérèse.

Elle suit de près les exploits de Wilbur Wright au Mans, mais n'y assiste pas, reçoit quelques visites des grands de ce monde, a encore quelques contacts avec Nadar, le compositeur Franck ou Flaubert, se promène dans la forêt de Perseigne... et s'éteint le mercredi 14 mai 1913 à 9 heures du matin, à 77 ans.

Thérésa a habité Neuchâtel-en-Saosnois à plein temps de 1893 à 1913, dans sa villa des Lauriers, mais c'est au cimetière du Père-Lachaise qu'elle est enterrée, près de Nadar, Béranger et Scribe. Gounot, inspiré par les chants grégoriens de Solesmes, à l'autre bout de la Sarthe, lui avait dédicacé son portrait : *À la grande Thérésa* et on a retrouvé des lettres de Saint-Saëns, lui-même propriétaire d'une maison à La Chapelle-Saint-Rémy... Comme le monde est petit dans la Sarthe !

Alfred Dreyfus

Victime des politiciens et généraux sarthois

De 1882 à 1887, 1893

Il pourrait vivre de ses rentes, mais juif et Alsacien né à Mulhouse le 9 octobre 1859, Alfred Dreyfus se destine à une carrière militaire. Après ses études à Polytechnique de 1878 à 1880, il est promu sous-lieutenant à l'École d'application de l'artillerie de Fontainebleau, puis lieutenant le 1er octobre 1882 au 31e régiment d'artillerie, dans le quartier Paixhans du Mans, jusqu'en septembre 1883. Il suit ensuite le cursus habituel des mutations de poste en poste à Bourges et Paris, avant de rencontrer les ennuis qu'on connaît.

En 1883, il entre à la 1re division de cavalerie de Paris et en janvier 1884 à la 11e batterie détachée, toujours dans la capitale. Commence alors une période de va-et-vient entre Le Mans et Paris. Le jeune officier rentre chez lui en septembre 1884, en juillet et août 1885, en octobre 1886 et février 1887. On retrouve des traces de ses séjours au Mans de 1882 à 1887.

Au Mans comme à Paris, Alfred sort beaucoup, fréquente les cafés, les champs de courses, pratique l'escrime et loue des chevaux... Un train de vie digne de son rang. Sa solde militaire est pur argent de poche. Il a hérité d'une fortune de son père, industriel alsacien, et pourrait vivre d'amour et d'eau fraîche, mais il est patriote, estime de son devoir de servir le pays.

Ces composantes pèseront lourd dans son dossier d'accusation, malgré l'absence totale d'éléments probants dans l'enquête menée par le chef de la section de statistiques Picquart. On lui reproche d'être « un coureur de femmes », de jouer ou de fréquenter des clubs douteux... À son procès, Le Mans est cité. Alfred Dreyfus se défend pied à pied et déclare : *« J'ai joué, dit-on, au cercle du Mans. J'affirme que je ne suis jamais allé au cercle du Mans, que je n'y ai jamais joué : j'ai la conviction que les membres de ce cercle, qui doivent être des personnes honorables, viendront le dire. »*

Alfred Dreyfus a effectué plusieurs séjours au Mans, tout spécialement à la caserne Paixhans dans le cadre de ses stages d'officier.

Au Mans, comme ailleurs avant et plus tard, Dreyfus est toujours apprécié de ses supérieurs. Lorsqu'il quitte la capitale sarthoise son chef de corps écrit : « *Juillet 1883. M. Dreyfus est un officier intelligent et rempli de bonne volonté* ; *il a, depuis son arrivée au corps, montré du zèle dans le service, et de l'application dans les manœuvres, mais il a encore beaucoup à faire pour compléter son instruction militaire. Son intonation est surtout très mauvaise* ; néanmoins, en continuant de servir comme il le fait, il pourra devenir un bon officier. »

En 1886, Alfred Dreyfus est à l'École militaire. Nommé capitaine au 21e d'artillerie de Bourges en septembre 1889, il est adjoint à l'École centrale de pyrotechnie, vise l'École supérieure de guerre et prépare son entrée en se perfectionnant. Dans la foulée de Bourges, l'ambitieux militaire reprend ses études et est admis à l'École supérieure en 1890.

En 1893, une carrière commence à l'état-major général pour deux ans. Deux années de stages en fait, passage obligé avant d'obtenir un poste, enfin. Deux années inachevées, interrompues par l'affaire en 1894. Les stages, au nombre de quatre, ont lieu dans quatre bureaux stratégiques. Au 4e bureau, celui des chemins de fer, il est chargé d'une étude de transport et, pour ce faire, prend le train jusqu'au Mans et à Nantes. Au Mans, il étudie la gare et les infrastructures ferroviaires. Il y relève l'intérêt d'une concentration des moyens sur un même lieu. Cette visite de la fin 1893 est décortiquée par ses adversaires. Dreyfus a pris un café avec deux officiers auxquels il aurait fait certaines déclarations, sans plus de précisions.

Boisdeffre se retire à Bérus

Cette sale histoire d'espionnage déclenchée ramène Alfred Dreyfus vers la Sarthe à travers un personnage du pays, particulièrement acharné contre lui, le général Raoul Le Mouton de Boisdeffre, né à Alençon en 1839 et mort en 1919, propriétaire du château de Bérus, lieu de naissance de son grand-père.

Le général de Boisdeffre est un homme médiocre, paresseux et sans autorité. À sa décharge, il faut dire qu'il est projeté d'un coup d'un seul au sommet de la hiérarchie sans avoir eu le temps de s'y préparer, d'atteindre la maturité nécessaire. Contre lui, le terrible défaut de se contenter du titre de général.

Boisdeffre est rarement dans son bureau, laisse à ses associés le soin de tout gérer et préfère mener une vie mondaine. Cette situation va peser lourd dans le destin de Dreyfus. Les historiens s'accordent à dire qu'avec le général de Miribel, prédécesseur de Boisdeffre à la tête de l'état-major, Dreyfus n'aurait jamais été traîné dans la boue de cette façon. Boisdeffre et Gonse *« furent en effet les principaux acteurs de la machination, en compagnie du ministre de la Guerre et du chef des services de renseignements »*, confirme le biographe Vincent Duclert.

Au début, Boisdeffre ne manque pourtant pas d'éloges. *« Bon officier, esprit vif, saisissant rapidement les questions »*, écrit-il dans un rapport de stage à l'état-major de l'armée en 1892, deux ans avant le procès. *« Zélé, travailleur, favorablement apprécié partout où il a passé. Fera un bon officier d'état-major. »* Deux ans plus tard, le ton change et cette élogieuse appréciation disparaît comme par enchantement du dossier, lors du procès.

C'est Boisdeffre qui, le premier, reçoit Alfred Dreyfus dans son bureau le 15 octobre 1894 à 9 heures, accompagné de ses principaux accusateurs, le lieutenant-colonel du Paty de Clam et le commissaire Cochefert.

Toutefois, après le procès de décembre 1894, Boisdeffre, conscient de la fragilité de l'accusation, et dans la crainte d'un retour de manivelle préjudiciable à l'image

Château de Bérus, propriété du général de Boisdeffre, particulièrement acharné contre Dreyfus.

de l'armée, demande à la section de statistiques (les services secrets d'alors choisissent ce nom apparemment totalement inoffensif pour désigner le contre-espionnage) d'épaissir un dossier bien trop léger. Trois militaires zélés, dont le commandant Henry, vont ainsi créer de toutes pièces des preuves, au cas où.

Boisdeffre va, avec un expert, Albert Gobert, chez le général Gonse, lequel lui fournit des pièces censées constituer des preuves contre Dreyfus. Des agrandissements demandés par l'expert lui sont refusés. Albert Gobert ne connaît pas le nom du suspect. On ne peut donc pas le soupçonner de parti pris. Il analyse un bordereau, base de toute l'accusation, et un texte rédigé par le suspect, à la demande des enquêteurs. Il conclut que le bordereau n'est pas de la main du suspect... Il est congédié, officiellement parce que soupçonné de complicité avec Dreyfus. Le comble, puisqu'il ne le connaît pas, puisqu'il ne l'a jamais vu.

Un autre expert, Alphonse Bertillon, va faire le sale boulot qu'on attend d'un expert. Il n'est absolument pas un spécialiste en écriture, mais peu importe, il fera l'affaire. Célèbre pour avoir découvert les empreintes digitales, on lui demande un travail pour lequel il est totalement incompétent. Mais Bertillon est une icône nationale, c'est ce qui compte. C'est à ce titre, prestigieux, qu'il intervient au tribunal du Mans dans le cadre d'une affaire de meurtre dans une épicerie à

Gesnes-Le-Gandelin en octobre 1911[25]. Dans l'affaire qui nous concerne, il reconnaît l'écriture de Dreyfus dans le bordereau et, bourré d'orgueil, s'obstine à maintenir ses conclusions alors qu'on connaît le véritable auteur.

Le général Boisdeffre convoque le commandant du Paty de Clam, chargé de l'instruction. On l'a accusé d'avoir montré un zèle inouï pour faire porter le chapeau à Dreyfus, mais il faut dire qu'il subit une sacrée pression. Dans un premier temps, du Paty suggère d'abandonner les poursuites, faute de preuves. Il se fait proprement engueuler par Boisdeffre et poursuit sa tâche sans moufter. *« Vous n'aboutissez pas avec votre Dreyfus ! Vous n'avez rien »*, constate Boisdeffre, comme si c'était une faute de manquer de preuves. *« Vos expertises ne valent pas un bon aveu »*, clame le général. *« C'est ça qu'il faut obtenir »*, puisque *« vous n'avez pas autre chose que votre chiffon de papier »*.

Votre chiffon de papier ! *« C'est la seule preuve matérielle que vous m'avez fait montrer »*, lui rétorque du Paty de Clam. Pire encore, *« je ne le possède même pas ; on l'a remise à des experts que je ne connais pas... »*[26]. À ce stade, il faudrait abandonner toute poursuite, c'est du moins l'avis de du Paty. Mais tout le monde s'entête. *« Nous sommes trop avancés pour reculer »*, estime Boisdeffre. *« Dreyfus est une canaille qui mérite le poteau d'exécution, c'est moi qui vous le dis ! »*

Pour tout arranger, Alfred Dreyfus a le tort d'être juif. Bref, coupable idéal, il fera l'affaire, il suffit de manipuler les preuves, voire d'en fabriquer, tout cela avec bonne conscience et en toute bonne foi, puisqu'on vous dit qu'il est coupable ! Boisdeffre est de ceux qui défendent cette pratique.

Exemple. Les enquêteurs trouvent un texte dans lequel est écrit : *« Cette canaille de D... »* Tout le monde sait qu'il s'agit d'un certain Dubois, mais on décide de l'attribuer à Dreyfus. Deuxième exemple, édifiant. Un officier affirme que Dreyfus lui a fait des aveux. Plus tard, il avoue que c'est faux. On lui demande pourquoi il a menti. Réponse : l'ordre de se taire venait de Boisdeffre.

Un petit dernier. Une lettre authentique signée Alexandrine devient un faux en y ajoutant le nom de Dreyfus, assez grossièrement d'ailleurs. Henry est l'auteur de ce genre de forfait. Autrement dit, on sacrifie la liberté d'un homme, on brise sa vie sans scrupule, pour éviter un scandale, pour sauver l'image de l'armée.

---

25. *Les Grandes Affaires criminelles de la Sarthe* d'Alain Moro, Éditions de Borée.

26. *Les Luttes ardentes des francs-maçons manceaux pour l'établissement de la République (1815-1914)*, imprimerie Monnoyer, 1966.

Esterhazy au 74e d'infanterie du Mans

Jusqu'au jour de 1896 où un autre personnage, Picquart, retrouve des documents contradictoires, lesquels révèlent l'existence du vrai traître, le commandant Esterhazy. Il est au 74e d'infanterie du Mans lorsque le service des statistiques décide de le surveiller. Cinq mois plus tard, Picquart fait part de ses soupçons à Boisdeffre, le 5 août, d'autant que l'écriture du bordereau bleu, le célèbre document qui accable Dreyfus, s'avère être celle d'Esterhazy. Face à l'énorme bavure qui ne manque pas de se présenter devant leurs yeux, les autorités décident d'étouffer l'affaire. Dreyfus, innocent, reste coupable par pure nécessité. Que vaut une vie humaine face au prestige et à l'honneur de l'armée ? Au procès de Zola en 1898, malgré les révélations publiques, Boisdeffre persiste et signe. *« Il doit être interdit absolument à tout témoin militaire qui serait appelé à déposer, de répondre à toute question étrangère à celle posée par la plainte, et notamment à toute question concernant l'affaire Dreyfus »*, exige-t-il avant l'audience. La culpabilité d'Esterhazy démontrée, il ne fallait pas déclencher de révision du procès Dreyfus. Une révision, c'était une fois de plus admettre une grave erreur. Elle aura lieu malgré tout.

Le constat est on ne peut plus clair, dès le début de l'affaire, la plupart des acteurs savent très bien que Dreyfus n'est qu'un sacrifié sur l'autel global des intérêts militaires et sur celui des intérêts particuliers. Lorsque la culpabilité d'Esterhazy est admise et, par conséquent, l'innocence de Dreyfus, un pacte de solidarité est virtuellement signé entre Mercier, Boisdeffre, Gonse, Paty de Clam et tous les complices de ce qu'ils appellent « Le dossier secret », le dossier des fausses preuves.

Ce scandale déclenche une vague de conflits de douze ans entre les opposants de Dreyfus et ses défenseurs. En toute logique, les antidreyfusards sont nationalistes et antisémites, les dreyfusards progressistes et républicains. Au nom de la justice et de la liberté, Émile Zola publie dans le quotidien *L'Aurore* du 13 janvier 1898 son célèbre « J'accuse » dans lequel il met en cause les généraux Boisdeffre et Mercier :

« *Un homme néfaste a tout mené, a tout fait, c'est le lieutenant-colonel du Paty de Clam, alors simple commandant*. [...]

Voici un an que le général Billot, que les généraux de Boisdeffre et Gonse savent que Dreyfus est innocent, et ils ont gardé pour eux cette effroyable chose ! Et ces gens-là dorment, et ils ont des femmes et des enfants qu'ils aiment ! [...]

J'accuse le lieutenant-colonel du Paty de Clam d'avoir été l'ouvrier diabolique de l'erreur judiciaire, en inconscient, je veux le croire, et d'avoir ensuite défendu son œuvre néfaste, depuis trois ans, par les machinations les plus saugrenues et les plus coupables. [...]

J'accuse le général Mercier de s'être rendu complice, tout au moins par faiblesse d'esprit, d'une des plus grandes iniquités du siècle. [...]

J'accuse le général de Boisdeffre et le général Gonse de s'être rendus complices du même crime, l'un sans doute par passion cléricale, l'autre peut-être par cet esprit de corps qui fait des bureaux de la guerre l'arche sainte, inattaquable... »

Cette attaque publique de l'écrivain est une épreuve terrible pour Boisdeffre. Mais il accuse le coup. Mieux, au procès d'Émile Zola, il choisit d'ignorer la vérité et se contente de défendre l'armée : « *Vous êtes le jury, vous êtes la nation. Si la nation n'a plus confiance dans les chefs de son armée, dans ceux qui ont la responsabilité de la défense nationale, ils sont prêts à laisser cette lourde tâche.* » Il est plus facile de s'attaquer à un homme qu'à l'armée. La justice condamne Zola!

Boisdeffre a marqué un point. En réalité, il est en sursis. Le 30 août 1898, un de ceux qui avaient enquêté sur Dreyfus, le colonel Henry, avoue dans le bureau du ministre Cavaignac, devant Boisdeffre, avoir menti et avoir produit de fausses preuves. C'est la goutte d'eau! Boisdeffre demande le jour même à être relevé de ses fonctions et se retire dans son château sarthois, où il meurt en 1919. Le colonel Henry se suicide en prison le lendemain.

Depuis son trou à rat de Cayenne, Alfred Dreyfus ne soupçonne rien de tout ça. Il a Boisdeffre en haute estime et pense naïvement que cet homme « intègre » pourrait être son sauveur. Il lui écrit le 1er juillet 1897 : *« Mon général, le cœur perdu, le cerveau en lambeaux, c'est vers vous que je vais encore jeter un cri de détresse, un cri d'appel plus poignant, plus déchirant que jamais... C'est avec tout mon cœur qui s'élance vers vous dans une épouvantable agonie, que je vous écris ces lignes, sûr que vous me comprendrez. »* Autant vous dire que Boisdreffre ne comprend rien, n'entend rien, ne répond rien. Silence, silence, silence... total! Dreyfus a tellement confiance en lui qu'il lui confie dans un des ses nombreux courriers une lettre à remettre à son frère Mathieu. Boisdeffre n'a jamais transmis le document, dans lequel Dreyfus demandait à son frère de lancer des recherches pour prouver son innocence.

Au procès en révision de 1899, Boisdeffre, toujours incapable de se désavouer, affirme sa *« conviction absolue de la culpabilité du capitaine Dreyfus »*. Il en rajoute même, en l'accusant d'avoir volé un document pendant son stage au premier des quatre bureaux qu'il doit fréquenter.

Cavaignac convaincu jusqu'à la tombe

Un autre Sarthois est totalement impliqué dans la responsabilité de ce lamentable acharnement contre un innocent, Godefroy Cavaignac, ingénieur des ponts et chaussées, maire de Flée, conseiller général de La Chartre, président du Conseil général (Conseil départemental depuis) de La Sarthe, député de Saint-Calais et ministre de la Marine et de la Guerre. Enfant unique né à Paris le 21 mai 1853, il vit dans la Sarthe dès l'âge de 4 ans, perd ses parents à 21 ans et meurt brusquement le 24 septembre 1905 à 52 ans, avant la réhabilitation de Dreyfus, dans son château d'Ourne, à Flée, près de Château-du-Loir, acheté par son père en 1856.

Notre historien local André Bouton a des mots assez durs pour qualifier le personnage : *« maintien sévère »*, *« orgueilleux, ambitieux à froid »*, *« intransigeance doctrinale »*, *« caractère entier et ombrageux, aux rancunes inexorables »*.[27]

Au début, Cavaignac utilise de fausses preuves contre Dreyfus, mais sans le savoir. C'est lui qui reçoit les aveux du colonel Henry, mais, contrairement à Boisdeffre qui culpabilise tout de même un peu, il reste stoïque. Lucien Lévy, un ami de Polytechnique, lorsqu'il apprend le projet de soumettre à nouveau le cas Dreyfus au Conseil de guerre, est désespéré à l'idée que *« l'on va recommencer ce crime de faire juger un absent sur un dossier qu'il est permis de soupçonner faux »*. Le 8 janvier 1898, il supplie Cavaignac : *« Au nom de nos anciennes affections, au nom de la République, je te conjure d'employer toute ton influence à empêcher que cette nouvelle infamie se commette. »* Appel inutile ! Quelques jours plus tard, l'historien Gabriel Monod lui écrit une première fois, le 11 janvier 1898 et se déclare *« très affligé »* par le comportement de Cavaignac contre Mathieu Dreyfus, le frère d'Alfred. Il revient à la charge le 18 janvier, dénonce le fait de mettre *« la raison d'État au-dessus de la justice »* et tente de montrer à Cavaignac sa forfaiture en se montrant complice d'une telle injustice. *« En tous cas, si le procès Dreyfus n'est pas revu, sa condamnation sur un bordereau qu'il n'a pas écrit et sur une pièce secrète qu'il n'a pas connue restera un crime judiciaire, dont l'honneur de la France est cruellement entaché. »* Alerte inutile !

---

27. Cité par Vincent Duclet dans *Alfred Dreyfus. L'honneur d'un patriote*, Fayard, 2006.

À la suite du procès de Zola du 7 au 23 février, Cavaignac montre le 7 juillet au Parlement le faux dossier préparé par Henry en 1896, dans lequel il y aurait de soi-disant aveux de Dreyfus, bidons évidemment. Qu'importe que le bordereau soit faux. Qu'importe Esterhazy. Pour Cavaignac, ce dernier n'innocente pas Dreyfus. Il n'est qu'un complice, tout au plus. Gabriel Monod dit à Cavaignac à quel point l'intervention de ce dernier à l'Assemblée *« n'a fait qu'aggraver le dissentiment qui me sépare de vous »*. Gabriel Monod veut bien admettre cependant que *« vous avez peut-être été victime de la plus effroyable machination, qui ait jamais été ourdie contre la vérité »*.

Le 4 août 1898, son chef de cabinet, le général Roger, lui révèle la vérité, à savoir l'existence de faux documents, de fausses preuves. Le 13 août, le capitaine Cuignet, collaborateur de Cavaignac, découvre que le billet signé Alexandrine est un montage. Cavaignac fait le mort, ne dit rien à personne, enterre les informations en sa possession. Le 30 août, on l'a déjà dit, Henry craque dans son bureau. Rien n'y fait. Cavaignac ne change en rien sa vision. Hélas pour lui, il est désapprouvé par son gouvernement. Cavaignac quitte la scène à son tour le 4 septembre 1898.

Le 5 septembre, dans une interview à *L'Écho de Paris*, il refuse l'idée d'une révision du procès : « *J'estime plus que jamais que la révision de ce procès ne s'impose pas, qu'elle n'est fondée sur rien et qu'elle est souverainement dangereuse* [...] *Vous verrez dans quel état sera le pays après ce nouveau procès. Ma conviction est faite, elle est basée sur tous les documents que j'ai pris la peine d'examiner minutieusement : la culpabilité de Dreyfus ne laisse aucun doute et je persiste dans la résolution que j'ai prise de m'opposer à ce qu'on remette en question la chose jugée.* » Cet être obtus persiste ainsi à croire Dreyfus coupable... jusque dans la tombe.

Dans un discours prononcé au Mans, il parle de *« tentatives impies qui ont été faites pour discréditer ceux qui travaillent à la grandeur de la patrie »*.

En août et septembre 1899, la Cour de cassation a demandé la révision du procès, mais la juridiction reste militaire. Avouer l'innocence de Dreyfus, c'est se désavouer. Elle s'arrange donc pour le condamner à nouveau à dix ans de réclusion et, suprême contradiction, lui accorde les circonstances atténuantes. Le président de la République Émile Loubet le gracie le 19 septembre. Alfred Dreyfus est libre. Dans la presse, un écrivain et professeur, Paul Stapfer, résume bien la situation : *« On ne gracie pas un innocent. »* Il traite *« ceux qui l'ont fait condamner » de « criminels. Il faut qu'ils soient punis. S'ils échappent à la vengeance des lois, il faut au moins que la malédiction de l'histoire* [...] *les accable officiellement par une*

Godefroy Cavaignac meurt dans son château d'Ourne à Flée un an avant la réhabilitation de Dreyfus.

sentence de justice. » Il a raison. Boisdeffre et Cavaignac subissent aujourd'hui la malédiction de l'histoire, entérinée par le troisième procès en cassation de 1906, innocentant et réhabilitant définitivement le capitaine Dreyfus.

Le général Mercier termine sa carrière au Mans

Un quatrième protagoniste, le général Mercier, de Polytechnique comme Dreyfus, artilleur comme Dreyfus, directeur administratif du ministère de la Guerre pendant cinq ans, ministre de la Guerre le 30 mai 1894, est démis de ses fonctions après le procès de Dreyfus, le 28 janvier 1895. Il sert de fusible. Son tort : ne pas avoir été capable d'étouffer l'affaire. Il est muté, et promu commandant, à la tête du 4e corps d'armée au Mans pendant quatre ans, jusqu'à la fin 1898. Un pot de départ est organisé à la Bourse de commerce du Mans le 29 novembre 1898. Dans son discours d'adieu, ni *mea culpa* ni excuses. Il n'avoue rien, au contraire, se considère victime et dénonce ceux qui protègent Dreyfus.

Son attitude est une des plus immondes qui soit. *« Un gredin »*, n'hésite pas à écrire André Bouton. Au moment où les soupçons se portent sur Dreyfus, sa cote de popularité est en berne. Son incompétence est régulièrement mise en avant. Enfoncer Dreyfus, s'acharner sur lui est une occasion de redorer son blason. Et il continuera bien après sa mise en réserve en 1898. Dès après le procès de 1894, un diplomate s'inquiète : *« Nous croyons que le général Mercier a commis une épouvantable gaffe. »* Au second procès, ou plus exactement au conseil de guerre de 1899, il agit délibérément en toute illégalité, en fournissant à huis clos des informations carrément fantaisistes. Il aurait pu se retrouver devant un tribunal pour crime de forfaiture, mais y échappe grâce à une loi d'amnistie votée opportunément, dans le but d'éviter à lui et à beaucoup d'autres une honte pouvant rejaillir sur l'ensemble de l'armée. Il meurt le 3 mars 1921 à Paris.

Du Paty de Clam, héros du 117e RI

Éternelles ironies de l'histoire, le lieutenant-colonel du Paty de Clam, celui qui, le premier, va interroger, pour ne pas dire harceler Alfred Dreyfus, prend le commandement du 117e régiment d'infanterie du Mans en septembre 1914, jusqu'en octobre 1916, et le mène vers la gloire quand, le 30 octobre, il s'empare de Quesnoy-en-Santerre, dans la Somme. Cet exploit lui vaut une promotion au grade d'officier de la Légion d'honneur et une citation à l'ordre de l'armée. Éternelles ironies de l'histoire, Alain-Fournier, auteur du *Grand Meaulnes*, a séjourné au 117e RI.

Un autre homme complice de cette immonde machination, le commandant Bexon d'Ormescheville, moins connu, s'est installé au Mans après l'affaire, avenue Bollée. *« Atteint de gâtisme*, raconte André Bouton, *il lacera les documents militaires qu'il avait conservés et les jettera dans la rue. »*

En 1894, Alfred Dreyfus est dégradé et jeté comme un vulgaire assassin dans les tristement célèbres geôles de Cayenne. Il passe cinq ans sur l'île du Diable. Affaibli, épuisé, il résiste à la tentation du suicide et crie toujours son innocence. Réhabilité et réintégré dans l'armée en 1906, le patriote qu'il est resté malgré tout participe au conflit de la première guerre mondiale et est décoré de la Légion d'honneur. Sa carrière s'achève avec le grade de colonel. Né en 1859, Alfred Dreyfus meurt le 11 juillet 1935, définitivement sali, sans jamais atteindre le grade de général auquel il aurait légitimement pu aspirer. Le comble, c'est qu'il disparaît dans l'indifférence générale. La presse en parle à peine.

En 2006, la ville du Mans a rendu hommage à Alfred Dreyfus à l'occasion du centenaire de sa réhabilitation. Une place porte son nom.

Camille Saint-Saëns

Sa maison à La Chapelle-Saint-Rémy

De 1886 à 1921

Le compositeur Camille Saint-Saëns, grand voyageur boulimique, se rend le plus souvent en Extrême-Orient, mais aussi et surtout en Afrique du Nord (il tombe amoureux de l'Algérie dès son premier voyage, pays le plus visité – treize fois – avec l'Égypte), en Angleterre et plus sporadiquement à Ceylan, en Amérique du Sud ou du Nord...

En France, Dieppe et la Normandie, terre paternelle, ont sa faveur. Dans ces conditions, on se demande comment la Sarthe a pu le séduire, au point d'y acheter une maison, d'autant que, atteint de tuberculose depuis l'âge de 16 ans (la médecine le condamne à une vie brève... il meurt à 86 ans !), il recherche le soleil des régions chaudes de préférence aux climats frais. Pour y trouver près de Paris un lieu de repos et d'inspiration ? On ne sait trop. Et pourquoi la Sarthe, comparativement à nombre de départements tout aussi charmants autour de la capitale ? Cessons les devinettes, nous avons la réponse : Gabriel Geslin !

Gabriel Geslin, habitant de la Chapelle-Saint-Rémy né à Saint-Mars-La-Brière en 1862, n'a aucune raison de croiser Camille Saint-Saëns. Il ignore à peu près tout de la musique et son éducation est des plus sommaires. Il ne sait ni lire ni écrire. Gabriel veut seulement changer de vie. Elle lui semble plus belle à Paris. Il prend donc la route à 14 ans avec son petit balluchon (dans *Le Maine Libre*, la journaliste Frédérique Bréhaut cite son descendant René Coulon, lequel utilise la jolie métaphore de *« malle à quatre nœuds »*) et se retrouve face à Saint-Saëns dans des conditions inexplicables et mystérieuses.

Camille Saint-Saëns, séduit pour d'obscures raisons qui n'en sont pas vraiment par ce jeune homme, l'embauche à son service en 1886 et lui apprend à lire et à écrire. On parle de l'homosexualité du compositeur et de Gabriel Geslin pour l'expliquer. Au XIXe siècle, il fallait refouler ses pulsions et les médecins conseillaient

Fidèle parmi les fidèles, Gabriel Geslin (à droite sur la photographie) était l'ombre du compositeur Camille Saint-Saëns (à gauche). René Coulon n'hésite pas à affirmer que Camille Saint-Saëns et son ancêtre formaient un couple au sens propre du terme.

le mariage comme unique thérapie. Celui de Saint-Saëns a été une catastrophe et s'est terminé en brutale séparation.

Pour Gérard Gefen, biographe, Gabriel Geslin *« fut son secrétaire et sans doute beaucoup plus »*[28]. Le descendant de Gabriel Geslin René Coulon est plus catégorique : *« C'était un couple ! »* René Coulon sait de quoi il parle, lui qui a cédé les fonds de la famille au musée de Dieppe, comprenant toute la correspondance entre Geslin et Saint-Saëns, sans parler d'un certain nombre de photos représentant les deux hommes ensemble ou séparément. Une lettre de Saint-Saëns à Gabriel Geslin dans les archives personnelles de René Coulon laisse à penser qu'il a raison, ou du moins qu'il n'a pas tort : *« J'ai été au supplice de ne pas avoir de vos nouvelles »*, écrit par exemple le compositeur avec tendresse le 4 septembre 1913. *« J'aurais voulu que vous puissiez entendre les soupirs de soulagement qui me sont échappés en lisant votre lettre. »* Lorsque son domestique est diagnostiqué cancéreux, le compositeur est dans un état de désespoir immense. *« Gabriel est une partie de moi-même, je puis bien vous l'avouer ; je ne me consolerais pas de*

---

28. Dans *Augusta Holmès l'outrancière*, Belfond, 1986.

l'avoir perdu », avoue celui-ci à un ami. Leur familiarité s'exprime à tout instant : *« Venez vite me retrouver. »* Lorsqu'ils vont au restaurant, Gabriel dit qu'ils vont *« gloutonner ». « Ce verbe est de l'invention de Gabriel, je le trouve joli et je l'écris pour la première fois »*, révèle Saint-Saëns dans une lettre.

Si on en croit René Coulon, sa mère aurait d'ailleurs été élevée par Gabriel Geslin et Saint-Saëns. Affirmation à vérifier.

En tout état de cause, si la majorité des historiens s'accorde sur ce penchant sexuel, Saint-Saëns a subtilement tenté par tous les moyens de préserver ses petits secrets. Il est cependant trahi par une série de signes : des événements, des témoignages et quelques documents troublants. De tous, Jean Gallois est le seul qui tente une analyse autour d'une enfance entièrement féminine, et d'une jeunesse sans aventures amoureuses. Il attribue son homosexualité à la mère possessive de Saint-Saëns, *« sa mère qu'il adorait. La réciproque était évidente »*, confirme un témoin, Georges Servières. *« Sa mère tendrement aimée était la seule compagne de sa vie. »*

Elle est castratrice, lit son courrier et surveille ses fréquentations, révèle Jean Gallois. *« Saint-Saëns a vécu indéniablement dans une dépendance affective vis-à-vis de sa mère. »* Et d'ajouter : *« Saint-Saëns ne pouvait avoir que des rapports complexes et difficiles avec les femmes en général et la sienne en particulier. »* Jean Bonnerot, ayant bien connu Saint-Saëns, ne dit pas autre chose : *« Sa mère l'aimait, l'adorait à l'exclusion de tout* [...] *Son fils était enfant prodige : elle le mit à l'abri des tentations. »* Autre connaissance de Saint-Saëns, Lucien Augé de Lassus observe que mère et fils *« vont de compagnie, tel un couple de gentils amoureux, se distraire, s'amuser, se délasser... »*.

Lorsque sa mère meurt en 1888, Saint-Saëns a 53 ans et vit toujours chez elle depuis la séparation avec sa femme. Il est totalement effondré et ne parvient jamais vraiment à s'en remettre. *« Le jour des obsèques, notre infortuné musicien fait peur à voir : avec elle, il perd la personne qui l'a le plus aimé* [...] *La vie lui apparaît sans but et sa santé décline aussitôt »*, note un autre auteur, Philippe Majorelle. Saint-Saëns tombe dans une profonde dépression pendant de longs mois et tente de se resourcer en voyageant à Toulon, en Espagne, aux Canaries, en Algérie... *« Il ne reste proche que de son petit chien et de son fidèle serviteur, Gabriel »*, rapportent Jean-Luc Caron et Gérard Denizeau dans leur *Camille Saint-Saëns* (Éditions Bleu nuit horizon, 2014).

Les mêmes se réfèrent à plusieurs analystes qui *« avancent que Camille Saint-Saëns profitait de ses lointains déplacements pour assouvir ses penchants homosexuels en recherchant la compagnie de jeunes garçons, algériens surtout »*. Ils citent en l'occurrence l'historien Robert Aldrich, auteur en 2003 d'un livre consacré à l'homosexualité dans les colonies françaises, *Colonialism and homosexuality*, dans lequel quelqu'un demande ouvertement au musicien s'il est homosexuel. Réponse de Saint-Saëns : *« Je ne suis pas homosexuel, je suis pédéraste. »*

Dans *L'Homosexualité au temps de Proust* (Danclau, 1992), Jeanine Huas évoque un cas de chantage subit par Saint-Saëns. En mai 1909, il porte plainte contre un journaliste syrien de 20 ans. Ce dernier exige, via une obscure confrérie, la somme de 2000 francs contre son silence sur des actes supposés d'homosexualité.

Un échange de correspondance entre Saint-Saëns et Victor Dumesnil, rencontré en Algérie, laisse planer des doutes sur leurs relations. Toujours est-il que cet individu tente lui aussi de lui extorquer de l'argent. Il le traite de *« pédéraste »* et l'agresse dans une lettre : *« Je possède en mes mains une vengeance inédite et, avant quinze jours, tout Paris saura ce que vous valez... »*

L'historien et musicologue Stéphane Leteuré[29] a retrouvé trois affaires du même tonneau aux archives de la préfecture de police de Paris, concernant systématiquement de jeunes hommes : le Syrien dont nous avons déjà parlé, Bernard Anduran, ancien valet de chambre de Saint-Saëns, et un certain Chaussier, artiste musicien, qui lui envoie une lettre d'injures le 16 octobre 1904. Tous tentent de lui soutirer de l'argent.

Jean Gallois va jusqu'à, certes avec prudence, étudier la graphologie du musicien. Il y perçoit *« une certaine "tendance", une quasi-impuissance, conséquence d'une castration psychologique, voire une paralysie phobique du désir. »* Avec son ancien élève Gabriel Fauré, les échanges épistolaires sont empreints d'une certaine familiarité, pour ne pas dire sensualité, comme le fait remarquer Jean-Michel Nectoux, qui a rassemblé leur correspondance, du moins en ce qui concerne les premières lettres de Gabriel Fauré. De son côté, Saint-Saëns l'appelle *« mon gros chat »* ou *« mon gros loup »* et lui envoie *« deux gros baisers »* le 15 janvier 1913. Dans une lettre du 23 septembre 1905, il lui écrit un petit poème, précédé de cette phrase, *« Tu me fais languir. »* :

---

29. *Camille Saint-Saëns, le compositeur globe-trotter*, Actes Sud, 2017.

« Beau Gabriel, on désespère
Alors qu'on espère toujours ! »

Lorsqu'il est question de choisir un chanteur pour ses opéras, reviennent souvent les mêmes réflexions : *« J'avais pensé à Lapelletrie qui était merveilleux et beau garçon »*, ou *« Il est beau garçon, mais d'une beauté qui n'est pas séduisante.* » Philippe Majorelle estime que *« Camille n'est pas un homme à femmes ; il est avant tout occupé par sa carrière »*. Préférant ne pas s'engager, il se contente de faire remarquer que *« l'absence de liaison féminine reconnue après la séparation du couple a beaucoup fait jaser mais on peut penser, grâce à certains témoignages, que la femme était simplement devenue pour lui... le repos du guerrier »* ! Saint-Saëns *« a été plus favorisé dans le domaine de l'amitié »*. Philippe Majorelle cite le musicien Gabriel Fauré, et *« il offrit au jeune Léopold Godowsky de l'adopter mais celui-ci refusa »*.

L'Anglais Stephen Studd, dans *Saint-Saëns a critical of biography*[30], n'hésite pas à affirmer que l'auteur de *Samson et Dalila* rompt avec sa femme à cause de sa relation avec Gabriel Geslin. Ce qui ne coïncide pas avec l'embauche du jeune Sarthois en 1886, à moins qu'ils ne se soient connus avant. En vacances en Auvergne en 1881, Saint-Saëns disparaît du jour au lendemain au Maroc, laisse sa femme seule dans un hôtel, pour ne plus jamais la revoir. Il lui envoie juste une lettre confirmant la rupture. Ils ne divorceront pas.

Pour l'anecdote, Odd Klippenvåg, écrivain norvégien non traduit en français, a écrit en 2001 un roman intitulé *Camille*, dans lequel il développe la relation gay des deux hommes sans aucune ambiguïté et présente le compositeur Gabriel Fauré comme le grand amour de Saint-Saëns. Un amour impossible... Mais c'est un roman.

En 1918, Camille Saint-Saëns a un avis tranché quant aux canons de la beauté : *« Nous préférons le corps de la Femme à celui de l'Homme, parce que nous sommes des hommes ; mais esthétiquement, le corps de l'homme est plus beau, parce que rien n'y est exagéré. »*

Un peu longue, cette analyse... Mais puisque le Sarthois Gabriel Geslin est l'objet de toute notre attention, nous sommes bien obligés de nous attarder sur leurs relations, comme nous sommes dans l'obligation, à travers une série de recoupements, de répondre à une forme de négationnisme biographique, comme

30. Signus arts, 1999.

Né à Saint-Mars-la-Brière, Gabriel Geslin demeurait à La Chapelle-Saint-Rémy avant de connaître Camille Saint-Saëns. Il habitera ensuite à Paris et à Parigné-l'Évêque.

si, finalement, il serait gravissime d'admettre l'homosexualité de Saint-Saëns, comme si elle pouvait être préjudiciable à son œuvre, voire, comble de l'absurde, à sa personne. Faut-il en faire autant pour Lully, Haendel, Tchaïkovski, Moussorgski, Bernstein, voire Poulenc, pourtant marié lui aussi, qui ne semblent pas perturber outre mesure les sensibilités ?

Conclusion, outre une part de « vérités-légendes » invérifiables (Marcel Proust aurait été jaloux d'une relation entre le compositeur et son ami Reynaldo Hahn, par exemple), si l'homosexualité de Saint-Saëns n'est pas avérée, comme beaucoup l'affirment avec insistance, les symptômes sont assez flagrants, les présomptions assez fortes, les insultes et menaces dont il est l'objet à ce sujet bien réelles. *« Ainsi, son homosexualité, si souvent dénoncée mais jamais officiellement prouvée, semble-t-elle ressentie à son corps défendant »*, conclut Jean Gallois.

Trente et un ans de vie commune

Devenu son secrétaire, son ordonnance, son inséparable factotum (il est présenté diversement comme aide, secrétaire ou domestique, officiellement valet de chambre), Gabriel Geslin partage la vie du pianiste et compositeur pendant trente et un ans, jusqu'à sa mort le 20 novembre 1917. Il accompagne le maître partout, dans tous ses voyages, au Caire, à Buenos Aires, Naples, Saïgon, Ceylan, Vienne, New York, Port-Saïd, Louxor... Il organise tout avec dextérité, il a un talent inouï pour résoudre les problèmes ou s'adapter à toutes les situations et apprend avec une facilité déconcertante toutes les langues nécessaires aux besoins du moment. Chaque année, Gabriel offre un déjeuner à son employeur, accompagné d'un cadeau (quelques porcelaines dédicacées ont été retrouvées). Bref, sa présence est indispensable.

On peut même parler de complicité, confirmée par le mariage de Gabriel Geslin avec Berthe Gardaine en 1889, la servante du compositeur. Un mariage rapidement boiteux. Plus soubrette que servante, Berthe est une intrigante. Elle trompe son mari avec Paul Sabatié, copiste de Saint-Saëns. En 1908, Saint-Saëns est condamné à la fuite. *« Le ménage Gabriel-Berthe est disloqué, je n'ai plus d'intérieur, je suis exilé de chez moi et demeure en ce moment hôtel Bedford, rue de l'Arcade* [...] *Il n'y a plus de possible entre eux que le divorce. N'ayant qu'à me louer de l'un comme de l'autre je suis forcé de les congédier tous les deux mais je vais et je reprendrai Gabriel quand la crise sera passée. Seulement je ne puis garder la femme et ne veux pas qu'elle puisse accuser son mari de l'avoir fait renvoyer.* » Le divorce est effectif en 1910.

Deux autres secrétaires travaillent pour Saint-Saëns, Jean Bonnerot (de 1911 à 1921) et un certain Berluron. *« La famille s'est augmentée d'un membre, un jeune secrétaire nommé Jean Bonnerot »*, écrit Saint-Saëns. *« Avec Gabriel et Berluron, nous voilà quatre.* » Jean Bonnerot et sa femme remplacent clairement Gabriel Geslin après son décès, au point de devenir son exécuteur testamentaire.

Gabriel Geslin a un autre don particulier, celui d'être convaincant. Il raconte sa vie sarthoise à Camille Saint-Saëns, lui parle de La Chapelle-Saint-Rémy, des charmes du pays... En fait, Camille Saint-Saëns connaît le village : il vient régulièrement chez Jean, le père de Gabriel Geslin, depuis qu'il emploie son secrétaire. Gabriel achète ladite maison en 1904, à une époque où Saint-Saëns est sans domicile fixe depuis une quinzaine d'années, depuis la mort de sa mère, comme le fait remarquer Marie-Gabrielle Soret, celle qui a rassemblé la correspondance du compositeur avec le directeur de l'Opéra Garnier Jacques Rouché. Il vit en nomade, d'hôtels en auberges. L'achat de la maison sarthoise coïncide avec son installation en location dans un appartement parisien 17, rue de Longchamp.

Camille Saint-Saëns acquiert la maison après le divorce de Gabriel en 1910, et vit à La Chapelle-Saint-Rémy à temps partiel jusqu'à sa mort en 1921 (il est né en 1835). En fait cette maison appartient toujours un peu à Gabriel Geslin. Une chambre lui est réservée.

À son entourage, à ses amis, dans ses correspondances, Camille Saint-Saëns parle de sa *« campagne »* et les habitants voient régulièrement ce personnage barbu et très parisien déambuler sur le chemin surnommé Pays-haut, aujourd'hui rue des Cyclamens. Il aime fréquenter le père de Gabriel ou rendre des visites aux châteaux de Couléon et Montfort-le-Rotrou...

On a des lettres de Saint-Saëns écrites à La Chapelle-Saint-Rémy, l'une d'elles datant du 1er mai 1906. Il vient de dédier au prince de Monaco un drame lyrique, *L'Ancêtre* et il raconte à un ami qu'il l'a composé en 1905 à Pallonga[31], où il a l'intention de retourner.

31. Une rue de Montagnana, en Italie, apparemment.

Camille Saint-Saëns achète cette maison en 1904. Jusque-là, il vivait en nomade depuis la mort de sa mère en 1888.

« C'était moi qu'il aimait le plus au monde »

Malade depuis longtemps, Gabriel Geslin meurt d'un cancer. Les premiers symptômes se déclarent pendant un séjour à Alger en 1912. Ce qui n'empêche pas Saint-Saëns et Geslin de continuer leur voyage jusqu'en Égypte début 1913. Début 1914, en Égypte, Saint-Saëns, inquiet, reçoit des nouvelles rassurantes. Il envoie une carte postale au docteur Maurice Degorce, 18 avenue Niel, dans le 17e arrondissement de Paris, le 14 janvier. *« Enchanté d'apprendre que l'état de Gabriel s'est amélioré. »* Le 17 mars, depuis Monaco, il dit au médecin son soulagement d'avoir *« des bonnes nouvelles de notre malade »*. Les lettres se succèdent ainsi le 21 au sujet des traitements, puis le 22 mars lorsqu'il évoque le remplacement de Gabriel Geslin. *« Je voudrais que, comme venant de vous, vous mettiez dans la tête de Gabriel qu'il me faut prendre un domestique et le réduire au rang d'auxiliaire. »*

Gabriel accompagne encore quelques jours Saint-Saëns. Le compositeur rassure le docteur Degorce depuis Dijon le 1er avril 1914. *« Nous arriverons demain soir à Paris. Gabriel sera à votre disposition vendredi matin. »* L'année 1914 est une année très difficile. À Bordeaux, Saint-Saëns est toujours sans son compagnon. *« Ne croyez pas que Gabriel aime se faire plaindre par moi ; c'est tout le contraire,* écrit-il le 8 mai. *Si on l'opère, je veux être là pour le voir tous les jours et pour lui soutenir le moral.* » Pas mieux le 11 août. *« Mon pauvre Gabriel ne se guérit toujours pas.* »

Fin 1914, la santé de Gabriel se dégrade. Début 1915, elle s'améliore. Néanmoins, Gabriel Geslin n'accompagne pas son maître à San Francisco, d'où le compositeur recommande « *de ne pas abandonner mon pauvre Gabriel et de lui adoucir l'existence, si cruelle pour lui* ». En juillet son état est jugé fort mauvais, ce qui épuise le compositeur, puis nouvel espoir fin 1915.

Le 10 octobre 1917, Saint-Saëns écrit : *« Gabriel est reparti pour soigner son père qui a 86 ans.* » Le 28 octobre, le père de Gabriel est mort. Vingt jours plus tard, le fils ne résiste pas à une opération chirurgicale et suit le père dans la tombe. *« Gabriel était mort entre midi et une heure !* » constate Saint-Saëns (il se trompe : l'acte de décès indique la date du 18 novembre 1917 à 23 h 45). *« Sa vie était un martyre. Je pourrais me consoler de sa mort mais je ne puis me consoler de ne pas avoir assisté à ses derniers moments.* »

Dans sa lettre du 20 novembre 1917, Camille Saint-Saëns ajoute : *« La fin a été douce. Il avait toute sa tête, il a reçu les sacrements qu'il avait demandés et dicté ses dernières volontés. Il sera suivant son désir inhumé dans son pays.* » Il déclare dans une autre lettre : *« Mon pauvre Gabriel est mort pendant que j'étais à Rouen.* » Il se rassure en se disant qu'il a *« été entouré d'affection »*. *« Mais c'était moi qu'il aimait le plus au monde et je n'étais pas là.* »

Le même jour, Fauré lui envoie ses condoléances. *« Jacques Durand m'apprend à l'instant la mort de ce pauvre Gabriel ! J'en suis sincèrement peiné car j'avais gardé le meilleur souvenir du dévouement que te témoignait ce brave garçon et parce que je pense à l'affliction que tu éprouves certainement.* » Saint-Saëns lui répond le lendemain. *« Oui, mon cher Gabriel, je suis bien affligé, surtout par le fait que je n'ai pu assister à ses derniers moments. Merci de ton gentil mot si affectueux.* » L'abbé Gabriel Renoud, fidèle correspondant parmi tant d'autres, lui apporte son soutien depuis le front de l'Est le 30 novembre : *« Oui, je comprends votre chagrin. Depuis longtemps j'ai deviné votre cœur et je sens tout ce qui était pour vous le bon serviteur que vous avez perdu.* »

À travers la mort de son domestique, Camille Saint-Saëns perçoit sa propre disparition, quatre ans plus tard. Il emprunte le chemin fatal dans un petit poème :

> « *Je le descends gaiement, sans regret, sans tapage,*
> *Et pars inconscient, comme je suis venu.* »

Le compositeur Camille Saint-Saëns meurt en 1921.

Deux jours après la mort de Gabriel Geslin, il confie : *« La fin de Gabriel est le prélude de la mienne ; bien que je sois en bonne santé, j'ai le sentiment que je ne vivrai plus bien longtemps. »*

À la mort de Saint-Saëns, c'est le fameux copiste Paul Sabatié, autre intime du musicien, qui hérite de la maison sarthoise par testament. Il a épousé la non moins fameuse Berthe, devenant ainsi son second mari. L'histoire ne dit pas si elle lui est restée fidèle, ou si ses légèretés ont continué avec la même désinvolture. Elle meurt en 1953 et Paul Sabatié habite la maison jusqu'à son décès en 1958.

René Coulon, descendant de Gabriel Geslin, n'a jamais quitté son village de La Chapelle-Saint-Rémy. Gabriel Geslin est son grand-oncle. En d'autres termes, son grand-père était le frère de Gabriel. René Coulon a par conséquent conservé précieusement tous les documents de Gabriel Geslin, notamment les cartes postales qu'il envoyait à la mère de René, sa nièce. René aurait voulu faire de cette maison un lieu de mémoire, un musée (il avait assez d'archives pour cela : passeports, menus, programmes, correspondance, photos, factures, dessins du compositeur...). Fort heureusement, la famille a déposé les archives de Gabriel Geslin au musée de Dieppe.

Petite parenthèse, la Sarthe n'a pas été le berceau d'énormément de musiciens connus, si on excepte Léo Delibes et Jean Françaix, ce dernier a été influencé par Saint-Saëns sur le plan musical[32]. Mais elle en a accueilli beaucoup, attirés par les chants grégoriens de l'abbaye bénédictine de Solesmes, comme la plupart des membres de la Schola cantorum, ou encore Poulenc, lui aussi sensible aux musiques de Saint-Saëns, et puis Gounod (en précisant que Gounod n'y a pas mis les pieds non plus), professeur de Saint-Saëns dans sa jeunesse, ou, enfin, Debussy, qui le traitait de *« faiseur d'opéras »*[33].

Quant à savoir si Saint-Saëns, plutôt athée, a séjourné à Solesmes, la réponse va de soi : non! Pour la simple raison que les moines étaient à cette époque exilés à l'île de Whight. Pourtant, on aurait pu supposer une influence en écoutant sa *Messe*, *Regina Pacis* et la *Danse Macabre*, mais sans plus. Il compose un *Ave verum* à quatre voix, quoique la musique de Palestrina lui semble vieillotte. Il est très critique sur les méthodes employées par les bénédictins pour restaurer le chant grégorien. Restent plusieurs *Ave Maria*, des *Litanies*, son *Requiem*, un *Oratorio de Noël, Sub tuum* ou *La Terre promise*...

---

32. À retrouver dans *72 célébrités sarthoises*.

33. Lire *Les Hôtes illustres de Solesmes*.

Qui sait *a contrario* si le compositeur n'a pas déambulé sous les murs du monastère ? Une certitude celle-là, il est très ami avec le Fléchois Léo Delibes. On peut même assurer qu'il lui voue une véritable admiration. Il adore plus spécialement ses ballets. En 1899, la ville de La Flèche et le futur prix Nobel de la paix Paul d'Estournelles de Constant invitent Saint-Saëns à l'inauguration d'un monument du sculpteur Laurent Marqueste (1848-1920) dédié à Léo Delibes square du Maréchal Foch le 23 avril. Malheureusement, le musicien étant aux Canaries, l'inauguration est reportée au 18 juin. Malgré la bonne volonté des organisateurs, Saint-Saëns ne vient toujours pas : il est en tournée au Brésil et rentre en France fin juillet. Massenet compense son absence. Le même sculpteur Marqueste réalise plus tard la statue de Camille Saint-Saëns, inaugurée à Dieppe en sa présence en 1907.

Camille Saint-Saëns a également joué à la cathédrale du Mans et il connaissait le chef d'orchestre et compositeur Rhené-Baton, né à Courceulles-sur-Mer en 1879 et mort au Mans en 1940.

À noter que le général Guillaumat, commandant du Prytanée national de La Flèche, assiste aux obsèques du compositeur.

La salle polyvalente de La Chapelle-Saint-Rémy porte son nom.

Berthe Morisot

Symbole d'un Barbizon sarthois : les Alpes Mancelles

1887, 1889 et 1892

Bien avant les campagnes de publicité touristiques de Georges Durand, fondateur des 24 heures du Mans[34], la région des Alpes Mancelles, surtout Saint-Léonard-des-Bois et Saint-Céneri, a attiré dès le début du XIXe siècle quelques artistes, peintres pour la plupart. Jean-Baptiste Corot est un des plus connus avec Bernard Buffet, Henri Harpignies, ou Eugène Boudin un peu moins. Les autres ont pour nom André Jolivard, Eugène Hucher, Achile Oudinot, Jean-Jacques Monanteuil, Dugasseau, Auguste Richard, Mary Renard, Paul Saïn, Bénédicte Masson, Gardon, Louis-Henri Foreau, René Thurin, Charles Martel ou Jules Ravel… Quant à Maurice Utrillo, il a peint l'église de Saint-Léonard-des-Bois et deux toiles représentant l'église de Cormes, sans forcément se déplacer. Difficile à savoir, vu qu'il utilisait assez souvent des cartes postales comme modèles d'inspiration. Quant à Oudinot et Corot, ils vont jouer un rôle crucial dans la carrière de Berthe Morisot.

Dans les années 1880, l'ampleur du phénomène aboutit à la création de l'école de Saint-Céneri, commune frontalière. Plus tard, en 1930, naît un autre mouvement, *Les Trois Compagnons*, dont la vie est éphémère. En fait, ils ne sont pas trois, mais quatre, comme les mousquetaires d'Alexandre Dumas. Ce sont André Fertré (1886-1971), dont on a déjà parlé dans *72 célébrités sarthoises*, René-Noël Raimbault, Auguste Langeron et Albert Échivard, mort à Solesmes en 1939, tous Sarthois de naissance ou d'adoption. Un autre groupe, *La Table carrée*, est fondé en 1942, avec Henri Besnard comme chef de file.

D'une manière générale, la Sarthe ne laisse pas les peintres indifférents. Si elle n'a jamais mis les pieds dans les Alpes Mancelles, Berthe Moriso en est le symbole. Pendant l'été 1887, elle est au Mans avec son mari Eugène Manet, frère du peintre

34. Lire le chapitre qui lui est consacré dans *72 célébrités sarthoises*.

Le château de Vassé, à Rouessé-Vassé, où Berthe Morisot et sa famille séjournaient.

impressionniste Édouard Manet, et sa fille Julie, âgée de 10 ans. Ils prennent le train jusqu'à Rouessé-Vassé. Les cousins de la famille Manet, les Vaissière, habitent le château de Vassé. Grâce au chemin de fer, les Manet y passent leurs vacances, jusqu'au jour où ils achètent une résidence à Meulan, dans les Yvelines, en 1891.

Berthe Morisot peint en 1887 le portrait de Marie de Vaissière, tante de Laurence de Gastines, laquelle témoigne dans *La Vie Mancelle* de novembre 1966 de *« promenades champêtres, dans le "petit bois", le parc ombragé, les chemins creux : celui du four à chaux, de "tournebride", l'ancienne route de Sillé. La chapelle de la Croix-Lamane, la pierre des treize églises, engloutie par la carrière... »* Laurence de Gastines évoque encore « les parties de croquet » et l'étang.

Berthe Morisot peint également en 1889 *L'Allée du château*, *Le Moulin de Vassé* et *Le Château de Vassé*... Elle revient peu de temps après la mort d'Eugène Manet en 1892. Elle peint encore *Étang et pigeonnier*, mais plus rien ne sera comme avant... Au total, Berthe Morisot est venue trois fois dans la Sarthe, en 1887, 1889 (avec ses nièces Paule et Jeannie Gobillard, cette dernière future épouse de Paul Valéry) et 1892. Sa fille Julie continue à venir au château, notamment en 1918 pour fuir les bombardements sur Paris, et en 1940 avec son mari Ernest Rouart, pendant deux mois. Ernest Rouart, en sa qualité de peintre, avait été chargé du camouflage pendant le premier conflit mondial. Ils accompagnent alors les tableaux du Louvre destinés à être cachés au château de Sourches, à Saint-Symphorien, lieu de résidence de la famille des Cars (voir le chapitre consacré au romancier Guy des Cars p. 186).

Première femme impressionniste

Née le 14 janvier 1841 à Bourges, Berthe Morisot est la première femme impressionniste. Sa mère l'inscrit avec ses deux sœurs à des cours de dessin auprès de Geoffroy-Alphonse Chocarne, dont les cours ne passionnent guère les trois jeunes filles. Mais c'est une révélation pour Berthe ! Elle se perfectionne avec Joseph Guichard, lui-même élève d'Ingres. À cette époque, il est très difficile de suivre le même cursus que les hommes. Pas question d'entrer à l'École des beaux-arts de Paris. Il faut trouver d'autres moyens. L'un d'eux consiste à copier les maîtres au Louvre et à trouver un peintre célèbre pour progresser. Berthe Morisot entre ainsi à l'atelier de Camille Corot, lui qui fréquente la Sarthe, comme elle le fera bientôt.

À 22 ans, elle expose avec sa sœur Edma pour la première fois au Salon (au Louvre) de 1864, et ce pendant une dizaine d'années. *« Berthe est la plus jolie, Edma est la plus douée »*, pense Corot. Peut-être, mais Edma abandonne rapidement la peinture et Berthe devient célèbre. Pour l'instant, elles ne rencontrent pas encore la consécration, néanmoins elles sont rapidement admises dans le milieu. Grâce à Henri Fantin-Latour, Berthe fait la connaissance du grand, de l'immense Édouard Manet. Berthe devient son modèle préféré (elle apparaît dans onze toiles) et Manet lui permet de rencontrer et de fréquenter les artistes les plus influents du moment : Edgar Degas, Puvis de Chavannes, Émile Zola, Renoir, Mallarmé... Parmi eux, de nombreux impressionnistes. Elle entre très vite dans le jeu de cette technique et expose avec eux chez Nadar, le célèbre photographe, en 1874. Elle devient membre de la Société anonyme des artistes avec Renoir, Monet, Sisley, Pissaro et Degas.

Cette année 1874 est cruciale dans la vie de Berthe Morisot. Elle fait la connaissance d'Eugène, frère d'Édouard Manet. Coup de foudre réciproque ! Ils se marient en décembre. Ils ont une fille en 1878, Julie, modèle privilégié de sa mère.

Quant à la cousine germaine (Jeannie Gobillard) de Julie Manet, fille de Berthe, elle épouse Paul Valéry, visiteur lui aussi de la Sarthe, plus précisément de l'abbaye de Solesmes, où il a effectué une retraite[35]. Elle se réfugie au château de Vassé avec Julie Manet en 1918. *« Je songe à l'innombrable tribu que j'ai embarqué ce*

35. Lire le chapitre qui lui est consacré dans *Les Hôtes illustres de Solesmes*.

Femme se coiffant, *œuvre de Berthe Morisot.*

matin à Vassé », écrit Paul Valéry à Georges de Vaissière (1860-1939), propriétaire des lieux, le 3 avril 1918. *« Je confesse que j'ai mis la puce aux oreilles et que j'ai poussé à la roue, suite aux coups réguliers de la Grosse Bertha »* allemande sur la ville de Paris. *« Voilà comment j'ai chassé de Paris tout le monde, et pourquoi vous êtes envahi si copieusement* [...] *J'ai un peu d'espoir que la petite troupe, j'entends la troupe des petits, se conduira de la façon la plus discrète, et la plus docile. »*

Dans une deuxième lettre datée du 3 mai 1918, Paul Valéry évoque le retour de la famille et son inquiétude. Julie lui annonce dans un télégramme son arrivée vers 21 heures. À minuit, personne ! *« J'ai passé une fort vilaine nuit. Au matin, j'allais vous télégraphier quand elle a paru. Elle avait manqué la correspondance au Mans. Son train omnibus la mit vers minuit à Versailles. Elle y a passé le reste de la nuit... »* Valéry achève son courrier par des compliments. *« Nous parlons beaucoup de Vassé et même du châtelain de l'endroit. Il paraît que c'est un homme comme il en faudrait beaucoup dans nos pays ; mais je n'entrerai pas dans le détail puisque vous êtes sur les lieux et fort bien placé pour l'apprécier. Il y a une autre raison pour ne pas m'étendre : ma conscience souffre difficilement qu'on parle devant elle de l'activité utile et du dévouement caché... Elle est si sensible !* [...] *Je ne prévoyais même pas que vous seriez un jour la providence de ma maisonnée... »* Cette correspondance précède d'une dizaine d'années sa visite à l'abbaye de Solesmes, en 1927.

« Expression quasi tragique »

Paul Valéry remarque une *« expression quasi tragique »* dans le regard de Berthe Morisot. *« Jeune fille, épouse et mère, ses croquis et ses tableaux suivent son sort et l'accompagnent de fort près. Je suis tenté de dire que l'ensemble de son œuvre fait songer à ce que serait le journal d'une femme dont le moyen d'expression serait la couleur et le dessin. »*

Dans toute sa carrière, Berthe Morisot produit quatre cent vingt-trois tableaux et une centaine de dessins. On retrouve ses peintures dans les musées et chez sa fille, rue de Villejust dans le 16e arrondissement de Paris, devenue rue Paul Valéry, où se trouvait l'atelier de Berthe. Rue Paul Valéry car l'écrivain habitait lui-même au numéro 40 de ladite rue. Sa fille Julie exercera elle aussi la profession de peintre.

Berthe Morisot meurt d'une pneumonie en 1895, quatre ans après son mari. Vous pouvez voir ses œuvres aux musées d'Orsay et de Marmottant-Monet de Paris, à Toulouse, Montpellier, Lyon, au Louvre, dans son ancien atelier de la rue Paul Valéry à Paris, à Copenhague, Londres, Chicago, New York, Washington, Stockholm...

Son certificat de décès mentionne : *« Sans profession »*. La formule en dit long sur la considération portée aux femmes peintres à cette époque. Et sur sa tombe : *« Berthe Morisot, veuve d'Eugène Manet »*.

Pierre de Coubertin

Du sport dans l'éducation fléchoise !

1889

Si l'enseignement public ignore le sport au XIXe siècle (la gymnastique entre à l'école en 1831), les écoles militaires n'ont pas attendu Pierre de Coubertin (1863-1937) pour le pratiquer. Il fait partie de l'entraînement des futurs soldats. Le rôle du baron de Coubertin sera d'y apporter une vision nouvelle en ne limitant pas la pratique aux seules gymnastique et équitation. L'escrime, la natation et la course à pied (qui n'est pas une course, mais une façon de courir en rang et au même rythme, très militaire) existent, mais Coubertin importe de nouvelles disciplines anglo-saxonnes, des sports évidents pour nous aujourd'hui, tellement révolutionnaires à la fin du XIXe siècle, des sports de compétition, comme l'aviron, le football, le rugby, le tennis ou le cricket...

Un autre aspect intervient, la prise de conscience d'un équilibre à trouver entre l'apprentissage et la détente. Surmenés, les jeunes sont de santé fragile. Dans les écoles militaires, la moitié des élèves ne sont pas admis dans l'armée, à cause d'un état physique insuffisant. *« La culture des forces physiques est nulle ou insuffisante dans toutes les maisons d'éducation »*, affirme un spécialiste, le docteur Lagneau, dans une séance de l'Académie de médecine en 1886. Le Prytanée de La Flèche réagit plutôt bien, puisqu'il met en place un programme la même année, comprenant quilles, croquet, boules et ballon. Mais il reste plus proche du jeu que du sport. Jeux aux noms évocateurs, du genre jeu de l'ours, balle au tambourin ou thèque (ressemblant au cricket)...

L'évolution du jeu au sport aura lieu en 1895. Le Comité pour la propagation des exercices physiques dans l'éducation (CPEPE), dont le secrétaire général est Pierre de Coubertin, y est manifestement pour quelque chose. À partir de 1887, Coubertin entreprend une longue campagne en faveur du sport scolaire à travers livres, articles et conférences dans les établissements.

Le baron Pierre de Coubertin, à l'origine de la renaissance des Jeux olympiques.

Au Prytanée national militaire, avant l'arrivée de Pierre de Coubertin, le sport se limitait à la gymnastique et à l'équitation.

Sa visite au Prytanée militaire de La Flèche le 19 mai 1889, *« qui fait partie du patrimoine national de la France »* estime-t-il, le marque suffisamment pour qu'il en fasse un article représentatif de sa démarche dans *La Revue Athlétique* du 25 février 1891, dont il est le fondateur. Sur place, il assiste à une démonstration de ce qui se pratique alors : jeux, gymnastique et ce qu'on appelle arts corporels nobiliaires, le tout pratiqué à des niveaux différents selon l'âge des élèves. Il est sans doute assez consterné d'y voir des échasses, l'escalade de murs, du tir à la corde, de la corde lisse ou, à l'extrême, des sports violents, tels que la boxe ou la savate. Bref, on n'y apprend pas à gagner une compétition, mais à pratiquer une technique pour futurs combattants. Les élèves sont d'ailleurs dans des tenues impeccables, composées d'un pantalon et d'une chemise blanche. Devant Coubertin, des groupes forment de magnifiques pyramides humaines sur des tours en bois... Le plan de la journée, *« un plan tout militaire »* constate Coubertin, n'est pas fait pour lui plaire.

Parti en train la veille au soir de Paris, Pierre de Coubertin ne verra pas grand-chose du paysage sarthois, traversé de nuit. *« Je ne tenterai pas de mentionner les villes par lesquelles nous passâmes. Je me souviens seulement d'un arrêt à l'aube, près d'une rivière d'un gris lumineux qui coulait entre des berges heureuses ; des enfants jouaient déjà sur l'herbe touffue semée de fleurettes ; quelques nuages roses s'enfuyaient au bas de l'horizon et ce paysage matinal était si paisible que nous sentions à le contempler, le vide se faire dans nos idées et le repos pénétrer tous nos membres. »*

Découverte d'un sport inconnu, le tennis

Il part à La Flèche avec des idées très précises. *« J'avais besoin de mes idées pour convaincre les petits Brutions. »* Il voulait notamment montrer une forme de jeu de paume connu sous le nom de tennis, inventé par le major anglais Wingfield, de l'armée des Indes, en 1874. *« Voilà pourquoi nous courions les grandes routes ce matin-là. »* Accueilli à la gare de La Flèche, il a tout juste le temps de déposer ses bagages à l'hôtel et assiste pour commencer à la messe du dimanche à la chapelle de l'école. Il trouve dans le style des lieux *« un cadre demi-espagnol que les Jésuites ont affectionné et que leur nom sert à désigner parfois »*. Il trouve dans le reste de l'établissement scolaire *« de la grandeur et quelque chose d'antique qui sied bien »*.

Le jeu de paume rencontre un immense succès. Clairement, les élèves s'éclatent. « *Il devint bientôt visible que le jeu de paume serait populaire à La Flèche* » se réjouit le baron. Mais il y a encore beaucoup de travail, en particulier sur la notion de « *pédagogie militaire* », deux mots antagonistes dans l'esprit de Coubertin. « *Le maître a un défaut. Au lieu de persuader, il commande* [...] *Il habitue son élève à toujours attendre d'autrui une direction, à n'être jamais seul, à se mouvoir dans un espace déterminé. Ce n'est pas ainsi qu'on peut former des ingénieurs, des hommes de lettres, des orateurs, des financiers, des commerçants, des artistes. Mais c'est ainsi qu'on forme des soldats et le Prytanée a précisément cette destination.* »

La visite de Coubertin à La Flèche n'est pas fortuite. Il a été lui-même éduqué chez les jésuites et se prépare à Saint-Cyr et au métier des armes lorsqu'il bifurque vers le sport. Il sait où il met les pieds lorsqu'il s'y rend. Il connaît bien ses origines et ses ambitions. « *À Athènes*, écrit Coubertin, *être nourri au Prytanée était la récompense d'une vie consacrée à la pratique de l'honneur et du devoir. En appelant de ce nom le collège de La Flèche, Napoléon indiquait nettement ce qu'il en attendait.* » Pour le collège, de son côté, la présence du baron de Coubertin coïncide avec une année riche en investissements dans un nouveau gymnase et dans une salle d'escrime.

Les actions de Pierre de Coubertin dans le milieu scolaire sont les prémices des Jeux olympiques relancés en 1894. Il y teste la plupart des sports pratiqués aux premiers Jeux d'Athènes. À part la bicyclette, introduite au Prytanée à partir de 1901.

Maurice Leblanc

Le créateur d'Arsène Lupin dans les Alpes Mancelles

1896 ET 1897

Georgette Leblanc, glorieuse cantatrice et sœur de Maurice Leblanc (1864-1941), chante à l'Opéra comique, effectue de grandes tournées internationales et fréquente les plus grands musiciens. Elle porte une admiration sans bornes à Charles Bordes, fondateur de la Scola cantorum, école de musique parisienne très axée sur la musique religieuse et le chant grégorien, ce qui l'incite à rendre visite aux moines de Solesmes. *« Combien j'ai aimé Charles Bordes ! C'était un dieu au piano »*, écrit Georgette Leblanc dans son livre de souvenirs *La Machine à courage* (J.B. Janin, 1947). *« Un dieu avec cravate dénouée, vêtement luisant, bras droit condamné »* (il était paralysé du côté droit). *« Il était toujours dans un état d'exaltation qui rendait cette moitié d'homme plus totale que les autres. »*

Le créateur d'Arsène Lupin parle à sa sœur de l'écrivain belge Maurice Maeterlinck (1862-1949). Admirative, elle cherche à le rencontrer. L'occasion se présente en Belgique le 11 janvier 1895, dans un souper mondain d'après spectacle. Elle devient sa compagne et le reste de longues années.

Indirectement, Maeterlinck est impliqué dans une visite à l'abbaye de Solesmes du musicien Debussy. Auteur de *Pelléas et Mélisande*, l'écrivain accorde à Debussy le droit d'en faire un opéra. Debussy trouve son inspiration dans le chant grégorien, qu'il vient étudier à Solesmes. En 1902, Georgette Leblanc doit interpréter le rôle principal à la générale. Mais Debussy choisit une autre chanteuse, Mary Garden. Vous imaginez aisément la conséquence, celle d'une rupture cinglante entre Maeterlinck et Debussy.

Maeterlinck voyage beaucoup et privilégie la France en période estivale. Il y apprécie surtout les vieilles villes, les châteaux et les églises. C'est ainsi que le couple est à l'origine de visites touristiques dans la Sarthe, en compagnie de Maurice Leblanc.

Les quais de la gare du Mans dans les années 1920, fréquentés par Arsène Lupin... et Marius Jacob.

L'auteur des *Arsène Lupin* est membre de la Société des gens de lettres avec l'Angevin René Bazin, lequel assiste à l'expulsion des moines de Solesmes. Il est aussi un ami de Robert de Montesquiou, dont la famille a longtemps été propriétaire du château de Courtanvaux, à Bessé-sur-Braye, un nom apparenté à d'Artagnan. Il fréquente Camille Saint-Saëns, propriétaire d'une maison dans la Sarthe, et Rodin, auteur d'un livre où il écrit un texte très élogieux sur la cathédrale du Mans. Henri de Montherlant, autre « retraité » de l'abbaye de Solesmes, raconte ses vols de jeunesse, inspiré par Arsène Lupin.

Petite anecdote sans grande importance, mais liée à la Sarthe : à l'occasion d'un dîner de la Société des gens de lettres le 14 juin 1909, Jean Ernest-Gay, conseiller municipal de Paris, est présent. Il a participé aux batailles de la Loire et du Mans en 1871. Par ailleurs journaliste et écrivain, il a écrit un ouvrage intitulé *La Guerre en province : campagnes de la Loire et du Mans* en 1908. Maurice Leblanc le félicite ce jour-là pour la qualité de son livre.

Passion du vélo

« Nous avions trouvé une adorable retraite dans l'Orne. La maisonnette, styles normand et anglais mêlés, surgissait au sommet d'une colline en plein bois. » Dans une nouvelle, *Celle qui attend*, publiée dans un livre intitulé *Les Lèvres*

jointes, Maurice Leblanc évoque cette maison, La Montjoie, *« adorable retraite »* de Maeterlinck et Georgette Leblanc, en fait une petite maison qui n'existe plus depuis les années 1860, dans un massif de conifères, près de la station thermale de Bagnoles-de-l'Orne, où, dit-il, *« je passais l'été »*, notamment celui de 1897, année où Maeterlinck décide de la louer au maire de l'époque, Robert Cousin.

Georgette décrit les lieux. *« Toutes les pièces nécessaires à la vie quotidienne étaient au centre, et à chaque bout se trouvaient deux chambres isolées, l'une au levant, l'autre au couchant. Nous décidâmes qu'elles seraient nos deux studios. J'installai pour lui* [Maeterlinck] *celle que le soleil envahissait à la première heure. Devant la mienne, les arbres bornaient l'espace. La fenêtre encadrait un sapin mort, son geste fixe et désolé. Je prétendis qu'elle me plaisait mieux... »* Maeterlinck y écrit *La Sagesse et la Destinée.*

« C'est à La Montjoie que commença l'ère des promenades à bicyclette », indique Georgette Leblanc. Maurice Leblanc parcourt la région sur son vélo, un sport qui le passionne. *« Ah ! la bicyclette, c'est son dada,* raconte Georgette. *Il faudrait nous voir sur la route, lui avec une casquette large, étalée, gonflée comme une brioche, et les culottes à gigots gargantuesques, moi, fidèle à mes robes de style, jupe traînante et chapeau à la Grande Mademoiselle, écharpe et panache au vent ! »* Maeterlinck, lui, pédale en veston blanc, culotte à gigot et casquette large.

Lieu de repos, La Montjoie se transforme peu à peu en conflit sournois, ce que Georgette appelle les *« premières fissures »*. *« C'est là qu'entre Maeterlinck et moi s'éleva un conflit silencieux qui eut une profonde influence sur ma destinée »*, révèle Georgette Leblanc. Absorbé par l'écriture, Maeterlinck délaisse sa compagne. Georgette confie son désarroi à son frère lorsqu'il leur rend visite à La Montjoie en 1896. *« Mon frère qui chérissait mes ambitions fut attristé. »* Le couple se sépare quelques années plus tard. Mais l'origine de la distorsion est bien plus profonde. Elle touche à l'égo de deux fortes personnalités. Maeterlinck a pour habitude de demander l'avis de Georgette sur tous ses textes. Elle les retrouve quasiment mot pour mot dans *Le Trésor des humbles* et dans *Aglavaine* et en revendique la signature à côté de celle du prix Nobel de littérature. Pour Maurice Leblanc, *« une double signature s'imposait »*. Comme on peut s'en douter, Maeterlinck refuse et compense par une dédicace :

« À madame Georgette Leblanc. Je vous dédie ce livre, qui est pour ainsi dire votre œuvre. Il y a une collaboration plus haute et plus réelle que celle de la plume ; c'est celle de la pensée et de l'exemple. Il ne m'a pas fallu péniblement imaginer

les résolutions et les actions d'un sage idéal, ou tirer de mon cœur la morale d'un beau rêve forcément un peu vague. Il a suffi que j'écoutasse vos paroles. Il a suffi que mes yeux vous suivissent attentivement dans la vie, ils y suivaient ainsi les mouvements, les gestes, les habitudes de la sagesse même. » Voilà ce qu'on appelle une diplomatique fin de non-recevoir. Crise consommée dans une réédition de 1926, quand Maeterlinck supprime la dédicace, pour la faire réapparaître comme par miracle dans *Le Livre de demain* en 1930.

La Petite Suisse

Dans ses ouvrages, Maurice Leblanc parle souvent de cette région. Il cite Domfront, les Alpes Mancelles et Saint-Léonard-des-Bois qu'il connaît bien. Il y revient dans *Les Huit Coups de l'horloge*, où Arsène Lupin se cache dans la région sous le nom de prince Rénine. Hortense, l'héroïne, va chez lui en voiture. *« Devant elle s'étendait l'âpre et pittoresque contrée qui couronne, au nord, le département de la Sarthe et qu'on dénomme la Petite Suisse. Des pentes rudes l'obligeaient souvent à ralentir, d'autant plus qu'il lui fallait parcourir une dizaine de kilomètres pour atteindre le but qu'elle s'était assigné. »*

Pour sa part, Maeterlinck considère que La Montjoie est trop petite. Il l'abandonne pour un ancien presbytère à Gruchet-Saint-Siméon, en Seine-Inférieure, département devenu la Seine-Maritime.

Le cambrioleur Arsène Lupin fréquente lui aussi la Sarthe à plusieurs reprises. Virtuellement et réellement. Réellement dans le sens où on raconte que Maurice Leblanc s'est inspiré de l'anarchiste Alexandre Marius Jacob pour créer son héros, chef des *Travailleurs de la nuit* envoyé au bagne en 1905. Fait contesté par le biographe Jacques Derouard et par deux amis de Jacob, Guy Denizeau – « *Seule l'audace de leurs exploits se ressemble un peu quelquefois* » – et Pierre-Valentin Berthier – *« Il y a présomption, mais rien de ce que je sais ne le confirme »*.

En réalité, on n'en sait rien car Maurice Leblanc n'a rien révélé. Dans le magazine *Les Nouvelles littéraires* il entretient le mystère, brouille les cartes. *« Le nom d'Arsène Lupin ? La création de ce personnage ? Je serais bien incapable de vous dire comment l'idée m'en est venue. »* Quand paraît *Arsène Lupin, gentleman cambrioleur* en 1907, le succès est foudroyant. Commentaire de l'auteur au *Journal de Rouen* : *« J'en fus d'autant plus étonné que je n'avais aucune documentation sur les cambrioleurs, et que je n'avais jamais réfléchi à leur cas. »*

Saint-Léonard-des-Bois au cœur des Alpes Mancelles. À droite, le Touring Hôtel.

D'après Pierre-Valentin Berthier, *« on a prétendu que Maurice Leblanc avait assisté aux audiences du procès Jacob et y avait puisé son inspiration. Mais où sont les preuves ? En a-t-il laissé la trace dans un manuscrit, une correspondance, un témoignage ? Pour moi, je n'en sais rien. »* Une seule certitude, la publication de la première nouvelle dont le héros se nomme Arsène Lupin date de 1905 et coïncide exactement avec l'arrestation, le procès d'Alexandre Jacob et la révélation de son existence dans la presse.

Vrai ou faux, Alexandre Jacob correspond parfaitement à l'image du gentleman cambrioleur Arsène Lupin. Comme lui, il vole les riches. Seul distinguo, Arsène Lupin vole les riches, s'enrichit, mène une vie de seigneur et consacre une partie de sa fortune aux bonnes causes sans jamais la mettre en péril. Tandis qu'Alexandre Jacob redistribue quasiment la totalité du produit de ses vols et mène une vie très modeste.

Au Mans, Alexandre Jacob a commis deux de ses « crimes ». Monsieur Hulot, juge de paix au Mans, est la cible des *Travailleurs de la nuit*, nom choisi par le gang. Un membre de la bande commence par se promener dans les rues de la ville, où il effectue un inventaire des maisons bourgeoises. Lorsqu'il constate qu'elles sont manifestement inoccupées, il effectue une vérification en y déposant des scellés. Par scellé, il faut entendre une fine bande de papier invisible « gracieusement » glissée dans une fente de la porte. Si le propriétaire ouvre, elle tombe, signe qu'il n'était pas loin.

Deux jours plus tard, chez monsieur Hulot, avenue Bollée, le papier ne tombe pas. Alexandre Jacob est alerté par télégramme le 9 janvier 1901. Le soir même, il arrive à la gare du Mans, accompagné d'un complice... et d'une caisse à outils. Méthode digne d'Arsène Lupin, le groupe de cambrioleurs prend le temps de dîner dans un bon restaurant avant de passer aux actes dans la nuit.

Ruse suprême, un crapaud, enfermé dans une boîte, sert de guetteur. Ce quatrième complice est confortablement installé dans une canalisation d'eau qui donne sur le caniveau. La technique est démontrée scientifiquement. À l'approche d'un intrus, le crapaud chante. Il suffit alors d'interrompre ses « travaux » en attendant que l'individu ait passé son chemin.

Mais tout se déroule sans encombre. Lorsque monsieur Hulot rentre chez lui, il voit immédiatement les dégâts. Tous les objets de valeur ont disparu. Et comme le veut la tradition chère à Arsène Lupin, Alexandre Jacob laisse sa carte de visite, sur laquelle il a écrit : *« Aux juges de paix, nous faisons la guerre. Attila. »*

Décidément très attaché à notre bonne ville du Mans, Alexandre Jacob récidive en 1903. Il s'attaque cette fois à la cathédrale. Le 20 avril 1903, vers une heure du matin, la bande brise un vitrail. Dans la sacristie, elle ouvre un coffre fort, récupère 4500 francs en billets et 60 francs en or, puis s'attaque aux armoires blindées. Calices (dont un datant de Louis XIII, certains sertis de diamants) et plateaux en or disparaissent. L'ensemble représente plus de 50000 francs. L'affaire fait grand bruit[36]. Les tapisseries de la cathédrale de Tours disparaissent dans les mêmes circonstances, toujours avec un petit mot gentil : *« Dieu Tout-Puissant, retrouve Tes voleurs. Attila. »*

À la différence d'Arsène Lupin, Alexandre Jacob passe vingt-trois ans à Cayenne. Question de principe, il tente de s'évader dix-huit fois. Le directeur du bagne, le commandant Michel, a une certaine admiration pour le personnage. Il écrit : *« Si j'avais pu conclure la paix avec Jacob, celui-là même qui inspira au romancier Maurice Leblanc son personnage d'Arsène Lupin, je l'aurais fait bien volontiers... Mais, enfermé dans sa cellule, il était plus dangereux que des fiers-à-bras qui imposaient leur loi dans les cases à coups de couteau. »*

---

36. Un article est publié dans *Le Petit Parisien* du 22 avril 1903.

À son actif Alexandre Jacob comptabilise cent cinquante-six affaires, sans compter trois cents églises vidées de leur contenu. Libéré en 1925, il termine sa peine en France jusqu'en 1928. Il mène une vie sage et rangée jusqu'en 1954, année où il met fin à ses jours. Avant de mourir, il laisse un nombre important d'écrits, dans lesquels il justifie ses actes. Comme Arsène Lupin, *« il s'agissait de reprendre aux possédants, clame Jacob, les richesses qu'ils avaient volées aux producteurs, c'est-à-dire au peuple »*. Très pointilleux sur la culpabilité supposée des *« possédants »*, il exclut de ses cambriolages les médecins, architectes, *« littérateurs »*. Enfin, le meurtre est interdit.

Sur le plan romanesque, Arsène Lupin est intimement lié à la Sarthe dans le roman *Les Dents du tigre*. Une course poursuite commence dans l'Orne. L'homme qu'il recherche a pris le train à Alençon. Arsène Lupin espère arriver avant lui à la gare du Mans par la route. Ils se perdent dans les rues de la ville, si bien qu'ils arrivent à la gare au moment où le train siffle, signe de départ imminent. Course dans le hall jusqu'au quai, le long des wagons... Arsène Lupin tente de monter en marche, perd l'équilibre et regarde désespéré le train s'éloigner. Le gentleman cambrioleur saute dans sa voiture et repart en trombe à travers Le Mans pour rejoindre la route de Paris, dans l'espoir d'arriver à temps à la gare de Chartres. Mais la voiture tombe en panne !

Plus tard, la chasse reprend, en aéroplane cette fois. Arsène Lupin survole Nogent-le-Rotrou, La Ferté-Bernard, Le Mans... L'homme qu'il cherche trompe ses ennemis en leur faisant croire qu'il se dirige vers Angers et Nantes. En réalité, avant Le Mans, il change de voiture dans un de ses repères et bifurque vers une autre destination, Alençon. Quand Arsène Lupin découvre la supercherie, il est au-dessus de Sablé-sur-Sarthe. Avec son avion, il rejoint Alençon en passant par Sillé-le-Guillaume... Je laisse aux curieux le soin d'aller plus loin en lisant le livre de Maurice Leblanc, publié en 1920.

Auguste Rodin

« Ma grande Dame du Mans »

1901 ET 1909

Paul Claudel avait effectué plusieurs séjours à Solesmes en 1900, 1925 et 1936. À l'occasion de son passage en 1925, il fait un détour au Mans et y visite la cathédrale. Les bras lui en tombent. *« J'étais loin de m'attendre à cette chose superbe »*, écrit le poète. Auguste Rodin (1840-1917), le célèbre sculpteur, a été l'amant de Camille Claudel, sœur de Paul. Le lien entre les deux hommes ne s'arrête pas là. Rodin, lui aussi, est tombé en extase devant la cathédrale du Mans, et il est, avec Claudel, de ceux qui l'ont le mieux « vendue ». Des paroles plus anonymes ont déjà vanté les beautés de notre cathédrale. Un spécialiste, Charles Morice, a écrit : *« Les cathédrales d'Amiens, de Chartres, du Mans, entre autres, sont vraiment des hymnes d'amour triomphant, aux strophes frémissantes d'allégresse et de gloire. »* Idéal pour alimenter notre chauvinisme naturel. Le même homme nous apprend par exemple que la cathédrale de Tours a été bâtie par Simon du Mans et Simon de Mortagne ou que des tapisseries de la cathédrale ont été transportées en Espagne.

Profondément attiré par les cathédrales et les églises, Auguste Rodin les visite régulièrement depuis 1875, au hasard de ses voyages. Il note sur ses carnets les impressions qu'il en tire et cherche parfois, dans ses sculptures, à les symboliser. On a un exemple dans l'une d'elle, qu'il intitule justement *La Cathédrale*. Il s'agit en fait de deux mains. Rodin explique le lien entre elles et ces édifices par ces mots : *« Une cathédrale ce sont deux mains qui s'unissent en prière. »*

Ses commentaires, réunis dans un ouvrage intitulé *Les Cathédrales de France* en 1914, sont illustrés de la main du sculpteur. Il utilisait des carnets conservés au musée Rodin. L'un d'eux contient une quinzaine de dessins consacrés à la cathédrale du Mans, datés « 1901-1909 », correspondant probablement à son passage au Mans.

Rodin est tombé en admiration devant la cathédrale du Mans.

AUGUSTE RODIN

LES CATHÉDRALES
DE FRANCE

AVEC LES CENT PLANCHES DESSINÉES PAR LE MAÎTRE

Introduction par CHARLES MORICE

A PARIS, au 7 du faubourg St-Honoré
près la nouvelle église de la Madeleine
CHEZ JEAN DE BONNOT
tenant négoce de libraire à l'enseigne du canon

1999

Le livre Les Cathédrales de France *est le résultat de nombreuses visites de Rodin à travers la France.*

« Cela ne tente donc personne, de vous célébrer aussi, Chartres, Amiens, Le Mans, Reims, merveilles françaises ? » Rodin annonce la couleur. La cathédrale du Mans est présentée comme une des plus belles de France, à côté des classiques et plus célèbres monuments que sont Chartres ou Reims. *« Je regarde, je tâche de décomposer, de recomposer, comme un essayeur. Il y a vingt ans que je fais cela, que je vis, chaque fois, d'une petite découverte, d'un éclair de compréhension, et je ne compte plus sur la conquête de l'absolu. »*

« Mon amie de pierre »

Son jugement sur Le Mans, il le porte après plusieurs séjours, après mûres réflexions. *« Chaque fois que je reviens ici, il me semble que le commerce entre ces figures sublimes et mon admiration n'a pas été interrompu. »* Malgré tout, *« il reste dans ces pierres tant de choses qui m'échappent encore ! ».*

Rodin n'a pas assez de mots pour exprimer ses sentiments. *« Je m'élance vers la merveille, pour l'étreindre et la pénétrer. Mais ces violences la rebutent. Elle commande le calme, la retenue, en un mot la Force, étant forte elle-même. – Et j'entends la leçon. Je pars ; je reviendrai. Du moins, j'emporte une vision sublime, qui, peu à peu, cessera de m'étonner, me permettra de la comprendre* [...] *Demain, plus tard peut-être, quelque jour, parmi mes préoccupations d'artiste, tout à coup, le souvenir de mon amie de pierre, de ma grande Dame du Mans, me reviendra, et mon cœur et mon esprit frémiront, et je serai brusquement éclairé par cette lumière qui, trop proche ici, m'éblouit et ne me laisse pas jouir d'elle.* » On a l'impression qu'il parle d'une femme !

Rodin met enfin sa sensualité en sommeil, pour revenir à des descriptions plus techniques. « *Les Maîtres ont eu la modestie de ne donner aucun ornement, d'aucune sorte, à ces contreforts élevés de soixante mètres, droits en hauteur. Mais je me trompe, ce n'est pas de la modestie, c'est de la sagesse et du génie, car il le fallait. Cette simplicité m'étonne autant, je la trouve aussi splendide que la plus riche complication d'ornements. Je ne connais qu'à Beauvais d'autres contreforts lancés dans les airs avec autant de génie et de mesure* [...] *Ce sont des géants qui ont fait cela !* »

Rodin s'attarde beaucoup sur le porche. Il est « *d'abord de l'ombre douce qui s'est condensée, modelée. Rien de hâtif dans cette sculpture ; il faut du temps pour y pénétrer. Cet art ne vous cherche pas, il vous attend. Si vous consentez à venir, il vous enseignera la vérité éternelle. Il n'est pas pressé...* » Les saintes « *se tiennent droites comme la règle* », elles « *sont gracieuses. Et les feuillages chapitonnent, et le nimbe s'élance au ciel de la voûte. – Le Christ, terrible dans son geste, l'Ange, le taureau, le lion et l'aigle. – Les têtes sont effacées, cassées ; pourtant, je les vois ; parce qu'elles étaient dans le plan* [...] *Ces figures merveilleuses n'ont de rivales qu'à Chartres et à Athènes.* » Quelle comparaison !

Rodin est marqué durablement par ce bâtiment. « *C'est une date dans ma vie, cette sensation si intense qui me possède, tandis que j'écoute cette cloche en contemplant ce porche et l'admirable disposition de sa foule de pierre ordonnée en architecture. Cloches et sculptures, c'est la même grande parole.* »

Toute sa vie, Rodin défend cette architecture avec âpreté. « *Je voudrais faire aimer cet art grandiose, concourir à sauver ce qu'il en reste encore d'intact, réserver pour nos enfants la grande leçon du passé que le présent méconnaît.* » S'il renaissait aujourd'hui, il aurait plaisir à constater que son souhait est exaucé.

Alain-Fournier

Sarthois par obligation et par amitié

1908 ET 1909

Premier lien. Henri Fournier, né au Mans le 14 avril 1871, mort le 18 décembre 1919 alors qu'il n'a que 48 ans, se lance dans le sport avec un certain succès. D'abord dans le cyclisme. La gloire, dans « ce cadre-là », ne dépasse pas les frontières de l'ouest de la France.

Dans l'automobile et la moto ensuite, à ses balbutiements. En 1900, l'automobile toussote. Henri Fournier participe déjà aux grandes courses, à la coupe Gordon Bennett Paris-Lyon comme mécanicien, en compagnie de Fernand Charon. En 1901, il prend le volant à son tour, aux commandes d'une Mors. Il est immédiatement remarqué car il gagne coup sur coup le Paris-Bordeaux et le Paris-Berlin. Célèbre aussitôt, le pilote parcourt le monde et participe à des compétitions aux États-Unis (Narragansett Park dans le Rhode Island, Rhode Island et Coney Island), pays où il bat le record du monde de vitesse à 123,249 km/h.

Après une courte carrière de vendeur de voitures, des Hotchkiss et des Itala, Henri reprend la compétition en 1907 et achève sa vie professionnelle à la tête des établissements Fournier avec son frère Achille, où ils fabriquent des voitures, telle la Baby Silvestre, en 1919.

Entre ces deux dates, il est victime d'un accident à bord d'un avion Voisin en 1909, à l'occasion de la Grande Semaine d'aviation de la Champagne.

Avec ses frères Achille et Maurice, Fournier a été élevé au biberon mécanique très tôt, dans l'atelier de cycles de son père. Maurice est lui-même champion du monde de moto et se tue au Grand Prix de France de 1911, à 30 ans, sur la ligne droite des Hunaudières.

Le palmarès d'Henri Fournier est édifiant : champion de France junior de moto en 1889, record mondial de l'heure à vélo en 1892 avec 39,3 km/h, record mondial de vitesse sur l'heure en voiture, lors du Paris-Bordeaux 1901, avec 86 km de moyenne horaire, record mondial du mille déjà cité aux États-Unis, record mondial du kilomètre (accompli à la vitesse de 123,28 km/h) et du mile (en 47 secondes 4) homologués le 5 novembre 1902 au Kilomètre de Dourdan, record mondial du kilomètre (29 secondes 8) et du mile (47 secondes 8) fin novembre 1903 au Kilomètre de Dourdan, vainqueur de la course Paris-Bordeaux 1901 sur Mors, vainqueur de la course Paris-Berlin 1901...

Pendant ce temps, quelque part en France, un autre homme suit de près les exploits d'Henri Fournier. Par curiosité d'abord, puisqu'il porte le même nom et le même prénom, mais aussi parce qu'il pratique lui-même le rugby avec passion.

L'homonymie s'arrête là. Le premier Henri Fournier est un vrai de vrai dans l'effort physique, l'autre fréquente des gens dont l'identité nous éloigne distinctement de l'idée même d'activité physique : Gaston Gallimard, Charles Péguy, Jean Giraudoux, Pierre Mac-Orlan sont ses compagnons de jeux... et un certain Jacques Rivière, futur époux de sa sœur.

Dans ces conditions, Henri Fournier, écrivain (né en 1886), devient Alain-Fournier en janvier 1906, afin d'éviter toute confusion avec le Sarthois Henri Fournier, coureur automobile. La postérité, elle, est sans pitié. Sauf quelques exceptions, elle enterrera définitivement Henri Fournier et inscrira *Le Grand Meaulnes* au Panthéon de la littérature.

Mais le hasard s'acharne. Pas question d'en rester là avec la Sarthe.

Deuxième lien. Caporal au fort de Vanves, Alain-Fournier est affecté à la 7e compagnie du 117e régiment d'infanterie en 1908 et se retrouve à la caserne Chanzy du Mans début août, juste le temps, une semaine (il repart le 10), de passer les examens d'entrée à l'École des officiers de réserve (EOR) de Laval.

Deux cartes postales datées de cette période, le 4 août, ont été retrouvées. Une, adressée à ses parents, représente le pont en X, l'autre, destinée à Jacques Rivière, le beau-frère, avec une vue de la cathédrale, est on ne peut plus claire : « *Nous voici tous pour un instant dispersés. Je suis au Mans où je m'ennuie. Je fais malgré moi des efforts pour réussir à cet examen militaire sans intérêt. Il faudra peut-être aller s'enterrer 6 mois à Laval, à 5 heures de Paris.* » L'autre texte est pire : « *Commence cet examen : le résultat m'est indifférent. Succès ou échec, ce sera toujours : tant pis.* » Jacques Rivière répond : *« Je viens de recevoir ta carte du Mans »* et lui propose de se pencher sur le patrimoine pour passer le temps : « *As-tu vu la cathédrale du Mans et les vitraux* ? » Et de comparer : « *Demain matin je vais voir Bourges. Toi seul et Isabelle pouvez comprendre ce que c'est que cette pensée-là.* »

Alain-Fournier est reçu. Tant pis ! Avec huit cents autres chanceux comme lui, il est muté pour six mois au peloton des élèves officiers de la caserne Corbineau de Laval, où il débarque en octobre avec le grade de sergent.

Au mois d'août se dessinent déjà les personnages du *Grand Meaulnes*. Le jeune homme écrit à ses amis qu'il ne pense qu'à « elle ». *« Je crois avoir trouvé cette fois »*, écrit-il le 26 août.

Ainsi s'achèveraient les relations entre Alain-Fournier et la Sarthe ? Déjà fini ? Oh que non ! Le destin veille.

Troisième lien. Les exploits de Wilbur Wright au Mans l'attirent. Pour des raisons inconnues, il n'a pas la possibilité d'y assister. Dans une lettre à Jacques Rivière du 27 septembre 1908, il montre pourtant son enthousiasme : « *J'ai à te parler de l'Homme qui tombe, de l'aéroplane Wright dont j'ai rêvé plusieurs fois, de l'automobilisme, de L'Ève future, que, pour contredire maman, j'appellerais la Recherche de l'âme ou le Désir de l'âme ; d'une tendance néfaste que je me découvre en ce moment à formuler le style que je me suis créé – et qu'au contraire je veux qu'il continue à se chercher et à tâtonner délicieusement, comme des mains, dans l'obscurité, sur un adoré visage de femme.* » Wright, inspirateur d'un style... Hélas, le 18 octobre, « *je ne suis pas allé au Mans. Wright est en panne pour quelques jours.* » Nous n'en saurons pas plus...

Par contre, un ami du lycée de Brest obtient avec lui le grade de sous-lieutenant au peloton de Laval. Léon Roulin est sarthois. Ses parents tiennent une boulangerie à Brûlon, rue Charles Barreau. En février 1909, une permission trop courte ne permet pas à Alain-Fournier de rejoindre Paris. Léon Roulin lui propose de la passer chez lui. « *J'irai passer la journée de dimanche dans le village de Brûlon – Sarthe – chez un ancien camarade du lycée de Brest, dont les parents sont boulangers. Il est élève officier, avec moi. Le motif de ce voyage est une excursion aux grottes de Saulges.* » C'est chose faite le samedi 27 février.

Il y passe une soirée de veillée propre aux hivers rigoureux. Maurice, frère de Léon Roulin, joue de la musique. Ce moment inspire à Fournier cette phrase, retrouvée dans *Le Grand Meaulnes* : « *La terre battue invitait à la danse* », tirée d'une note prise à chaud, à Brûlon.

La caserne Chanzy du Mans, siège du 117ᵉ RI, étape d'Alain-Fournier avant Laval.

De l'imposante caserne Chanzy, il ne reste plus aujourd'hui qu'un bâtiment reconverti en logements et les deux pavillons d'entrée.

Le dimanche, Alain-Fournier visite Brûlon et son église. Comme prévu, il va jusqu'aux grottes de Saulges à bicyclette l'après-midi. « *Tout d'un coup, cette vallée de l'Erve, très large, à pic dans le rocher.* » Il envoie une carte postale de l'intérieur le 28 février, en précisant : « *Cette photographie au magnésium ne dit rien. Le plus impressionnant est la première grande salle, où "ils" vivaient dans la nuit et la tiédeur lourde ; et où les gens de Saulges ont trouvé leurs os et leurs pierres taillées. Ensuite, ce sont d'étroits boyaux qui mènent à de petites salles aux piliers de calcaire, avec des couleurs sombres que la lampe révèle rouges et bleues, puis des gouffres où l'on descend par des marches suintantes, et dont le fond est une eau claire qu'on n'a pu sonder.* »

Grâce à la richesse des écrits laissés, malgré sa courte vie, on sait qu'Alain-Fournier a été profondément marqué par ce bref séjour. La lettre qu'il écrit est longue, mais elle résume si bien ses sentiments qu'il est indispensable de la transcrire pratiquement dans sa totalité.

« *Je te dirai que j'ai beaucoup souffert pendant ces vingt-quatre heures passées dans le village de Brûlon, chez un boulanger,* confie Alain-Fournier à son ami Rivière. *J'ai eu beau me faire très simple et très petit enfant, j'ai bien vu que l'*émerveillement de telles aventures étai*t maintenant fini pour moi.* [...] *Je savais qu'on ne peut plus entrer maintenant dans un village ou dans une boutique, avec l'ignorance merveilleuse de ce qu'on y va trouver. Je savais que monter dans les chambres du haut, pour coucher dans la grande maison inconnue, ne me serait plus, comme autrefois, tant de douceur et de mystère. Je savais bien que maintenant nous connaissons tout et que tout est prévu, mais le délice de cette maison où l'on m'avait fait venir a rendu mon mal d'indifférence plus douloureux encore.* »

Bouleversé par l'ambiance et la chaleur humaine de « *toute cette famille serrée autour de la table, le soir* », Alain-Fournier voit encore le plus petit, « *resté auprès du feu, la tête dans ses mains ; il suit son étrange pensée, tout en recueillant avidement ce qui se dit – et cela fait un mélange qui le passionne et le désespère. La salle où l'on se tient est tout entourée d'autres chambres et de réduits noirs où donnent des portes mal fermées. Quelle est celle derrière quoi je verrai les corbeilles allongées et les grillons gris du four ?* »

Après la maison, Alain-Fournier s'intéresse à Brûlon. « *Village dont ils parlent tous et que je ne connais pas, nocturne et glacé tout autour de nous. À quoi mènent tes rues qui se coupent étrangement ? De quels hommes et de quelles fêtes s'agit-il ? Fait-on ici l'école, la nuit, car il doit bien y avoir des pays d'écoles de nuit.*

La boulangerie de Brûlon aujourd'hui, c'est ici qu'Alain-Fournier a séjourné.

Les enfants ont grand' peur d'y venir, mais ils viennent quand même, pour la joie d'être tous réunis dans la salle noire et éclairée. Si ceux de la campagne, les plus loin, ne trouvaient pas le maître en arrivant dans l'école, qu'est-ce qu'ils feraient, quand tout le monde dort, et qu'ils verraient dans le champ d'à côté la lueur des fenêtres ? »

Dans la deuxième partie de sa lettre, Alain-Fournier décrit la boulangerie plus en détail. *« Un escalier étroit mène à de vastes chambres. Dans la mienne, sur les cheminées et les encoignures, il y a des couronnes de mariées. De longs rideaux sont tirés sur de petites fenêtres très étroites percées dans l'énorme mur. Ce sont des fenêtres de château ; demain matin j'entendrai par là, de bonne heure, des bruits familiers et inconnus ; le soleil se peindra en carré sur le rideau rouge ; et quand je l'aurai tiré, j'apercevrai dans l'embrasure étroite tout un profond paysage.*

À quelle fontaine ma toilette de ce jour se fera-t-elle ? Sur quelle eau – de quelle pompe éclaboussante – vais-je pencher mon visage ?

La boulangerie, où nous avons joué le soir, que de recoins et de cachettes elle avait, du côté du four ! Et, incliné sur un cahier de musique posé sur le pétrin, le plus naïf de nous jouait des airs, car la terre battue, sous nos pieds, invitait à la danse.

Le petit jardin plein de neige s'avançait en terrasse sur le coteau. "C'est à ce petit mur, *disait-il,* que je viens m'accouder, quand les soirées de grandes vacances meurent de désir et d'ennui. Cette ligne de faîte que vous voyez, tout là-bas, s'évanouir vers la vallée, dans la brume – elle est alors nette et nacrée comme le fond d'un coquillage ; car les buées irisées, les pollens bleus du printemps se sont évaporés au soleil ; et l'on peut voir, vers quatre heures, quand le soleil déjà penche les ombres, passer, sur le chemin jaune, les pèlerins de Sainte-Agathe."

Je repense à tout cela maintenant que, seul, dans l'étude froide et noire, j'ai la fièvre. Mais alors, j'étais si désolé et si glacé que mon seul recours fut la grande promenade à bicyclette, dans la campagne enfouie sous la neige. Cœur misérable du pays uniforme et désert, quelle pitié c'était en nous, ce jour-là, et comme nous nous sommes compris !

Voici dit ce que j'avais à te confier.

Je voulais te parler de mes départs, les dimanches soirs. Mais c'est fini, maintenant. »

Et cette fois, en effet, c'est bien fini. Alain-Fournier ne reviendra plus dans la Sarthe. En réalité, il ne la quitte jamais tout à fait. Parce qu'il maintient une correspondance régulière avec Léon Roulin, tout d'abord, mais surtout parce qu'un événement fortuit le rattache inexorablement à la Sarthe.

Il commence une carrière journalistique à *Paris journal*, dirigé par Alfred Léon Gérault, plus connu sous le nom de Gérault-Richard... né à Bonnétable le 11 octobre 1860 ! Il avait exercé le métier de menuisier au Mans, puis à Paris, avant de bifurquer radicalement vers la presse.

Quatrième lien donc. Alain-Fournier perd son emploi à la mort de Gérault-Richard en 1911.

Alain-Fournier meurt au début de la guerre à 28 ans, le 22 septembre 1914, dans la région de Verdun, plus précisément dans les bois de Saint-Rémy-la-Calonne. Son corps ne sera retrouvé qu'en 1991.

Comme Alain-Fournier, Maurice Roulin trouve la mort sur les champs de bataille de la Grande Guerre. Plus chanceux, Léon fera carrière dans l'armée et l'achèvera avec le grade de colonel.

Wilbur Wright

Le mythe prend son envol au Mans et à Auvours

1908 ET 1909

Kitty Hawk, Ohio, États-Unis, 17 décembre 1903. Devant cinq témoins, Orville Wright (1871-1948), réparateur de bicyclettes à Dayton, et son frère Wilbur (1867-1912), fils de pasteurs, parviennent pour la première fois au monde à arracher *« un plus lourd que l'air »* du sol (c'est-à-dire qu'il ne s'élève pas dans le ciel grâce à un gaz – air chaud, hélium, hydrogène... –, ou en vol plané, mais par la seule puissance d'un moteur). Après plusieurs tentatives, l'avion tient l'air 59 secondes. L'exploit est l'aboutissement de longues et patientes recherches menées depuis 1896 avec des cerfs-volants et des planeurs.

Au cours des années suivantes, ils accumulent les brevets. Jusqu'au jour où ils entendent parler des performances européennes de Farman, Ferber, Voisin, Blériot et autre Santos-Dumont, lequel effectue le premier vol européen en 1906. L'idée leur vient alors de faire une démonstration sur notre continent, histoire de démontrer la supériorité de leur avion.

Les Français sont manifestement les plus sensibles. Les Étatsuniens n'y croient pas. Un journaliste, Byron R. Newton, assiste à leurs vols et écrit un article sur le sujet. Son journal lui renvoie le papier avec cette réponse : « *Nous avons lu votre article avec la plus grande attention, mais nous n'y avons rien trouvé qui vaille la peine d'être publié, aussi bien comme information que comme fantaisie romanesque...* » Difficile de faire pire dans l'art de passer à côté d'un événement. Pour autant, le lendemain de l'exploit manceau du 8 août 1908, le journal *La Sarthe*, futur *Maine libre*, est à peine plus inspiré. Il écrit le 9 août : *« Monsieur Wilbur Wright a fait hier soir sur le champ de courses des Hunaudières une première expérience qui a obtenu un plein succès. »* Outre l'impression de compte rendu d'une fête communale, on pouvait s'attendre à un peu plus d'enthousiasme.

Malgré cette surprenante réaction, les Français sont pour l'instant, en cette année 1905, bien plus réactifs que les Américains. Ils sont prêts à acheter un exemplaire de l'avion. Arnold Fordyce est chargé par Henri Letellier, son rédacteur en chef, directeur du *Journal*, d'aller négocier avec les frères Wright, au nom d'un syndicat d'hommes d'affaires qui s'est formé pour la circonstance. Une première option est signée le 30 décembre 1905.

Pour diverses raisons, le syndicat passe la main. Le gouvernement prend la relève. Il pense déjà aux avantages militaires de l'avion. Une délégation est chargée de mener l'enquête de l'autre côté de l'Atlantique. Ses conclusions sont très positives, mais l'État a des exigences que les frères Wright jugent inacceptables. Une année de négociation s'achève en queue de poisson.

Le Havre, Paris, Le Mans

Le troisième contact a lieu avec un certain Hart O. Berg, représentant la société Flint, spécialisée entre autres dans la vente de brevets (sous-marins, voiture électrique... eh oui, déjà...). Il devient leur représentant en Europe. En 1907, il prend le bateau avec Wilbur Wright.

Ils se rendent d'abord en Angleterre, puis débarquent en France. À Paris, Wilbur Wright rencontre un richissime homme d'affaires, Henri Deutch de la Meurthe. Son contact déclenche un regain d'intérêt chez tous les anciens candidats, y compris l'armée. Il ne reste plus qu'à les convaincre par une démonstration.

Orville Wright arrive avec un avion en pièces détachées dans ses bagages, qu'il laisse en dépôt au Havre. Comme rien n'est encore concluant avec la France, Orville part à la chasse à Londres, puis rejoint son frère à Berlin. À ce stade, les deux frères envisagent de pousser jusqu'en Russie. Au final, personne ne prend vraiment d'engagement. En attendant que la situation se débloque, Wilbur rentre aux États-Unis et Orville reste en France, où il passe commande de six moteurs auprès de la société Barriquand et Marre, 127 rue Oberkampf à Paris.

Finalement, un accord est conclu avec un financier, Lazare Weiller, début 1908. Pendant ce temps, le gouvernement américain commence à lorgner sur cet avion. Qui sera le plus rapide? Pendant qu'Orville s'occupe de la partie américaine, Wilbur Wright prend le bateau pour la France, où il arrive le 29 mai 1908.

L'affaire prend forme, enfin! Il faut trouver un terrain. Ceux qui sont proposés aux alentours de Paris au mois de mai ne plaisent pas à Wilbur Wright. Le même mois, il cherche en Bretagne, en Touraine, visite Buc dans la vallée de Chevreuse. Un terrain à Blain, en Loire-Atlantique, ne lui convient pas non plus. *« L'endroit me souriait fort, mais il y a beaucoup trop loin de Paris et les trains qui y viennent sont incommodes »* pense Wilbur Wright. Le 3 juin, l'aviateur, désabusé, pense abandonner et revendre l'avion pour 5 000 dollars.

Léon Bollée, pionnier de l'automobile au Mans, suit de près les événements. Après avoir lu un article dans *L'Auto* sur le sujet le 2 juin, il contacte Wilbur Wright et lui propose un terrain. Après une réponse favorable le 4, Wright vient voir sur place le 8. Séduit, il fait livrer tout son matériel à l'usine Bollée, alors installée à l'actuelle Sécurité sociale, avenue de Paris (future avenue Bollée).

« Je viens de choisir définitivement mon terrain d'expérience. C'est tout bonnement le champ de course du Mans. J'ai reçu les autorisations nécessaires. C'est une affaire conclue. Le terrain est loin d'être plat et découvert, il est ondulé, est planté de quelques arbres et ne mesure que 800 mètres de longueur sur 335 mètres de large. Il me suffit cependant », confie le pilote au journaliste François Peyrey, du journal *La Patrie*.

Naissance de l'Aéro-club de la Sarthe

C'est la Sarthe, et l'hippodrome des Hunaudières, qui servira de cadre aux expériences. Événement coïncidant presque avec la naissance de l'Aéro-club de la Sarthe, le 3 juillet 1908. En effet, Wilbur Wright vole pour la première fois le 8 août 1908 à 18 h 25. *« Le meilleur qui fut depuis quelques semaines, et je pensai qu'il serait bien que je fasse quelque chose de bien »*, écrit l'aviateur à Orville. Une minute et 46 secondes plus tard, le triomphe est total !

Il y a du beau monde ce jour-là : Blériot, qui traversera la Manche un an plus tard, le capitaine Ferber, et bien d'autres... Le 10 août, *« j'ai fait un "huit" et ai atterri au point de départ »*, écrit Wilbur à son frère le 15 août. *« Les journalistes et les aviateurs français devinrent comme fous d'excitation. Blériot et Delagrange étaient si énervés qu'ils pouvaient à peine parler. »*

Aux vols suivants, aux Hunaudières et à Auvours, viendront des ministres ou futurs ministres comme Paul Painlevé, Paul Doumer (futur président de la République) ou Louis Barthou, Albert Clemenceau, le chambellan du tsar de Russie, le grand écuyer du roi d'Espagne, la reine douairière Marguerite d'Italie (elle déjeune à la brasserie Grüber, 41 place de la République au Mans, actuel Venezia), le frère de Baden-Powel, fondateur du scoutisme, Farman, Louis Renault ou Pirelli (les pneus)... et des personnages qui deviennent célèbres dans d'autres domaines,

Wilbur Wright teste les commandes de son aéroplane.

Aéroplane Wright en plein vol.

comme Charles Rolls, co-fondateur avec Henry Royce de la marque automobile de luxe bien connue (ironie du sort, il se tue en 1910 en pilotant un avion Wright).

Le 8 août, Blériot commente ce qu'il voit : *« Pour nous, en France et ailleurs, une ère nouvelle de l'aviation commence et c'est merveilleux. »* Delagrange constate : *« L'homme, il faut le reconnaître loyalement, est bien le père de l'aviation. »* Ross Browne, un Américain présent ce jour-là, se souviendra plus tard : *« Blériot tournait autour de l'appareil, touchait les ailes et Mr Wright lui montrait comment il avait réalisé le gauchissement... comment cela marchait. »* Blériot était *« comme un gamin. »*

Après un vol de 15 à 20 minutes le 12 août, la décision est prise de transférer les expériences à Auvours. Comme aux Hunaudières, le pilote dort dans son hangar, près de son avion, obsédé par les éventuels espions qui voudraient lui voler son invention.

Du 16 au 23 août, Paul d'Estournelles de Constant, prix Nobel de la paix dans un futur proche, accueille Wilbur Wright à La Flèche et lui remet la médaille de bronze de la Société universelle pour la paix.

Le 15 septembre, l'avion tient l'air 39 min 18 s 3/5. Le 21, Wilbur Wright effectue son premier vol officiel. Il parcourt 66,600 kilomètres en circuit fermé en 1 h 31 min 25 s 4/5. La popularité du pilote explose. *« La Compagnie de l'Ouest avait amené à Champagné trois trains bondés de voyageurs ; on avait dû entasser le public dans des wagons de marchandises »*, lit-on dans le journal *La Sarthe* du 22 septembre 1908.

Le 5 octobre, Wilburg Wright bat un autre record, inattendu celui-là, celui du plus lourd passager : Léon Bollée, 109 kilos ! *« J'ai pris ce matin à bord Léon Bollée (240 livres) et lui ai fait faire deux tours de terrain. Ce qui stupéfia les gens beaucoup plus que tout ce que j'avais fait auparavant »*, constate Wilbur Wright auprès de son frère Orville.

Paul Painlevé, président du Conseil[37], se souvient du 10 octobre 1908, lorsqu'il a été passager du Flyer. *« Comment avoir oublié ce soir d'automne, ce couchant empourpré qui s'éteignait, tandis que nous volions au-dessus des grands arbres ; puis dans la nuit grandissante, les innombrables phares d'automobiles, qui s'allumaient au-dessous de nous comme les feux d'un camp barbare ; et toujours au-dessus de la foule silencieuse, le rythme puissant et régulier du moteur qui*

37. Correspondant à notre Premier ministre aujourd'hui.

semblait proclamer la victoire de l'industrie humaine sur le plus traître et le plus capricieux des éléments. Quand la nuit fut noire, ce n'était plus, me semblait-il, sur le champ d'Auvours que nous planions, mais sur la face indéfinie de la terre, dominée, conquise par le grand oiseau. »

Le triomphe

Le 18 décembre, Wilbur Wright remporte le prix de l'Aéro-club de la Sarthe sur une distance de 99,800 kilomètres, à une altitude de 117 mètres et pendant 1 heure 54 minutes 53 secondes 2/5. Dès le lendemain, il atteint les 2 heures à 120 mètres sur 99 kilomètres, acte qui préfigure le triomphe du 31 décembre. Ce jour-là, il décroche non seulement la coupe Michelin, mais bat aussi le record du monde de durée avec 2 heures 20 minutes 23 secondes 1/100, ainsi que le record de distance avec 124,700 kilomètres. Il est devenu la coqueluche des Sarthois, lesquels l'affublent, c'est selon, de noms aussi folkloriques que « Vilbur Vrichte » ou « Wrich », ou encore d'un surnom venu d'une traduction des salariés de Bollée, « Vieille Burette »... Les Sarthois le soignent non seulement sur le plan de l'accueil, mais aussi culinaire. Wilbur a pris huit kilos depuis son arrivée dans le département. Il ne l'oubliera jamais. Il rappelle à propos de l'aéro-club de la Sarthe, à quel point *« ses membres se sont dépensés sans compter pour* [l']*aider. Il faut que vous compreniez ce que je veux dire par là quand vous saurez qu'une bonne demi-douzaine des membres du club ont probablement passé sur le terrain un tiers de leur journée, et cela pendant près de quatre mois. Les gens, en Amérique, n'auraient jamais pris tant de peine pour le premier venu ! »*

Près de 130 vols[38], une dizaine de records et une soixantaine de baptêmes plus tard, soit du 8 août 1908 au 2 janvier 1909, Wilbur Wright ouvre une école de pilotage près de Pau, tandis que Léon Bollée, père de l'automobile, impliqué dans l'automobile-club et l'aéro-club de la Sarthe, fonde un syndicat d'exploitation des brevets des frères Wright avec le banquier Lazare Weiller.

Wilbur effectue ensuite son premier vol à Berlin le 31 août 1909, avant de retourner aux États-Unis. Auparavant, il revient dans la Sarthe les 25 et 26 mars avec son frère Orville et sa sœur Katharine, puis une nouvelle fois le samedi 1er mai et en juin, clôturant ainsi l'événement aéronautique le plus important de toute l'histoire du département.

38. Les chiffres varient selon les sources. Ils vont de 128 à 138. 129 est le plus souvent évoqué.

Un monument rappelle les exploits de Wilbur Wright au camp militaire d'Auvours.

Une dalle déposée en 1946, surmontée en 1958 d'un monument, marque l'emplacement du pylône de lancement sur les Hunaudières. Une autre stèle est élevée à Auvours, puis déménagée sur la route de Bouloire et une statue, *L'Envol*, aux Jacobins pendant très longtemps, est désormais sur le pont des Tabacs, rue d'Eichthal.

Le 22 décembre 1918, à l'occasion de la pose de la première pierre de *L'Envol*, l'ambassadeur des États-Unis Sharp est pour le moins d'une grande naïveté sur l'avenir de l'aviation lorsqu'il se désole de son usage militaire pendant la première guerre mondiale : *« Bien que ces progrès furent baptisés dans le sang de femmes et d'enfants innocents, les horreurs mêmes de tels abus obligeront les nations civilisées à renoncer désormais à l'emploi de toute sorte d'avions pour jeter des bombes ou d'autres engins de guerre. »* Tout comme le sous-marin, qu'il déteste tout spécialement, l'ambassadeur estime que l'avion *« n'ayant aucune valeur militaire, cela devrait être banni à jamais par la Ligue des Nations à venir »*. Raté ! Flop total !

Records trop discrets

Beaucoup ont dit ou écrit avec insistance que le vol du 8 août 1908 a été le premier en Europe. Non ! Le premier homologué est celui du Brésilien Santos-Dumont le 13 novembre 1906 (220 mètres d'altitude, 21 secondes de durée de vol).

Sans vouloir blesser le chauvinisme sarthois, il est nécessaire d'apporter quelques précisions à partir de Santos-Dumont. Quand Wilbur Wright va à Auvours, alors qu'il a déjà effectué quelques vols spectaculaires, il n'a pas encore, du moins officiellement, atteint le niveau de Henri Farman, lequel remporte le Prix du quart d'heure en battant le record de durée en 20 minutes, 19 secondes et 3/5e le 6 juillet 1908 aux États-Unis. Exemple frappant d'une lutte âpre et quasi quotidienne, Wilbur Wright couvre 22 kilomètres à une altitude de 12 à 15 mètres le 5 septembre 1908. Le lendemain, 6 septembre, Delagrange vole sur une distance de 24,727 kilomètres en 29 minutes 53 secondes et 3/5. Le comble, c'est que pendant ce temps-là, de l'autre côté de l'Atlantique, son frère Orville a fait mieux que Wilbur en volant plus d'une heure les 9 et 11 septembre.

Mais, ce que ne savent pas ni Farman ni ses petits camarades, c'est que les frères Wright ont déjà parcouru 40 kilomètres en 1905 devant une poignée de témoins. Les Français font tout moins bien qu'eux, mais ils sont plus crédibles parce qu'ils volent en public. L'erreur des Wright a été de toujours refuser de se produire devant une foule... jusqu'aux exploits sarthois! Leur faute est de tout faire en cachette. Au début, ils sont donc pris pour de petits rigolos. Ernest Archdeacon, mécène de l'aviation, parle de *« machine fantôme »* et le ministre de la Guerre Eugène Étienne les traite de *« bluffeurs comme tous les Américains »*.

Après, il faut bien l'admettre, tout bascule. Wilbur Wright vole avec une aisance déconcertante, laissant loin derrière les laborieuses tentatives de ses homologues français. Farman en est encore à accomplir de larges boucles quand Wilbur Wright bascule d'un simple coup de manche à balai dans un impeccable virage serré. Le 21 septembre, on l'a déjà dit, le même Wright tient en l'air plus d'une heure trente et il parcourt presque 70 kilomètres. Il vient de battre le record du monde de durée et de distance. En prime, il bat huit records de vitesse en moins de temps qu'il ne faut pour le dire. Plus rien ne l'arrête ensuite, jusqu'à l'apothéose du 31 décembre 1908 de plus de 124 kilomètres en plus de 2 heures 20 minutes.

Vols en série

Pour montrer s'il le faut encore la véracité de nos propos, voyons rapidement l'essentiel des vols effectués avant ceux de Wilbur Wright. En mai 1905, le capitaine Ferber effectue une première expérience avec un moteur sur un planeur, sans résultat probant, mais il prédit le premier l'évolution de l'avion : *« De crête en crête, de ville en ville, de continent en continent. »* Le 4 septembre 1906, Santos-Dumont s'élève de 70 centimètres, un Danois effectue son premier vol et, le 13, Santos-Dumont parcourt 20 mètres. Le 12 novembre, Santos-Dumont a volé sur une distance de 220 mètres en 21 secondes, à 4 ou 5 mètres d'altitude, et un Autrichien est le premier à voler dans son pays le 29. En mars 1907, Charles Voisin parcourt 60 mètres. La même année, un Italien vole à son tour et, en septembre, Blériot ne dépasse pas 187 mètres, tandis que, le 30, Farman franchit la distance de 80 mètres. Le 26 octobre, Farman bat le record de distance (770 mètres), de vitesse (52,7 kilomètres/heure) et de durée (plus de 52 secondes). Le 9 novembre, il réalise le premier virage en vol. C'est également l'année du premier vol d'hélicoptère en novembre. Le 13 janvier 1908, Farman franchit le premier kilomètre en 1 minute 28 secondes. Le 9 février, Demanest remporte le prix de 250 mètres de l'Aéro-Club de France. Le 21 mars, Farman franchit les 2 kilomètres et bat le record de durée avec plus de 3 minutes 30. Le 11 avril, Delagrange bat le record de durée à 6 minutes 30 et de distance en frôlant les 4 kilomètres. Le 30, c'est le premier vol en Angleterre. Le 30 mai, c'est le vol du premier passager avec Farman. En juin a lieu le premier vol allemand, le 8 Robert Esnault-Pelterie parcourt 300 puis 500 mètres et le 9 il vole sur 1500 mètres à 40 mètres d'altitude et à 70 kilomètres/heure. Le 6 juillet, Nous l'avons déjà dit, Farman bat le record officiel de durée de plus de 20 minutes. Le 14 juillet, Ferber réussit enfin un vol, avec beaucoup de peine, mais il est considéré comme un ingénieur de génie et comme le roi de l'aérodynamique... Cette profusion d'exploits, cette course aux records en occultent tant d'autres que nous en resterons là.

Finissons-en ! Conclusion : oui, Wilbur Wright bat tous les records les uns derrière les autres au Mans. Oui, l'aviation prend toute sa dimension, atteint toute son ampleur au Mans. Des historiens très éloignés de la Sarthe qu'on ne peut soupçonner de chauvinisme disent même que la véritable naissance de l'aviation a eu lieu au Mans. Tout ce qui s'est passé avant n'a été qu'un enchevêtrement d'expériences plus ou moins hasardeuses, de tâtonnements et de bricolages... Mais non, au risque d'insister lourdement, Le Mans n'est pas le lieu du premier vol européen. Parler de la France « berceau » de l'aviation relève de la même hérésie, à part Clément Ader. Et encore, il ne faut rien exagérer concernant quelques sauts de puce à peine perceptibles. Les premiers essais, les premières tentatives, les premiers balbutiements sont bien français. Pour le reste, restons réalistes, le berceau de l'aviation est américain, même si la France a une solide expérience au moment où les Wright éblouissent le monde.

Dépassés par les événements

Pendant qu'ils s'évertuent à enchaîner les démonstrations et à distribuer des brevets de pilotage, les frères Wright en oublient l'essentiel, faire évoluer techniquement leur avion et le produire en série de manière significative. *« Nous n'avons pas grand-chose à craindre dans l'immédiat »*, pensait déjà Wilbur Wright en 1906. D'autres s'en chargent et avancent très vite. Un certain Glenn Curtiss, un autre Américain, va, lui, déclencher cette fibre industrielle qui échappe aux deux frères Wright, en train de perdre leur temps à défendre leurs brevets d'invention dans des procès sans fin.

S'ils vendent le premier avion, Glenn Curtiss, lui, vend le deuxième, et il sera de loin le plus grand fournisseur. Déjà, en mai 1908, il effectue son premier vol. Et puis, rapide comme l'éclair, en juin, il en est à son troisième appareil. Il remporte le trophée du Scientific American en juillet et commence à produire des avions en série plus tard, alors que les frères Wright se contentent d'entrer dans l'histoire.

Dès 1910, Orville et Wilbur Wright sont dépassés par les événements et les records de leurs concurrents français. L'histoire l'a un peu oublié mais, pendant que Wilbur Wright épate la planète au camp d'Auvours, Arthur Harsmsworth, par ailleurs lord Northcliffe, éditeur du *Daily Mail*, à Londres, offre un prix de 5000 dollars le 5 octobre 1908 au premier qui franchira la Manche. Il rencontre Orville Wright aux États-Unis et lui assure qu'à son avis Wilbur emporterait le prix haut la main. Il a raison, les faits parlent d'eux-mêmes. Wilbur a déjà largement dépassé le temps nécessaire à la traversée. Mais Wilbur renonce, refusant de mettre en péril sa renommée en cas d'échec et par peur de détériorer le seul exemplaire de Flyer présent en Europe. On connaît la suite : Blériot, présent en 1908 au Mans, relève le défi avec succès à sa place, en 1909.

L'exposition de 1911 est écrasante de supériorité. Le progrès est globalement plus rapide en France qu'aux États-Unis, notamment à cause de la motorisation. Le moteur Antoinette est le premier réellement adapté au vol, et ce jusqu'à la guerre. Celui des frères Wright, incompatible, est un des obstacles à leur progression.

Premier film aéronautique

Pourtant, un contrat avec la société Astra, en France, leur permet de fabriquer et de vendre plus de vingt appareils dans l'hexagone. Le premier est livré à l'armée française le 10 février 1910 (elle en achète quatre en tout). Six avions sont commandés en Angleterre et quelques autres en Allemagne.

De retour aux États-Unis, les frères Wright fondent en 1910 une société à Dayton, leur ville natale. Ils y produisent deux avions par mois, dont quatorze livrés à l'armée américaine, et engagent des Flyer dans les meetings aériens.

Le 8 août 1908, sur l'hippodrome des Hunaudières du Mans, Wilbur Wright ignore qu'il lui reste seulement quatre ans à vivre. Sa mort d'une fièvre typhoïde le 30 mai 1912, à 45 ans, sonne le glas de la légende Wright. Wilbur était le moteur de leur association. D'une timidité maladive, Orville fuit le monde, mais reste une gloire mondiale bien malgré lui.

En 1915, Orville vend les parts de sa société. La compagnie Dayton-Wright survit jusqu'en 1923, année de sa dissolution. En 1916, il résilie le bail de son magasin de cycles. En 1917, les brevets français arrivent à expiration et le gouvernement américain rachète le reste.

La statue de Paul Landowski est inaugurée place du Jet d'Eau au Mans en 1920. L'artiste a également réalisé un monument en l'honneur du prix Nobel de la paix Paul d'Estournelles de Constant, enfant de La Flèche, sur la place des Jacobins au Mans. Paul Landowski est surtout célèbre pour son Christ Rédempteur *de Rio de Janeiro.*

Seul point positif, si la marque Wright n'a pas réussi à s'imposer, Orville est néanmoins largement à l'abri du besoin, rien qu'avec la vente de la société. Il finit ses jours dans une luxueuse résidence construite en 1914. Avant de quitter ce monde, il a le temps d'assister au passage du mur du son avec le pilote Chuck Yeager aux commandes d'un avion à réaction en 1947. Il meurt d'une crise cardiaque le 30 janvier 1948.

Leur carrière aéronautique est en fait très courte, à peine une douzaine d'années. Étonnante coïncidence, Glenn Curtiss était fabricant de vélos, comme les frères Wright, puis de motos, avant de voler à son tour. Il construit les premiers hydravions et, comme Voisin, se lance dans l'automobile.

Le 17 juillet 1920, place du Jet d'Eau au Mans, est inaugurée une statue en l'honneur de Wilbur Wright, sculptée par Paul Landowski, illustre pour avoir réalisé le célèbre *Christ Rédempteur* de Rio de Janeiro. La statue a ensuite été déplacée sur le pont d'Eichtal.

Épisode historique oublié, en 1993, l'historien de l'aéronautique Edmond Petit découvre que le premier film à bord d'un avion a été tourné à Auvours le 9 octobre 1908 par Louis-Paul Bonvillain, directeur scientifique et du service actualités de la société Pathé. Une vue fixe a été reproduite dans le numéro de Noël 1908 de la revue *La Vie au grand air*. Pendant longtemps, on a cru que l'événement avait eu lieu en Italie en 1909.

Antoine de Saint-Exupéry

Lyonnais et Manceau

DE 1909 À 1919

En dix ans, Antoine de Saint-Exupéry effectue sa première communion et croise au Mans ou dans la Sarthe la littérature, l'aviation, la musique et l'abbaye de Solesmes.

Antoine de Saint-Exupéry est né le 29 juin 1900 à Lyon. C'est vrai. Mais ses parents n'étaient lyonnais ni l'un ni l'autre. Même leur fils affirme qu'il est né à Lyon par accident. De là à dire qu'Antoine de Saint-Exupéry serait sarthois... Jusqu'à garder toute sa vie un *« léger accent de l'ouest »*, tel que le rappelle Stacy de La Bruyère, biographe.

Au risque de passer pour chauvin, il nous faut bien rappeler certains faits incontestables et incontestés. Le père d'Antoine, le comte Jean de Saint-Exupéry, avait été élevé au Mans, où son père Fernand (grand-père d'Antoine) s'était retiré après avoir quitté contraint et forcé (car considéré comme trop bonapartiste) la fonction publique en 1870, après le retour de la République. Et le même Jean n'aurait jamais rencontré Marie Boyer de Fonscolombe, originaire d'Aix-en-Provence, si la compagnie d'assurance qui l'employait ne l'avait muté à Lyon. Et sans cette mutation, Antoine serait né dans la Sarthe. Même pas d'ailleurs ! Il ne serait pas né du tout, puisque la rencontre avec Marie n'aurait pas eu lieu. Donc, finalement, le cercle se referme sur cette constatation bassement mathématique : le destin de Saint-Exupéry ne pouvait se décider qu'à Lyon. Impossible de faire autrement.

Reprenons. Première constatation, Fernand de Saint-Exupéry, grand-père du futur aviateur, vient de Bordeaux. Il exerce dans divers ministères de Napoléon III, devient sous-préfet de quatre départements et se retire en Touraine, à 37 ans, dans une propriété familiale de sa grand-mère (Saint-Exupéry va en hériter). C'est là qu'il s'installe au Mans et entame une carrière à la compagnie d'assurance Le Soleil.

Son fils Jean, père d'Antoine, entre au régiment des dragons de Tours. Épisode malheureux ! Il n'a pas la fibre militaire. Encouragé par son père, il se lance à son tour dans les assurances au Mans, puis à Lyon…

Autre élément à prendre en compte, la famille de Saint-Exupéry est très présente au Mans et pendant très longtemps. Le comte Jean de Saint-Exupéry, père d'Antoine, est élève au collège Sainte-Croix en 1872 et son oncle Roger en 1877. Sainte-Croix est à l'époque une école de renommée nationale, un peu comme le Prytanée pour l'élite militaire. Des personnalités devenues célèbres la fréquentent, comme Guy des Cars, François Fillon, Hervé Bazin, Olivier de Kersauson, Ferdinand de Lesseps, Jean-Yves Empereur (l'égyptologue) et d'autres à l'aura plus régionale, comme Jean-Marie Lelièvre, président de l'Aco et PDG de la Mutuelle générale française accident. Sainte-Croix reste longtemps une référence dans la famille. Guy de Saint-Exupéry, fils de l'oncle Roger, y fait ses études, ainsi que Pierre de Trelan, fils d'une tante, et Charles de Fonscolombe, fils d'une tante côté maternel.

Troisième preuve s'il en faut encore, son oncle Roger, ses tantes, Marguerite et Anaïs, –dame d'honneur de la duchesse de Vendôme, elle-même sœur du roi Albert de Belgique –, habitent au Mans et les amis, les de Sinety, demeurent au château de Passay[39], à Sillé-le-Philippe (ils possèdent aussi un hôtel particulier au 41 avenue Bollée, dit de La Boussinière, détruit plus tard). Antoine de Saint-Exupéry s'y rend souvent et exerce sa plume avec les filles Sinety. Elles possédaient des carnets dans lesquels elles demandaient à leurs amis d'écrire des histoires. Le jeune Antoine éprouve un certain plaisir à ce jeu. Il rédige deux textes, *Mort du cygne* et *L'Hallali* dans le carnet d'Odette, dont il était amoureux, et *Mon joli pont* dans celui de Renée, évoquant celui qui enjambe les douves du château. Cette activité serait-elle le premier terrain d'entraînement littéraire du futur écrivain ? On ne connaît pas de plus anciennes créations en dehors de ses devoirs scolaires. Il passe également ses vacances de Pâques 1913 chez des cousins, à Exmes, dans l'Orne, et d'autres cousins, les Churchill, habitent la Sarthe.

En résumé, et c'est indiscutable, les Saint-Exupéry sont originaires du Limousin, mais, à la naissance d'Antoine de Saint-Exupéry, la famille maternelle est provençale, la famille paternelle mancelle. Lyon n'est qu'une parenthèse dans la

39. Antoine de Saint-Exupéry aimait beaucoup les animaux. Chez le comte de Sinety, il passait des heures à les observer et sa sœur Simone raconte qu'il avait ramené au Mans un rat blanc *« élevé avec amour »*. Dans le train, *« tout le compartiment avait nourri le rat blanc. C'était un animal vif et affectueux, toujours dressé sur deux petites pattes roses pour demander des explications. Hélas ! Il disparut un jour et nous accusâmes le jardinier d'avoir été l'exécuteur des hautes œuvres… »*.

généalogie, une parenthèse certes spéciale, mise en avant parce qu'elle concerne le plus célèbre de la fratrie.

Premières œuvres, premiers stylos

Après la mort brutale du père d'Antoine d'une congestion cérébrale en 1904, au moment où il allait prendre le train, sa mère s'installe au Mans à l'automne 1909 avec ses cinq enfants, dans une maison au 21 rue du Clos Margot, à l'angle de la rue des Fontaines. Antoine a 9 ans. Il entre au collège des jésuites de Notre-Dame-de-Sainte-Croix le 7 octobre, comme l'avaient fait son père et son oncle. Il était déjà venu au Mans avant, mais cette fois il s'installe pour plusieurs années.

En 1910, Marie de Saint-Exupéry repart pour Saint-Maurice en laissant Antoine entre les mains d'une gouvernante et de ses tantes Anaïs et Marguerite, installées dans une belle maison Directoire proche de la rue du Clos Margot, au 39, rue Pierre Belon. Elle laisse ses garçons au Mans et place ses filles à Lyon.

Une chance pour nous, Sainte-Croix a conservé de précieux documents et les élèves ont été nombreux à témoigner. Paul Gaultier habite tout près du 21 de la rue du Clos Margot. Le matin, ils rejoignent ensemble l'établissement des Jésuites à pied. Paul Gaultier se souvient du visage *« rond et au nez en pied de marmite »*, d'Antoine, petit garçon à *« l'air maussade, la tignasse en désordre, le col de la cravate en bataille, bref, l'écolier sans soin qui, comme beaucoup, a les doigts pleins d'encre »*.

En parlant d'un *« camarade de classe comme les autres »*, Louis Trégard s'empresse de nous rappeler à quel point Antoine de Saint-Exupéry était un illustre inconnu. Difficile en effet de prophétiser l'avenir d'un gamin d'une douzaine d'années. *« Il était, certes, un peu original, mais sans plus. »* La seule singularité qu'il lui reconnaisse est *« son nez en trompette qui nous amusait beaucoup. La pluie tombait dedans… Je vous assure ! »*. Rien ne le distingue non plus sur le plan scolaire. Il est un élève classique, moyen, sans plus.

Jean-Marie Lelièvre évoque les premiers stylos, inventés par le Croate Slavoljub Eduard Penkala en 1907, mais ceux-là étaient selon lui d'origine anglaise ou américaine et portaient l'inscription *« fountain pen »*. *« C'étaient des ruisseaux d'encre lorsque nous démontions une pièce. Le pauvre Tatane* [diminutif d'Antoine] *n'était pas le dernier à subir ces ennuis, et je vois encore ses doigts pleins d'encre, ses cahiers maculés, le visage crispé devant une catastrophe qu'il ne comprenait pas. »*

La maison de la rue du Clos Margot, où vivait la famille Saint-Exupéry.

Revue clandestine

En classe de quatrième, Antoine de Saint-Exupéry effectue ses premiers pas en littérature. *« Nous avions un professeur de français remarquable en la personne de l'abbé Margotta, qui aimait la littérature et savait la faire aimer »*, indique J.-M. Lelièvre. En troisième, l'abbé Launay, surnommé, César, découvre *« la qualité de style de Saint-Exupéry à propos d'une composition française. »* À 13 ans, Antoine se donne à fond et intitule sa rédaction *L'Odyssée d'un chapeau*. L'abbé Launay fit *« lire et commenter ce devoir pendant plus de deux heures. Il avait donné 13 sur 20 à la copie de notre ami »* puis se ravisa *« à cause des fautes d'orthographe, impardonnables à l'époque »*. Un 2 grossier par dessus le 3 ramène la note à 12, mais Antoine décroche le prix de la meilleure composition de l'année à la distribution des prix, le 22 juin 1914. Super cadeau, une semaine avant son anniversaire, le 29 juin. *« Quand il y avait des narrations, il était le premier »*, confirme Louis Trégard, issu d'une vieille famille demeurant depuis cinq siècles dans la région de Brûlon et Saint-Denis-d'Anjou.

Biographe hautement pointu – et passionné – de Saint-Exupéry, Thierry Dehayes révèle deux autres rédactions du jeune Antoine, *Les Obsèques d'une fourmi*, malheureusement perdue, et une autre sur une partie de football, facile à reproduire dans son intégralité, puisqu'elle se résume à ceci : *« Il pleut. Le match a été annulé. »*

Autre étape littéraire, *L'Écho de troisième*, revue clandestine fondée par Antoine et Jean-Marie Lelièvre. Le premier se réserve la première page et la rubrique poésie, le second le feuilleton. Dès le premier numéro, le journal est saisi et les coupables condamnés à quelques heures de colle. Dans le même ordre d'idée, Antoine avait fondé une Association royaliste du Mans Louis XIV en 1912, dont il était le président, *« fondée pour la propagation des idées royalistes »*, et avait inscrit comme devise : *« Pour Dieu, pour la France, par le Roy »*.

Le 25 mai 1911, l'auteur du *Petit Prince* effectue sa première communion dans la grande chapelle du collège Sainte-Croix avec son ami Jean-Marie Lelièvre.

En 1912, Antoine de Saint-Exupéry traduit *La Guerre des Gaules* de César par curiosité. Il veut savoir comment fonctionnent les machines de guerre romaines. C'est aussi l'année où il prend sa première leçon de piano (il étudie également le violon). À la fin de l'année 1912, il avait réussi à économiser 10 francs et a cherché vainement en ville des mouchoirs. Il ne les a trouvés que l'avant-veille de Noël et les a offerts à sa mère.

L'envol

L'aviation enfin. Il est désormais démontré que la passion d'Antoine pour les machines volantes *« fut grandement stimulée lorsque la famille vint s'installer au Mans en 1909 »*, confirme son biographe Curtis Cate. Un peu plus d'un an avant, Wilbur Wright y avait établi ses premiers records aériens aux Hunaudières et à Auvours. En classe de quatrième, Jean-Marie Lelièvre et Antoine partent à bicyclette jusqu'à La Monnerie, à 8 kilomètres du Mans, maison de campagne des parents de Jean-Marie. *« Près du hameau des Hunaudières, en bordure du champ de courses, où Wilbur Wright a volé en 1908. »* Pas très doué pour la bicyclette[40], Antoine visitera toutefois plusieurs fois la piste d'Auvours. Son cousin, Guy de Saint-Exupéry, élève de Sainte-Croix comme Antoine, affirme qu'il *« avait été tellement frappé par les essais de Wright qu'il s'acharnait à trouver... un stabilisateur pour avions. Inouï pour un garçon de dix ans. Il me montrait avec une volubilité sans pareille ses plans – auxquels je ne comprenais rien ! – mais je restais subjugué de tant d'impétueuse assurance. »*

Claude de Castillon se souvient qu'il se livrait *« à de savants calculs concernant la surface portante de planeurs »*. Mais Jean-Marie Lelièvre dit tout le contraire : *« Aucun d'entre nous n'y songeait et nous serions tombés de nos machines si l'un de nous avait dit que l'un d'entre nous deviendrait un aviateur plus célèbre que le grand Américain... »* Toutefois, ne lui en déplaise, le jeune Antoine est enthousiaste. Sa cousine Odette de Sinety le confirme, *« il passait des heures à lui réciter des vers et à lui parler de cette nouvelle et merveilleuse invention : l'aéroplane »*, écrit le biographe américain de « Saint-Ex ». Elle raconte comment il a affolé sa mère lorsqu'il a voulu fabriquer une aile volante avec un drap. Installé sur son vélo, le drap a bloqué le pignon en s'infiltrant dans le pédalier. Des Manceaux ont pu voir ce gamin pédaler comme un fou dans les allées des Jacobins. N'oublions pas enfin que les collégiens de Sainte-Croix avaient fondé un aéro-club, autre source d'inspiration pour Antoine.

La Sarthe organise son premier meeting aérien en 1911. Roland Garros, Weymann, Hélène Dutrieu, Audemars, Charles Voisin sont là. D'autres fêtes se succèdent le 29 mars, le 17 septembre et le 30 septembre 1913. Autant d'occasions offertes à Antoine. Si rien n'indique qu'il y ait assisté, il est par contre certain qu'il vivra son premier baptême de l'Air à cette époque, en 1912, à Ambérieu, au cours d'une

40. Une chute lui avait ouvert la joue. Il gardera la cicatrice toute sa vie.

La Monnerie, sur les Hunaudières, appartenait à la famille Lelièvre. Antoine y venait à vélo.

permission chez sa mère. Le même jour, il rédige un poème dont subsistent trois vers :

« Les ailes frémissaient sous le souffle du soir
Le moteur de son chant berçait l'âme endormie
Le soleil nous frôlait de sa couleur pâlie. »

Solesmes

En 1910, Antoine écrit à sa mère une lettre bourrée de fautes dans laquelle il décrit une visite à l'abbaye de Solesmes, désertée alors, puisque les moines sont exilés en Angleterre, sur l'île de Wight. Fernand de Saint-Exupéry, son grand-père, connaissait bien la « maison ». Il y entretenait une relation épistolaire régulière avec un moine, dom Georges de Longueau de Saint-Michel.

Chaque mois, une sortie brise la routine d'une vie scolaire ultra disciplinée qu'Antoine trouve pénible. Les élèves participent aux pèlerinages de la région, à la Chapelle-du-Chêne, Notre-Dame d'Évron, Notre-Dame-des-Vertus à La Flèche, la Trappe à Laval et Notre-Dame de Torcé près de Bonnétable.

La lettre est précédée de celle-ci, datée du 11 juin 1910, avec les fautes d'un enfant de 10 ans :

« Je me suis fait un stylographe. Je vous écris avec. Il va très bien. Demain c'est ma fête. L'oncle Emanuel a dit qu'il me donnerai une montre pour ma fête. Alors esque vous pourez lui écrire que c'est demain ma fête. Il y a un pélérinage jeudi à Notre Dame du Chène ; je vais avec le collège. Il fait très mauvais temps. Je me suis fait un très jolie autel avec toutes les cadeaux que l'on m'a donné.

Adieu, Maman chérie je voudrais vous revoir.

Antoine.

C'est ma fête demain. »

Voici la lettre du jeune Antoine au retour du pèlerinage, légèrement améliorée sur le plan orthographique :

« Ma chère maman,

Je voudrais bien vous revoir.

Tante Anaïs est là pour un mois.

Aujourd'hui je suis allé avec Pierrot chez un collégien de Sainte-Croix. On y a goûté et on s'est bien amusé. J'ai communié ce matin au collège. Je vais vous raconter ce qu'on a fait au pèlerinage : il fallait se trouver au collège à 8 heures moins le quart. On s'est mis en rang pour aller à la gare. À la gare on est monté en train jusqu'à Sablé. À Sablé on est monté en voiture. Jusqu'à Notre-Dame-du-Chêne il y avait plus de cinquante-deux personnes par voiture. Il y avait que des collégiens, il y en avait par-dessus et en dedans, les voitures étaient très longues et étaient traînées par deux chevaux chacune.

En voiture on s'est bien amusé. Il y avait cinq voitures, deux voitures pour les enfants de cœur et trois voitures pour les collégiens. Arrivés à Notre-Dame-du-Chêne, on a entendu la messe et on a déjeuné à Notre Dame-du-Chêne après. Comme les élèves de l'infirmerie, de 7e, de 8e, de 9e et de 10e allaient en voiture pour aller à "Soleme" [sic]*, comme je ne voulais pas aller en voiture, j'ai demandé la permission d'aller à pied avec les élèves de 1re et de 2e division.*

On était plus de 200 en rang, notre file tenait une rue entière. Après le déjeuner on est allé visiter le saint sépulcre et on est allé dans le magasin des pères et on s'est acheté des choses. Après la 1re et la 2e division et moi "est allé" [sic] *à pied pour "solème".*

Antoine de Saint-Exupéry à Sainte-Croix, en haut deuxième à partir de la droite.

Arrivé à "Solème", on a continué la promenade et on a passé au pied de "l'abéi" [sic] *elle était immense seulement on n'a pas pu la visiter parce qu'on n'avait pas le temps. Au pied de "l'abéi" on a trouvé des marbres et quantité. Il y en avait des gros et des petits. J'en ai pris 6 et j'en ai donné 3 et il y en avait un qui avait environ 1 m 50 et 2 m de longueur alors on m'a dit de le mettre dans ma poche. Seulement je ne pouvais même pas le remuer et il était trop grand. Après, on est allé goûter sur l'herbe à "Solèm"* [sic]

Je vous ai écrit huit pages.

Après on est allé pour le salut et on s'est mis en rang pour la gare. Arrivés à la gare on a pris le train pour rentrer au Mans et on est arrivé à la maison à 8 heures. J'ai été 5e en composition de catéchisme.

Adieu ma chère maman. Je vous embrasse de tout mon cœur.

Antoine. »

Une belle histoire, une des rares qui marquera le jeune Antoine.

Allers et retours

À la déclaration de guerre, la mère de Saint-Exupéry s'engage comme infirmière à l'hôpital d'Ambérieu (elle avait pris des cours à la Croix-Rouge du Mans). Elle inscrit ses deux fils à Notre-Dame-de-Mongré, à Villefranche-sur-Saône. C'est là qu'Antoine sera affublé d'un nouveau surnom, Pique-la-Lune. Toujours à cause de son nez et de son air rêveur. Insatisfaite, elle les retire treize semaines plus tard et les renvoie au Mans en février 1915. Antoine ayant quelques problèmes de santé, Marie change à nouveau d'avis et, une fois achevée leur scolarité au Mans en juin, les enfants rejoignent le collège des maristes de Saint-Jean-de-Fribourg à la rentrée suivante.

Antoine de Saint-Exupéry aura d'autres contacts avec la Sarthe, directs ou indirects. Sa tante Anaïs (elle qui le fouettait s'il était insolent), par exemple, viendra régulièrement le voir à Paris, de même que les Sinety et les Churchill. En 1917, il reçoit des lettres d'Odette Sinety et revient dans la Sarthe fin juillet. Fernand de Saint-Exupéry lui montre ses travaux de recherche généalogique. Antoine écrit à sa mère : *« J'ai revu Le Mans, et tous les vieux souvenirs. J'ai revu Sainte-Croix où j'ai été à la messe et j'ai revécu un peu le vieux temps où nous étions tous là, comme ça a changé ! Nous avons causé avec le père Lenoir, il n'a pas changé depuis si longtemps que je l'ai vu. »* Il se rend ensuite à Carnac et, fin août, dans la Creuse. La même année, au lycée Saint-Louis de Paris, il a une discussion avec l'aumônier et, surprise, *« Il a connu papa à Sainte-Croix, où il était dans la même classe »*.

Le 18 juin 1918, sur invitation de sa tante Laure de Saint-Exupéry, épouse de son oncle Roger, qui vivait 89, rue Montoise (en 1923, elle déménage 13, rue de Tascher), Antoine de Saint-Exupéry assiste avec sa sœur Simone au mariage de sa cousine Antoinette de Saint-Exupéry avec Jean de Grandmaison. On retrouve une trace de cet événement dans une lettre expédiée depuis le lycée Lakanal de Bourg-La-Reine à sa mère : *« Pour Monot* [surnom de sa sœur Simone] *voici : Envoyez-la vendredi soir. Elle arrivera samedi matin et, samedi soir, moi je sortirai. J'irai la retrouver chez madame Jordan et nous dînerons ensemble et irons tous deux au théâtre, en soirée, le lendemain matin, dimanche, nous partirons ensemble pour Le Mans* [...] *Pourriez-vous donc, en conséquence, m'envoyer la lettre suivante (tante Laure m'implore de venir au Mans) :* "Demande à Monsieur Corot de bien vouloir t'autoriser à aller au Mans au mariage de ta cousine, je voudrais bien que tu y accompagnes ta sœur." »

En 1919, il séjourne plusieurs fois au Mans, dont une période d'une semaine dans le but de se ressourcer avant son examen d'entrée à l'École navale, et il n'est pas impossible qu'il ait assisté aux obsèques de son grand-père Fernand de Saint-Exupéry.

Louis Trégard est le dernier élève de Sainte-Croix à revoir Antoine, par hasard, en 1921, dans une rue de Paris. Au lycée, à Paris, Antoine utilise son réseau d'amis manceaux pour envoyer des lettres anonymes à un professeur qu'il déteste. Dans les années 1930, il écrit au père Perroux, son professeur de cinquième, et entretient une correspondance avec le chanoine Margotta jusque dans les années 1930. Il correspond également beaucoup avec Renée de Saussine entre 1924 et 1930, une amie de jeunesse née dans la Sarthe.

Pendant l'été 1924, invité par ses cousins, il revient une dernière fois au Mans, *« surtout parce que cela lui économiserait des dépenses pendant quatre jours »*, fait remarquer Stacy de La Bruyère. *« Je suis le type le plus découragé qui soit au monde »*, écrit-il d'ailleurs à propos de ses finances.

En juillet 1939, un Manceau, Henri Delgove, rencontre Saint-Exupéry rue Michel-Ange, à Paris. Celui-ci lui écrit la préface d'un livre d'Anne Morrow Lindberg traduit par Delgove en français sur une traversée de l'Atlantique avec son mari Charles Lindberg, *Le vent se lève*.

Un Flèchois, Raymond Duriez, compagnon de guerre de Saint-Ex en 1944, est le dernier Sarthois à le voir vivant. Il passe avec lui, pendant trois mois, les derniers instants du pilote-écrivain. Le jour de sa disparition, c'est le lieutenant Raymond Duriez qui, à l'aube, prend le petit déjeuner avec Saint-Exupéry au mess, c'est lui qui vérifie la radio, actionne les caméras, boucle la ceinture de Saint-Exupéry, aux commandes de son avion américain de reconnaissance, un Lightning P 38 bimoteur. C'est lui qui ferme et verrouille la verrière du cockpit, tandis que le mécanicien retire les cales retenant les roues de l'avion... *« Ni lui ni le mécanicien ne pensèrent qu'ils seraient les deux derniers êtres humains à voir Saint-Exupéry en vie »*, écrit son biographe américain. Le général René Gavoille, alors commandant de l'escadrille, confirme. Il ajoute seulement trois noms à celui de Duriez. *« Il y a là Duriez, Roussel, Potier, Cotton, Suty, les autres mécanos sont à leurs avions. »* Antoine de Saint-Exupéry décolle à 8 h 45 pour sa onzième mission, la dernière...

Le 13 juillet, Raymond Duriez avait remplacé au dernier moment Saint-Ex dans une mission au-dessus des Alpes, à cause d'un problème d'oxygène sur son avion. Il a rejoint Saint-Exupéry au Paradis des pilotes en janvier 1999 à l'âge de 82 ans.

À lui seul Raymond Duriez, dit Dudulle le chanceux pour avoir flirté nombre de fois avec la mort, au point d'avoir droit à une messe alors qu'il était prisonnier en Italie, mériterait un chapitre. J'ai eu l'occasion de le rencontrer à plusieurs reprises. J'entends encore sa lente, calme et magnifique voix d'aventurier, avec, comme Antoine de Saint-Exupéry, cette légère pointe d'aristocratie qui caractérise une race de bourlingueurs aujourd'hui disparue. Il était tout simplement passionnant !

Le 24 juillet 1944, invité à un baptême, Antoine de Saint-Exupéry, par crainte de ne pas être à la hauteur, révise son catéchisme. *« Mon Dieu ! C'est toute ma jeunesse qui revient à la surface »*, lance-t-il. C'est la dernière fois qu'il se souvient du lycée Sainte-Croix du Mans, aux messes du dimanche, à sa communion. Dans une semaine, il ne sera plus de ce monde...

Lorsqu'il reparle de son séjour manceau, Antoine de Saint-Exupéry garde surtout le souvenir des humiliations dues à une discipline très stricte au sein du collège. *« C'est vrai que je suis triste à pleurer ce soir. C'est vrai que vous êtes la seule consolation quand on est triste*, écrit-il à sa mère bien des années plus tard, en 1922. *Quand j'étais gosse je revenais avec mon gros cartable sur le dos, en sanglotant d'avoir été puni, vous vous rappelez au Mans – et rien qu'en m'embrassant vous faisiez tout oublier. Vous étiez un appui tout puissant contre les surveillants et les pères préfets. On se sentait en sécurité dans votre maison, on était en sécurité dans votre maison, on n'était rien qu'à vous, c'était bon.*

Et bien maintenant c'est la même chose, c'est vous qui êtes le refuge, c'est vous qui savez tout, qui faites tout oublier et qu'on le veuille ou non, on se sent un tout petit garçon... »

Au Mans, la correspondance régulière qu'il entretient avec sa mère est une échappatoire. Il appelle Marie son *« réservoir de paix »*. À propos de sa scolarité, il dit dans *Pilote de guerre* : *« J'étais puni ou pardonné. Je travaillais bien, je travaillais mal. Ça dépendait des jours. »* Pour ajouter : *« J'éprouve du plaisir à goûter ce soleil, comme à savourer cette odeur enfantine de pupitre, de craie, de tableau noir. Je m'enferme avec tant de joie dans cette enfance bien protégée ! Je le sais bien : il y a d'abord l'enfance, le collège, les camarades puis vient le jour où l'on subit des examens, où l'on reçoit quelque diplôme, où l'on franchit avec un serrement de cœur un certain porche au-delà duquel, d'emblée, on est un homme* [...] *Je me souviens avec mélancolie de cette visite à notre enfance. »*

En octobre 1923, il écrit encore à sa mère : *« Je suis comme un tout petit gosse maintenant, je me réfugie près de vous. Je me rappelle quand vous alliez voir le père préfet, que vous faisiez lever mes colles, vous irez voir le père Préfet... Ma petite maman vous êtes beaucoup de choses... »*

La nostalgie de Saint-Exupéry s'exprime à diverses occasions, et bien longtemps après avoir quitté la Sarthe. Depuis Buenos Aires, en Argentine, où il est directeur de l'Aéropostale, en janvier 1930, bien loin de la France et de son enfance, il s'adresse une fois de plus à sa mère : *« Au Mans, quand nous étions couchés, quelquefois vous chantiez en bas. Ça nous arrivait comme les échos d'une fête immense. Ça me semblait ainsi. »*

Il est clair cependant, quoi qu'on puisse s'imaginer, que les six années (dix, voire plus si on compte l'ensemble de ses visites au Mans) de présence au collège Sainte-Croix furent loin d'être les plus heureuses de sa vie. Il supporte mal de vivre loin de chez lui. Ses résultats scolaires, plutôt moyens et en baisse régulière, l'attestent.

Solesmes laisse pourtant des traces dans son esprit. Une rumeur selon laquelle Antoine de Saint-Exupéry serait revenu à l'abbaye pendant l'été 1938 tient au seul témoignage de sa maîtresse Nelly de Vogüé (un des trois authentiques amours de sa vie, hors Louise de Vilmorin et hors la passion dévorante partagée avec sa femme Consuelo), que nous n'avons aucune raison de mettre en doute. Il faut juste préciser que nous n'avons retrouvé ni lettre, ni trace dans le registre des hôtes de Solesmes qui attestent cette hypothèse. Aucun moine n'a confirmé l'avoir vu.

Par contre, ce qui conforte l'idée d'un séjour à Solesmes tient au fait qu'il écrit en 1943 dans sa *Lettre au général « X »* : *« Ah ! Général, il n'y a qu'un problème, un seul de par le monde. Rendre aux hommes une signification spirituelle. Des inquiétudes spirituelles. Faire pleuvoir sur eux quelque chose qui ressemble à un chant grégorien. Si j'avais la foi, il est bien certain que, passé cette époque de "job nécessaire et ingrat", je ne supporterais plus que Solesmes. On ne peut plus vivre de frigidaires, de politique, de bilans et de mots croisés, voyez-vous ! On ne peut plus. On ne peut plus vivre sans poésie, couleur ni amour. Rien qu'à entendre un chant villageois du XVe siècle, on mesure la pente descendue. Il ne reste rien que la voix du robot de la propagande (pardonnez-moi). Deux milliards d'hommes n'entendent plus que le robot, ne comprennent plus que le robot, se font robots. »*

Encore plus troublant, Saint-Exupéry lit son manuscrit *Le Petit Prince* quelques jours après sa publication à un psychanalyste, Henry Elkin, en avril 1943. Ils sont à bord d'un bateau les menant en Afrique du Nord lorsque l'écrivain révèle à Elkin qu'il a l'intention, après la guerre, de se retirer à l'abbaye de Solesmes. Le docteur Elkin affirme même dans *Écrits de guerre* qu'Antoine de Saint-Exupéry achevait chacune de leur conversation par un chant religieux... Très, très troublant...

Antoine de Saint-Exupéry, l'écrivain pilote, n'envisageait pas sa vie sans l'avion. On le sait, il ne craignait pas de mourir aux commandes. *« Je ne pars pas pour mourir. Je pars pour souffrir et ainsi communier avec les miens »*, explique-t-il lorsqu'il décide de rejoindre les forces américaines en Afrique en 1943. *« Je ne désire pas me faire tuer, mais j'accepte bien volontiers de m'endormir ainsi. »* Il y revient à plusieurs reprises dans sa *Lettre au général « X »* : « *Ça m'est bien égal d'être tué en guerre. De ce que j'ai aimé, que restera-t-il ?* » Et un peu plus loin : *« Si je suis tué en guerre, je m'en moque bien. »*

S'il n'avait pas disparu au-dessus de la Méditerranée ce 31 juillet 1944, qu'aurait-il fait après ? Se serait-il retiré à Solesmes pour ne plus se consacrer qu'au repos et à la plume ? Ou, parce qu'il se sentait épuisé, si éloigné de ce *« siècle de la publicité, du système Bedeau, des régimes totalitaires et des armées sans clairons ni drapeaux ni messes pour les morts »*, aurait-il quitté le monde comme l'avait fait Montherlant ? *« Je hais mon époque de toutes mes forces*, écrit Antoine de Saint-Exupéry en 1943. *L'homme y meurt de soif. »* L'année suivante, le monde qu'il détestait l'avait englouti[41].

---

41. À Sillé-le-Philippe, dans les années Sainte-Croix, il avait dit à son amie Odette de Sinety : *« Moi, un jour, je serai jardinier. »* Dans la dernière lettre qu'il écrit la veille de sa mort, la dernière phrase s'achève ainsi : *« J'étais fait pour être jardinier. »*

Guy des Cars

Au collège Sainte-Croix et au château de Sourches

1916, DE 1927 À 1929, DE 1962 À 1968 ET LES ANNÉES 1980

S'il est né dans le 16e arrondissement de Paris le 6 mai 1911, d'un père officier, et mort dans les bras de son fils à Paris également mais dans le 13e, le 21 décembre 1993, Guy des Cars passe aussi une partie de sa jeunesse dans la Sarthe, au Mans, dans une grande maison de Saint-Symphorien et au château de Sourches. Jusqu'à ce qu'on peut qualifier de catastrophe, il y revient ensuite de manière très sporadique. Catastrophe, car la famille vend en 1985 le domaine à une riche Japonaise, Filko Nakahara, pour 15 millions de francs. Elle n'aura qu'une idée en tête, piller les lieux sans scrupule et faire commerce d'un patrimoine morcelé.

Le château a été bâti au XVIIIe siècle. Louise de Croÿ d'Havre, veuve du fils du marquis de Sourches, gouvernante des enfants de Marie-Antoinette, et son mari Louis-François du Bouchet, marquis de Tourzel, occupent les lieux jusqu'au jour où le dernier descendant disparaît sans laisser d'héritier. Il a bien eu un fils, mais celui-ci est mort jeune. Sa fille épouse un Perusse des Cars (d'Escars dans son ancienne orthographe), originaire du Limousin, et transmet par conséquent le château de Sourches à ladite famille en 1845. Le plus connu à cette époque est le général Amédée François Régis de Pérusse, duc des Cars (1790-1868), pour avoir participé à la conquête de l'Algérie. Il prend sa retraite à Sourches avant de mourir à Cannes.

La vie de Guy des Cars et celle de la Sarthe sont indissociables. Il est sarthois quand il n'est pas parisien. Lorsque son fils Jean lui demande quel est son souvenir d'enfance le plus lointain, il répond : *« En 1916, j'avais cinq ans. Et devant l'offensive allemande, ma mère avait décidé de nous emmener loin de Paris ma sœur, mon frère et moi, dans la Sarthe, à Sourches, le château de la famille. »* Ils décident de prendre le train, non sans d'immenses difficultés. Impossible de trouver une

Le château de Sourches, domaine familial sarthois de Guy des Cars.

voiture... Finalement, un aimable ambulancier les voit agiter les bras place d'Iéna, s'arrête et les emmène à la gare Montparnasse.

À Chartres, l'enfant descend sur le quai. *« J'eus ma première vision des horreurs de la guerre. »* Des hommes ensanglantés, allongés sur le quai, meurent faute de soins. Au Mans, *« nous fûmes installés dans un char à bœufs »* pour parcourir la trentaine de kilomètres jusqu'au château de Sourches.

Le Grand-père de Guy est conseiller général (on dit aujourd'hui conseiller départemental) et ennemi juré du président Joseph Caillaux. Chaque année, il interpelle Caillaux à l'occasion du discours de rentrée par un *« Vive Jeanne d'Arc! »* très attendu. *« C'était d'ailleurs le seul jour où mon grand-père prenait la parole »*, note Guy des Cars. Mais la salle du conseil ne lui suffit pas. Un jour, sur le quai de la gare du Mans, il reproche à Joseph Caillaux de détester les Anglais, non sans le rassurer aussitôt en lui révélant ne pas les aimer non plus, *« parce qu'ils ont brûlé Jeanne d'Arc! »*. Quinze ans plus tard, Joseph Caillaux avoue à l'auteur de *La Demoiselle d'opéra* n'avoir jamais supporté d'avoir été ainsi harcelé par le grand-père.

Brevet d'apprenti cordonnier

Vers l'âge de 10 ans, Guy entame un apprentissage chez les artisans de Saint-Symphorien pendant les vacances scolaires. Au bout de trois ans, il est capable de fabriquer une galoche en bois et décroche un brevet d'apprenti cordonnier. *« Mon plus beau diplôme »*, affirme l'écrivain.

Élève au collège Saint-François-de-Sales à Évreux à l'âge de 7 ans, il passe par celui de Sainte-Croix au Mans, en classes de première et terminale entre 1927 et 1929. Guy des Cars dit dans son livre de dialogues avec son fils intitulé *J'ose*, avoir changé d'établissements. *« Les Jésuites m'envoyaient de l'une de leurs "maisons" dans une autre pour ce leitmotiv : "Brillant élève, mais mauvais esprit". »*

Brillant, en effet, il l'est. Les notes « A », autrement dit « très bien » dominent largement ses bulletins scolaires. Il est bon quasiment partout : français, latin, allemand, philosophie, histoire, géographie, mathématiques. Même dans les domaines disciplinaires, on le montre en exemple quand il s'agit de religion, d'application, de propreté, de conduite, de politesse. Seul bémol, il est un peu dissipé en récréation. Du coup, on s'explique mal ses mutations d'établissement en établissement à six reprises, de l'âge de 7 à 16 ans.

De ses douze ans de pensionnat, il retient surtout les mauvais souvenirs, comme plus tard Olivier de Kersauson. *« Levé à six heures trente, la glace à casser dans les lavabos les matins d'hiver, des versions grecques et latines de quatre pages, du poisson pas toujours frais le vendredi mais qu'il fallait mâcher pendant qu'un élève lisait la vie d'un saint, des châtiments durs et la messe considérée comme une distraction... »*

Seule compensation, la passion du collégien pour le théâtre. *« Les Jésuites étaient de grands organisateurs de spectacles. »* Il leur doit encore l'art du plan avant de se lancer dans la rédaction d'un roman. Il le doit surtout à l'évêque du Mans. *« On m'a fait rentrer dans le crâne, à coup d'heures de colle, un petit livre du cardinal Grente (de l'Académie française...) intitulé :* La Composition française et le style. *»*

Très en avance sur leur temps, les internes ont installé une radio clandestine à galène dans les dortoirs. Grâce à elle, ils apprennent la traversée de l'Atlantique par Charles Lindbergh.

Guy des Cars enchaîne avec des études de droit à Nancy.

Guy des gares

Guy commence dans le journalisme après avoir écrit une comédie, *Croisière pour dames seules* en 1932, avant de connaître le succès littéraire. Entre les deux, il s'essaie au théâtre avec des résultats mitigés, réussit mieux dans l'opérette quand Vincent Scotto écrit la musique de *La Danseuse aux étoiles* en 1950. Son expérience du collège Sainte-Croix au Mans lui sert à fignoler certaines scènes de son opérette, comme celle d'un mariage. Au théâtre d'Angers, Guy des Cars monte sur scène et montre au comédien jouant le rôle de l'archevêque *« l'effet exact que doit produire »* une bénédiction, raconte le romancier dans son livre de souvenirs *De cape et de plume. « Si un jour on m'avait prédit, quand j'étais élève dans un collège de jésuites, qu'il m'arriverait de me trouver dans une telle posture, et sur une scène, jamais je ne l'aurais cru ! »*

L'Officier sans nom, son premier livre, est un récit de guerre, publié en 1940, avec lequel il obtient le prix Goncourt et le prix Vérité, dans une ambiance particulière, celle de la zone libre.

Il faut attendre 1942 avant que ne soit diffusé son premier roman, *La Dame du cirque*. Sa passion pour le cirque est si profonde qu'il devient un temps secrétaire général du cirque Pinder.

La production devient alors quasiment boulimique. Chaque titre se vend en moyenne à huit cent mille exemplaires, de quoi entretenir le gîte et le couvert sans inquiétude du lendemain. Au total, il vend plus de 34 millions de livres. Certains sont adaptés au cinéma ou à la télévision, comme *Les Filles de joie, La Brute, La Corruptrice* ou *L'Impure*...

Quoi qu'il en soit, il reste aux yeux de la presse et d'un certain public un romancier de seconde zone, au point d'être surnommé Guy des gares. Ce dont il se moque éperdument.

Directeur de l'académie du Maine

Lorsqu'on lui propose de diriger l'académie du Maine en 1962, fondée par l'académicien et évêque du Mans le cardinal Grente, il n'hésite pas une seconde et accepte de succéder au duc Caumont de La Force, mort depuis peu. Avec lui, l'académie va vivre son apogée avec des invités aussi prestigieux que René Clair, Marcel Achard, André Maurois ou Pierre Lazareff, Gosciny et Uderzo, Olivier de Haviland, le colonel Rémy ou le cardinal Dianelou, dans des conférences au

Guy des Cars chez la baronne de Bastard, au château de Hautefort, en Dordogne. L'écrivain était son neveu.

théâtre municipal du Mans. *« Cette Académie provinciale avait pris l'allure d'une succursale de l'illustre compagnie du quai Conti pour l'ouest de la France »*, estime Guy des Cars, même si elle *« n'existait que parce qu'il n'avait pas déplu au cardinal-archevêque de réitérer le geste de son illustre prédécesseur, le cardinal de Richelieu. »*

Guy des Cars connaît bien monseigneur Grente pour avoir été son enfant de chœur lorsqu'il a donné une messe dans la chapelle du château de Sourches. Plus tard, il lui dédicace son roman *La Maudite* dans laquelle il lui rappelle qu'il n'a pas oublié les leçons de son ouvrage *La Composition et le style.* Ce qui lui vaut en remerciement d'être désigné d'office membre de l'académie du Maine.

Avant de présider l'académie du Maine pendant six ans, Guy des Cars la fréquente peu. La règle étant d'y venir au moins une fois, il s'exécute et assiste à la réunion à l'Évêché. Haut perché sur son fauteuil, l'évêque préside la séance, le duc de La Force à sa gauche, les deux prestigieux personnages séparés par une superbe cheminée aux armes de l'Évêché. Parmi l'assistance, Guy des Cars cite le bénédictin dom Gajard, l'administrateur de la Comédie-Française Pierre-Aimé Touchard et l'inspecteur général de l'Instruction publique Henri Dodier. À cet instant solennel, le prix Goncourt Roger Vercel, le docteur Delaunay et l'industriel Chappée ne sont plus de ce monde. Guy des Cars a alors 45 ans. Quand il prend la tête de l'institution, viennent la rejoindre des personnalités telles que le directeur général de Pathé-Consortium cinéma René Bezard, Louis de la Monneray, commissaire général de la Marine de guerre, ou Roger Blais, dirigeant de l'Institut national d'agronomie. Une académie très éclectique si on y ajoute le peintre Maurice Brianchon, le gouverneur de la Banque de France Emmanuel Monick, Paulette Houdyer ou Eugène Ionesco...

Sous « son règne » de directeur, Guy des Cars crée trois prix littéraires : le Grand Prix du Maine couvrant douze départements de l'Ouest et réservé à un roman non encore publié, le Prix du conseil général de la Sarthe avec un jury auquel participe le préfet, destiné aux œuvres historiques, poétiques, techniques ou scientifiques dédiées à la Sarthe, et enfin le Grand Prix du conseil général de la Mayenne, identique à celui de la Sarthe. Il lance aussi les Grandes conférences du Maine, auxquelles participent des sommités comme l'archiduc Otto de Habsbourg, André Maurois, René Floriot... Enfin, des expositions de peinture ou de sculpture complètent l'ensemble. Il rêve d'un prix consacré à l'artisanat, mais il ne verra jamais le jour.

La Sarthe dans ses romans

Sur la soixantaine de livres écrits par Guy des Cars, l'intrigue de quelques-uns concerne la Sarthe. C'est le cas de *L'amour s'en va-t-en guerre.* L'histoire se déroule essentiellement à Sillé-le-Guillaume (Saint-Gratien-sur-Sarthe dans le roman) et s'étale sur trois guerres, celles de 1870, de 1914-1918 et de 1939-1945. Il y est question de parasol au Mans, de la gendarmerie de la Sarthe, de Notre-Dame-du-Chêne et des pompiers de Mamers par la même occasion.

Le roman lui a été inspiré par la vision d'une jeune femme blonde sur un balcon fleuri alors que l'auteur traversait la rue principale à la tête du peloton de mitrailleuses du 1er chasseurs à cheval d'Alençon. Il décide d'en faire la fille d'un notaire, destinée à épouser un notaire. *« Quelques années après mon service militaire, le hasard d'un voyage automobile me fit traverser à nouveau Sillé-le-Guillaume. Et je pus revoir le balcon, drapé de lierre, que je n'avais jamais oublié !»* La maison est abandonnée. Intrigué, Guy des Cars se renseigne et apprend, oh surprise, qu'elle est à vendre et qu'elle appartenait... à un notaire ! Comble de l'histoire, sa fille avait épousé un notaire !

Dans *La Corruptrice*, un médecin de la campagne sarthoise, à une dizaine de kilomètres du Mans, non loin de Sillé-le-Guillaume, se plaint du temps d'attente des résultats lorsqu'il envoie une radiographie au Mans. Il emploie une infirmière, Marcelle, aigrie d'avoir raté ses études de médecine, domiciliée route d'Alençon. Amoureuse du médecin mais défavorisée physiquement, elle va s'acharner à détruire toutes ses concurrentes en leur faisant croire qu'elles ont un cancer incurable, les poussant ainsi au suicide. Les personnages du roman se croisent rue Gambetta au Mans, aux Pompes funèbres, ou à Mamers. Une adaptation du roman est diffusée à la télévision en 1994.

Nounou de Poupou

Madeleine Gouther, seule témoin sarthoise survivante de toute cette période, était employée du duc et de la duchesse des Cars. Tandis que Louis, frère de Guy, habite le château de Sourches, les parents sont installés dans ce qui a été un hospice, un collège et une école d'art floral, construit par la famille des Cars, dans le bourg de Saint-Symphorien. *« J'ai travaillé douze ans à leur service »*, confirme Madeleine. Lorsque Louis se tue en voiture en 1961, son cercueil est déposé dans la chapelle du château de Sourches. *« Je me souviens avoir recousu le drap mortuaire de la paroisse. »*

Guy et son père ne s'entendaient guère, ce dernier lui reprochant une vie dissolue de « saltimbanque ». *« Si bien qu'il ne mettait plus les pieds à Saint-Symphorien. Même son frère, il le voyait peu. Il n'est revenu qu'après la mort de son père, pour revoir sa mère qu'il aimait beaucoup. Il logeait à l'hospice et écrivait la nuit. Quand je rentrais dans sa chambre, il y avait des papiers partout sur le lit. Il me disait :* "Surtout, ne touche à rien !" *Je lui répondais* "Oui, monsieur le comte". *»*

Le plus fort souvenir de Madeleine ? *« Quand je suis allée pour la première fois de ma vie à Paris, c'était chez lui. »*

Et Jean, fils de Guy, journaliste, écrivain et historien, né en 1943 ? *« On l'appelait Poupou. Je me suis occupée de lui pendant plus d'un an. Il a effectué toute une*

Guy des Cars et ses parents habitaient ce qui deviendra l'hospice de Saint-Symphorien, à quelques centaines de mètres du château de Sourches.

année scolaire à Saint-Symphorien. On jouait au ballon ensemble, j'allais au restaurant des Marronniers, route de Tours, avec toute la famille... Je l'ai retrouvé à la librairie Doucet du Mans il y a quelques années. Nous sommes tombés dans les bras l'un de l'autre. »

Pour information, Laurence des Cars, fille de Jean et petite-fille de Guy, préside le musée d'Orsay et dirige le musée de l'Orangerie, à Paris. Après des études à la Sorbonne, elle est devenue une spécialiste du XIXe siècle.

Raphaël Élizé

Premier maire noir sarthois

De 1919 à 1943

Né à la Martinique, il est mort en Allemagne. Il n'était pas seulement sarthois d'adoption, il se sentait profondément sarthois.

Hélas, la vérité nous oblige à dire que Raphaël Élizé n'est pas le premier maire noir de France métropolitaine, comme on peut l'entendre et le lire ici ou là. Le premier maire noir s'appelait Louis Guizot. Fils d'un français blanc ayant fait fortune dans les plantations de café et d'une esclave noire guinéenne, il a été élu maire de Saint-Géniès-de-Malgoirès, dans le Gard, en 1790 et, victime de la Terreur, a été guillotiné en 1794 à Nîmes. Bref, Raphaël Élizé n'a pas été le premier maire « noir » de France, pas plus qu'il n'a été le premier « Antillais », si on veut jouer sur les mots, et si on se penche sur le cas de Severiano de Heredia, fils d'esclaves affranchis, né à La Havane, élu président du conseil municipal de Paris en 1879, titre équivalent à celui de maire à cette époque. Le célèbre écrivain José Maria de Heredia était son cousin.

Il serait donc plus juste d'affirmer que Raphaël Élyzé est le premier maire des « Antilles françaises » et le troisième maire noir de France métropolitaine, ou premier maire noir du XXe siècle, ou premier maire noir élu sur les critères actuels, ou encore premier maire noir de la Sarthe, à la rigueur. Mais ne coupons pas les cheveux en quatre et bornons-nous à dire que, certes plus nombreux aujourd'hui, les élus de couleur restent toujours rares.

Le 8 mai 1902, le volcan de la montagne Pelée explose. La ville de Saint-Pierre est détruite et 30 000 habitants – sur 40 000 – meurent. La famille Élizé n'a plus rien. Elle s'exile en France, exil facilité par le fait qu'Augustin, père de Raphaël, est inspecteur des impôts. Le jeune Raphaël, né le 4 février 1891 au Lamentin, a 11 ans. Il fait ses études aux lycées Montaigne, Saint-Louis et Buffon de Paris, passe le concours d'entrée à l'école vétérinaire de Lyon et obtient un diplôme de médecin

La maison de Raphaël Élizé, 16 rue Aristide-Briand à Sablé-sur-Sarthe.

vétérinaire le 11 juillet 1914. Il exerce ses talents dans l'armée, pendant la première guerre mondiale, où il combat au 36e de la coloniale. Jusqu'au retour avec la croix de guerre et une citation.

En août 1919, démobilisé, Raphaël s'installe à Sablé-sur-Sarthe, 16, rue Aristide Briand. Pourquoi Sablé? Parce qu'il sait que la région, orientée vers l'élevage bovin, manque de vétérinaires. Dans la circonscription de Sablé, il est d'ailleurs le premier vétérinaire diplômé. Pour la plupart des habitants, c'est la première fois qu'ils voient un Noir et le personnage suscite une certaine curiosité.

Élizé s'implique rapidement dans la vie sociale, en devenant membre de la commission administrative de l'hospice, administrateur de la Caisse d'Épargne de La Flèche, commissaire de la société des courses de Sablé, vice-président du comice agricole, vice-président des combattants républicains, vice-président de la société coopérative des habitations à bon marché...

Soutien aux Espagnols

En 1924, le vétérinaire devient membre de la Section française de l'Internationale ouvrière (SFIO), ancêtre du parti socialiste, est élu conseiller municipal en 1925 et maire le 19 mai 1929, au premier tour et à la majorité absolue! Raphaël Élizé en est le premier surpris. Il entre dans l'histoire par le côté exceptionnel d'une telle élection. Son frère est maire aussi, mais à la Martinique. *« Il n'est pas jugé sur la couleur de sa peau, mais sur sa compétence »*, constate l'historien François Durpaire.

Pendant deux mandats, Raphaël Élizé développe une politique triple : sociale, sportive et culturelle. Elle se traduit par la construction de logements ouvriers, d'un restaurant scolaire, d'une maternité, d'une maison des syndicats et de bains-douches, l'ouverture d'une piscine en 1936, une des premières dans l'Ouest, la deuxième dans la Sarthe (Mamers en 1934), l'aménagement d'un terrain de football. Il défend l'esperanto et soutient officiellement les républicains espagnols en 1931, ce qui lui vaut quelques violents revers de la part de certains membres du conseil municipal. Réponse d'Élizé : *« Il n'est pas question de nous immiscer dans les affaires de l'Espagne. Nous nous contentons de lui adresser simplement le témoignage de notre sympathie. Nous nous adressons pour cela à tous ceux qui se réclament du titre de républicains, et ici nous le sommes tous, du moins sur les affiches électorales. »*

Dans l'esprit de Raphaël Élizé, ce petit rappel républicain est lié à la notion d'équilibre des nations européennes. Son discours aux élus saboliens précède ce qui va advenir en Allemagne en 1933 et en Espagne en 1936. Il a deviné les dangers qui menacent le vieux continent. La suite de son intervention le prouve. *« Nous ne pouvons nous compromettre en votant ce vœu. Nous sommes nous-mêmes issus d'une révolution et nous jouissons à ce titre d'un régime de liberté que nous souhaitons voir s'étendre aux peuples qui nous entourent. Je ne veux pas vous convaincre car on ne convainc personne. On se convainc soi-même. »* Ce qu'il ne sait pas encore, c'est à quel point il sera impliqué quelques années plus tard dans ce qu'il craint le plus.

Pour l'instant, la vie est belle, Raphaël Élizé se passionne pour la musique, la peinture et la photographie (il utilise le format 24x36, totalement novateur à l'époque et laisse de beaux clichés), la famille est parfaitement adoptée par la population et les amitiés riches. Michel Simon, qui tourne avec Marcel Pagnol à Parcé-sur-Sarthe, leur rend visite et fait rire les neveux et petits-neveux, tandis que Béatrice Appia, femme d'Eugène Dabit, auteur du célèbre *Hôtel du Nord*, vient régulièrement les voir...

Tué par les alliés

La vie bascule une première fois, quand sa fille meurt d'une péritonite à 17 ans, en 1937. Lors de l'invasion allemande, elle va basculer une deuxième fois, avec encore plus de violence.

Le 3 septembre 1939, c'est la guerre. Raphaël Élizé, mobilisé avec le grade de capitaine, est affecté à Hirson, dans l'Aisne. En juin 1940, quand la ville de Sablé est bombardée, Raphaël Élizé est en zone libre, en Haute-Vienne, avec son régiment. Il n'hésite pas une seconde et rentre dans la Sarthe début août, le 7. Un acte dangereux, très dangereux. Dans un premier temps, la Feldkommandantur 755 du Mans écrit au préfet : *« L'ancien maire de Sablé, qui serait un officier français et mulâtre, et qui a été remplacé par un maire installé par M. le préfet, serait revenu et essaie de prétendre à la reprise des fonctions de maire ou s'occuper d'affaires à la mairie. Il est incompréhensible pour le ressentiment allemand qu'un homme de couleur puisse revêtir la charge de maire. De même, il est insupportable à l'administration militaire et à l'armée allemande de reconnaître comme maire en territoire occupé un homme de couleur, ni de discuter avec lui. Il n'existe donc aucune raison pour le préfet de réintégrer cet ancien maire dans ses fonctions. »*

En août 1941, le maire de Sablé n'est plus maire par décision administrative. Raphaël Élizé n'insiste pas et redevient vétérinaire. Il a – c'est, il est vrai, un peu facile de le dire aujourd'hui – le tort de rester là, parce qu'il n'imagine sans doute pas ce que sa couleur de peau signifie pour les nazis. Mais, au début, il n'a aucune raison particulière de s'inquiéter, puisque les Allemands eux-mêmes n'ont pas l'air de se préoccuper de sa présence. Ils vont d'ailleurs jusqu'à le réquisitionner pour soigner leurs chevaux. Comme il parle couramment l'allemand, il va même traduire les discours d'Hitler à la radio.

Faisant fi de sa « différence », Raphaël Élizé va encore plus loin. Bien introduit grâce à son métier de vétérinaire, il espionne les Allemands et aide la Résistance. Il travaille pour le réseau Buckmaster. Pour les spécialistes, il est dans le groupe Max du circuit Butler, ce qui ne change rien au résultat... Le 13 septembre 1943, les Allemands s'emparent de sa personne alors qu'il est encore dans sa salle de bain et l'enferment à la prison Pré-Pigeon d'Angers. Transféré ensuite au camp de Compiègne, Élizé est déporté le 19 janvier 1944 à Buchenwald sous le matricule 40490. Il porte le triangle rouge des prisonniers politiques. À partir de septembre 1944, il contribue à la publication d'une revue clandestine.

Une chance de survie jusqu'à la Libération est possible pour lui, sachant qu'il travaille dans une usine d'armement, la Gustloff-Weimar. Elle sera pourtant son cercueil. Le 9 février 1945, il est tué par les bombardements alliés. Il s'enfuit par la fenêtre pour se réfugier dans un abri à proximité quand Raphaël Élizé est blessé. *« Sa santé était bonne, très bonne même »*, témoigne son compagnon de camp Lucien Cleret. Dans une lettre à la famille de Raphaël Élizé, ce témoin écrit : *« Sans ce bombardement fait à tort et à travers et combien inutile à deux mois de la fin, il vous serait revenu comme il vous avait laissés. Chaque jour, entre onze heures et douze heures, des centaines d'avions survolaient notre camp pour aller bombarder diverses villes des environs. »*

Le comble, Raphaël Élizé lance, dans *« une expression bouillonnante et rageuse »*, ce cri prémonitoire vers le ciel : *« Bon Dieu, qu'ils nous tuent tous, et que la terre soit débarrassée de ces sauvages ! »* Il sera, hélas, entendu ! Il est blessé, les nazis ne le soignent pas et le laissent mourir le soir même. Pendant 45 minutes, le bombardement fait ce jour-là quatre cents victimes.

En août 1944, le général de Gaulle s'arrête à Sablé et rend hommage au déporté. Jusqu'au 14 février 1945, il reste officiellement maire de Sablé. Et, depuis le 16 octobre 1945, la place de la mairie s'appelle désormais place Raphaël Élizé. Si le destin en avait décidé autrement, il aurait probablement exercé au moins un troisième mandat de maire. Sa femme Caroline est élue à titre symbolique au conseil municipal le 23 avril 1945. Elle est en fait déjà très malade et ne quitte quasiment plus son lit. Victime d'une défaillance cardiaque, elle s'éteint le 16 mars 1946 à l'âge de 55 ans, malade et épuisée par le chagrin.

« Internationaliste je le suis, et j'aime beaucoup mon île natale, mais j'ai le grand devoir d'ajouter que j'aime la France par-dessus tout, car elle a fait de moi, arrière-petit-fils d'une esclave, un citoyen libre à l'égal de ses enfants », a déclaré un jour Raphaël Élizé aux Saboliens. D'aucuns pensent qu'il aurait atteint une dimension nationale si le destin ne s'était pas chargé de le couvrir d'ombre.

Marcel Pagnol

Ses premiers films sont tournés dans la Sarthe

De 1925 à 1951

Dureil ! Ce nom fait chanter le soleil du midi et nous rappelle le souvenir d'un grand conteur. Pagnol (1895-1974), c'est aussi un cinéaste qui a ramené « l'assent » de Provence jusqu'à Parcé-sur-Sarthe. Il partage sa vie entre Paris et son moulin d'Ignières[42] pendant vingt et un ans, vingt-six si on ajoute la période des séjours réguliers. C'est enfin la Sarthe qui sera le théâtre des premières expériences cinématographiques de Marcel Pagnol, mais aussi de ses livres et pièces de théâtre. Étrangement, en effet, pendant toute sa carrière, ses textes sont majoritairement écrits à Paris, dans la Sarthe ou dans l'Eure.

Dureil, dans les années 1925, au château de la Taronnière. Raymond Boulay (1890-1968) est producteur de théâtre et de cinéma, tandis que son épouse, Suzanne Rissler, est actrice. Marcel Pagnol, leur ami, séjourne là depuis quelques semaines. On dit même que c'est ici qu'il aurait écrit sa pièce *Topaze*. Une certitude, Suzanne Rissler joue dans la pièce. Ils participent d'ailleurs tous à une tournée aux USA, en Égypte et au Canada, sauf Pagnol, totalement allergique aux voyages.

À peu près à la même époque, Pagnol se porte acquéreur d'une ferme toute proche, La Courjarretière. Il se plaît tellement dans la région qu'il envisage très sérieusement de s'y fixer définitivement. Il est fasciné par les couleurs verdoyantes du paysage, si différentes de sa Provence natale. Il en parle et l'écrit à ses amis… *« Je pense souvent à ces chemins de terre barrés par les feuillages du printemps… La Sarthe serait le plus beau pays du monde si le mois de mai durait un an »*, écrit-il dans les années 1950, alors qu'il vient de quitter la région. Dans cette même lettre à son notaire, il demande : *« Les Sarthois boivent-ils toujours aussi vaillamment le tord-boyaux qu'ils appellent calva ? »* Michel Galabru en rajoute : *« Pour*

42. Il est possible que le « i » de Ignières soit une erreur ancienne. La logique du français veut que le « i » soit inutile et une vieille plaque a été retrouvée avec l'orthographe « Ignères ».

Dans un premier temps, Marcel Pagnol fréquente et loge au château de la Taronnière, à Dureil...

... avant d'acheter la ferme de La Courjarretière, toujours à Dureil.

Marcel, qui n'a guère voyagé en dehors du Palladium de Londres et des halles de théâtre parisien [...], *la Sarthe représente une véritable découverte. Il est à l'étranger. Et cela lui plaît. Il vient de découvrir sa Patagonie. »*

En juin 1930, Marcel achète le moulin d'Ignières à Parcé-sur-Sarthe, construit par les moines de la Couture au VIIIe siècle, ainsi que la maison attenante, où il prépare la suite de *Marius*, sa pièce *Fanny* et où il met au point une voiture destinée aux petites bourses, la Topazette : trois roues, trois places, trois portes, trois chevaux, trois litres de consommation au cent kilomètres, 3 000 francs. *« Je me suis retiré à la campagne*, écrit-il à son ami Julien Coutelen, fondateur avec lui de la revue *Fortunio* dans les années 1910. *Je chasse, je pêche, je lis, j'écris et, surtout, je travaille à mettre au point un moteur nouveau que j'ai inventé et dont je t'ai parlé peut-être à Aix, au temps des sous-marins à élastique. »* La pièce *Fanny* et la Topazette sont achevées la même semaine... Inspiré par les vertes prairies de la vallée de la Sarthe, il y met au point un frein de secours, une sorte de pied géant installé sous la voiture.

D'après le comédien Henri Vilbert, curé dans le film *Manon des sources*, Marcel Pagnol aurait acheté le moulin avec les droits de *Topaze* et de *Marius*. Il affirme même qu'Ignières a été sa première propriété. Aménagé comme un hôtel, avec plusieurs chambres individuelles, le moulin accueille régulièrement famille et amis. René, le frère et collaborateur de Marcel Pagnol, y séjourne souvent. *« Impossible de voir René, il est au moulin d'Ignières »*, se plaint Raimu dans une lettre à Marcel en 1939.

Fausse façade

Marcel Pagnol et Paul Nivoix avaient fait jouer à Lille, en 1926, une comédie, *Direct au cœur*, consacrée à la boxe. Europa-film, dont le producteur est Raymond Boulay (directeur de l'Alhambra, un music-hall de Lille, puis propriétaire de cinémas parisiens), en tirera un film mis en scène par Roger Lion. Les extérieurs sont tournés autour du château de la Taronnière, sur la rivière et dans une grange. La femme de Boulay y joue un des rôles principaux.

La reconstitution d'une façade de château, dans les bois entre Parcé et Malicorne, sert de décor au premier film entièrement réalisé par Marcel Pagnol, en 1933, *Le Gendre de monsieur Poirier*. Pour venir à bout de son projet et obtenir une entière liberté de manœuvre, il n'hésite pas à acheter le terrain nécessaire à ses besoins.

Les débuts manquent encore de consistance, mais les projets se bousculent dans la tête de Pagnol. *« Je suis ici, dans des bureaux et des studios,* écrit-il de Paris le 10 décembre 1933. *J'ai fini* Poirier, *et* Léopold, *et* Joffroi. *Je commence* Dardamelle, *et* La Prisonnière, *en attendant* Angèle *(*Un de Baumuges*) et* Arsule *(*Regain*). »*

Toujours en 1933, Marcel Pagnol a également tourné *Léopold le bien-aimé*, avec Michel Simon, un film qui, s'il a laissé peu de souvenirs dans les annales cinématographiques (à moins d'un miracle, il n'existe aucune copie du film. Reste encore la pièce de théâtre) a par contre été marqué par quelques anecdotes croustillantes. À l'occasion de scènes tournées au moulin, Michel Simon, *« vêtu de flanelle, coiffé d'un panama, s'apprêtait à aller passer son dimanche au Mans »*, raconte Marcel Pagnol à un journaliste. Les opérateurs annoncent une mauvaise nouvelle à Pagnol : *« toutes les scènes tournées la veille ne valaient techniquement rien. »* Que faire ? *« J'invitais Michel Simon à rester en lui disant qu'il fallait tout recommencer. L'émotion fut si forte que Simon, sans un mot, recula et tomba tout droit dans la rivière... et ne reparut plus. »* Des recherches sont lancées. *« Au bout d'un quart d'heure, on avait retrouvé le panama flottant tristement parmi les roseaux. Je téléphonais aux pompiers, alertais la gendarmerie et ce n'est qu'après plus d'une heure de recherches angoissées qu'on découvrit le comédien riant aux éclats. Il avait nagé sous l'eau et était allé se réfugier dans une île un peu plus loin... où il se reposait dans le plus simple appareil ! »* Autre particularité de ce film, la musique était de Vincent Scotto.

Les trois films[43] ont été tournés dans pratiquement toutes les communes du coin : Malicorne, Courcelles, Avoise, Villaines-sous-Malicorne, Arthezé, dans les rues de Parcé-sur-Sarthe, où il aménage façades et boutiques, probablement devant l'église du Bailleul... et dans les bois de Dureil, où Pagnol a fait déplacer des arbres pour aménager une allée, tandis que comédiens et techniciens logent aux hôtels de La Croix-Verte (Michel Simon notamment) et Saint-Martin de Sablé-sur-Sarthe, à l'hôtel de la Lune de Parcé, avec ses quatre ou cinq chambres très simples, qui prépare les repas (*« gargantuesques »*, selon Jean Pinault, fils du propriétaire) et ravitaille les équipes de tournage, ou à Malicorne et Noyen-Sur-Sarthe. À cette époque de tournage intensif, Pagnol mange tous les jours à l'hôtel de La Lune.

---

43. Pour un projet de film, *Monsieur Brotonneau*, Raimu dira à Pagnol, avec sa franchise habituelle : *« Si nous faisons un navet, cela sera de ta faute et cela en fera un de plus à ton compte :* Monsieur Poirier, Léopold, *etc. C'est-à-dire tous les films qui ne sortent pas de ton cerveau* [...] *Maintenant, une fois pour toutes, tu es incapable de faire de la mise en scène. Tu es un auteur de génie mais tu es un très mauvais metteur en scène. »*

Le hangar d'une métairie voisine du château de la Taronnière, Le Grand Épineau, sert à stocker le matériel de tournage et les autres scènes sont filmées aux studios de Billancourt, à Paris. Le château de la Ruellonnière, appartenant au général Sauvage, et les fermes de la Monnerie et du Rousson auraient également servi de cadre au tournage du *Gendre de monsieur Poirier*. À l'école des filles de Parcé, Marcel Pagnol offre une projection en avant-première de *Léopold le bien-aimé* et du *Gendre de monsieur Poirier*. Les commerçants sont ravis ! Quand tout ce beau monde séjourne dans la région, les affaires sont juteuses. Et les habitants admirent les jeunes femmes en maillot de bain sur les bords de la Sarthe.

À plus petite échelle, les habitants participent indirectement aux tournages. C'est le cas des demoiselles Chaumont. La vitrine de leur père, sabotier, est utilisée pour une scène. Il y a de même madame Verger, âgée de trois ou quatre ans, déambulant dans les rues de Parcé avec sa maman sous l'œil de la caméra.

Bref, Pagnol est omniprésent dans toutes les communes de la région et ami avec tout le monde. Il fréquente le restaurant Ricordeau de Loué et participe même à une émission à Sablé, *Reine d'un jour*, avec Jean Nohain, où il est reçu au théâtre municipal. On le voit traîner avec Jacqueline dans les brocantes de Parcé ou de Malicorne (où il achète des poteries) ou sur le marché des Jacobins du Mans.

Drôle d'ambiance

Mademoiselle Besnardeau, locataire de la Courjarretière à cette époque, se souvient très bien de Marcel Pagnol buvant du cidre à la ferme. Elle, et beaucoup d'autres, se rappellent les célébrités ayant défilé pendant toutes ces années : Fernandel (il aurait enterré son chien au château de la Taronnière), Marcel Achard, Orane Demazis (*Angèle*, *César*...), Michel Simon, Tino Rossi (on dit qu'il a connu sa femme au moulin d'Ignières), peut-être même Harry Baur, Georges Hirsh, directeur de l'Opéra de Paris, Raimu (il pêchait dans la Sarthe, parait-il), Armand Bernard, de la Comédie-Française, acteur et musicien (auteur de *Parlez-moi d'amour*), Maurice Escande, également de la Comédie-Française... L'écrivain Albert Cohen l'évoque : *« Si tu vas à ton moulin, je pourrai venir avec toi. »* Pierre Benoît, académicien et auteur de *L'Atlantide*, y expédie des lettres. Exemple le 20 mai 1946 : *« Je t'ai écrit au Moulin, j'ai écrit à Jacqueline. Venez passer au moins vingt-quatre heures avec nous. »*

Au moulin d'Ignières, les femmes qui séjournent sont des amours plus ou moins passagères de Marcel Pagnol : Orane Demazis justement (elle lui donne un fils) ;

Kitty Murphy, danseuse londonienne au casino de Paris (c'est avec elle qu'il vient la première fois dans la Sarthe, chez son ami Raymond Boulay. C'est aussi dans la Sarthe qu'elle tombe enceinte de leur fils Jacques), Liane Daydé, étoile à l'Opéra de Paris, Christiane Minazzoli et, enfin, Jacqueline Bouvier, la dernière épouse avec qui il vit jusqu'à sa mort[44].

Le château de la Taronnière est une vraie fourmilière. Tout le monde s'y donne rendez-vous. Les intrigues amoureuses vont bon train. La population de Dureil, méfiante, apprécie plus ou moins cette ambiance. Pour beaucoup, la Taronnière est un lieu de luxure. On donne pour consigne aux jeunes filles du village d'éviter de passer par là où, pour le moins, de détourner leur regard. Sans compter les relations qui se dégradent entre Pagnol et Boulay. Un procès va même les opposer à propos du film *Un direct au cœur*, gagné par Boulay.

Le château avait peut-être mauvaise réputation, mais il a aussi été le refuge de nombreux Juifs pourchassés par les nazis. À l'approche des Allemands, une jeune comédienne de Paris, Ghislaine Dommanget (1900-1991), avec son fils Jean-Gabriel, né d'une union avec l'acteur André Brulé (1879-1953), avait quitté précipitamment la Taronnière et avait traversé toute la France jusqu'à Monaco à vélo. Histoire digne d'un conte de Perrault, Louis II de Monaco la remarque dans le rôle de *L'Aiglon* joué dans la Principauté le 17 janvier 1942 et tombe amoureux d'elle pendant le dîner donné au Palais. *« Je savais à partir de cette date que tu serais ma femme »*, lui écrit-il. Il l'épouse le 25 juillet 1946. Elle devient princesse de Monaco...

Pagnol disparaît

La guerre arrive. Marcel Pagnol s'installe à Marseille. De 1940 à 1944, on ne le verra plus à Paris. Avec une actrice, Josette Day, il habite ses studios du Prado. Mais les Allemands lui demandent de tourner pour eux. Pour toute réponse, le réalisateur vend les studios à Gaumont en 1942 et disparaît. Enfin, pas complètement, puisque, s'il refuse de collaborer avec les Allemands, il n'en produit pas moins un film de propagande anticommuniste et en faveur du régime de Vichy

44. Autant est-il possible d'affirmer que des célébrités passées là discrètement nous sont inconnues, autant est-il nécessaire d'être prudent sur d'autres citées ici. Il y a beaucoup d'incertitude concernant Raimu et Harry Baur et des doutes subsistent à propos de Liane Daydé et Christiane Minazzoli, sachant que, nées dans les années 1930, on se demande à quel âge elles ont pu venir au moulin d'Ignières ou au château de la Taronnière, puisqu'elles n'avaient qu'une dizaine d'années dans les années 1940 et que Pagnol cesse de fréquenter les lieux aux alentours de la jonction avec les années 1950.

la même année, seule tâche dans sa vie. La Sarthe fait partie de ses lieux de résidence, comme Monte-Carlo ou une ferme horticole de La Gaule, dans les Alpes-Maritimes.

Le bruit court selon lequel Marcel Pagnol aurait pensé à cette époque à tourner *La Fille du puisatier* dans la Sarthe. Ce qu'il n'a pas fait. Le fils de Raymond Boulay, Christian, s'en souvient, Marcel Pagnol et Jacqueline Bouvier sont passés au château de la Taronnière à la fin de la guerre. Christian Boulay est revenu de Paris après la Libération : Pagnol était encore là. Entre temps, il avait repris le chemin de Paris en septembre 1944 avec une immense liasse de billets de banque. Marcel Achard était venu le chercher en voiture – américaine – au moulin. Témoignage confirmé par Claudie et Francis Lambert. Gardiens du moulin depuis septembre 1943, ils ont accueilli Marcel Pagnol, seul, début 1944, et Jacqueline Bouvier au printemps 1944, âgée de 24 ans. René Pagnol, le frère, fait également des apparitions. *« Nous sommes partis en train par un temps somptueux »*, écrit Jacqueline dans un courrier, *« pour échapper aux bombardements de Paris »*, avec une étape à la gare du Mans, avant le terminus de Sablé.

Très inquiet à l'idée que le train soit écrasé sous les bombes, Marcel lui écrit un samedi d'avril 1944 : *« J'ai entendu les avions. Ils sont passés tout près de la maison. Pendant une heure au moins. J'entendais au loin les bombes, sur la gare du Mans et sur Arnage. J'ai tremblé pour toi. Je craignais que ton train, par un hasard malheureux, ne fût resté au Mans toute la nuit. Je viens de téléphoner à Sablé. On m'a rassuré... »*

Folle amoureuse de Marcel, Jacqueline dira plus tard : *« Il aurait pu m'emmener en Chine, s'il l'avait voulu. »* Marcel Pagnol écrit à Jean Cocteau : *« Elle a tout quitté. Elle est avec moi dans mon vieux moulin de la Sarthe. Elle est la poésie même et la tendresse. Son seul défaut, c'est sa jeunesse* [25 ans le jour de leur mariage]. *Elle m'a sauvé des humeurs noires, de la méchanceté, du pessimisme. »* Une photo de Marcel et Jacqueline en train de pêcher au moulin date de cette période. Ils voient passer les troupes américaines en août 1944, rentrent à Paris en septembre et se marient le 6 octobre 1945.

Marcel Pagnol consacre une bonne partie de l'année 1944 à la restauration de la roue du moulin. *« Je viens de travailler à refaire la roue du moulin qui pèse six tonnes et dont les plus petits écrous sont grands comme des soucoupes. Les outils nécessaires sont des masses de 8 kilos et des clés en fer de plus d'un mètre. J'en ai les muscles noués. »* Un certain monsieur Esnault, artisan du coin censé

Troisième lieu de résidence, le moulin d'Ignières, à Parcé-sur-Sarthe, où Marcel Pagnol réside jusqu'en 1951.

livrer des planches, agace Pagnol. Il n'a plus de nouvelles de lui, jusqu'*à ce samedi d*'avril où il déboule au moulin à l'heure du dîner. *« Il est rond comme une bille, il s'accroche au montant de la porte, il vacille, il rigole »*, raconte le cinéaste à Jacqueline. Tout ça pour confirmer qu'il n'est pas disponible ni le week-end, ni le lundi, à cause du fils qui passe son certificat d'études à Sablé. Ce même week-end, Marcel rencontre l'éclusier et peut annoncer à Jacqueline la fin des travaux pour le mardi suivant *« si Esnault livre les planches »*.

Esnault pourrait bien être Ernest, charron à Dureil, né en 1908 à Souvigné-sur-Sarthe. Beaucoup de Esnault habitent Parcé ou aux alentours, mais tous, ou presque, sont agriculteurs. Lui seul correspondant à la description de l'artisan cité.

À l'occasion d'une interview au *Maine libre* en 1947, Marcel Pagnol expliquait que le moulin d'Ignières n'était pas spécialement un lieu de villégiature. *« Si je viens dans ce petit coin enchanteur de la Sarthe, c'est surtout pour être tranquille et me reposer de la vie trépidante de la capitale. Ce qui ne m'empêche pas de travailler à de futurs films, et de bricoler dans ce vieux moulin. »*

Jacqueline Bouvier confie à Thierry Dehayes, biographe de Pagnol, qu'il n'aimait pas *« les démonstrations collectives d'admirateurs enthousiastes* [...] *C'est pourquoi Ignières lui plaisait tant : c'était son ermitage. »* Le couple Pagnol est au moulin avec le jeune bébé Frédéric quand Joseph Pagnol, père de Marcel, lui écrit le 29 août 1946 : *« Tu es bien heureux d'être au moulin en ce moment car tu ne dois pas souffrir de la chaleur. »* Thierry Dehayes confirme que Pagnol vient en moyenne quatre fois par an, sauf l'hiver, *« car il n'aime pas la pluie »*, pour travailler ses pièces, bricoler, jouer les professeurs Tournesol, voire chercher une source autour de son moulin.

Lorsque Parcé s'est retrouvée privée d'électricité en 1944, Marcel Pagnol a cherché un moyen d'en produire lui-même. *« Ce fut le 6 juin, au matin, que la roue remise en marche fournit l'électricité au moulin : la radio annonçait le débarquement allié! »* Le 8 juin, il écrit à un vieil ami, Georges Liron, à Paris : *« Viens ici. Tu seras bien nourri, mais tu entendras des bombes tous les jours, même le dimanche* [...] *Mais les rillettes sont grasses et le pain encore très mangeable. »*, Au même, le 10 août, il témoigne de la Libération : *« Les avions ont fait sauter vingt barrages sur la Sarthe et nous n'étions pas très rassurés à cause du nôtre. De plus, ils mitraillaient et bombardaient les convois sur la route qui passe à huit mètres de la maison. Après un mois de bobards et de boniments, nous avons vu arriver un jour un vaste nègre américain qui nous a dit :* "Les Allemands sont partis." *C'était vrai... »* À chaque bombardement, il se réfugie dans la cave, où il a stocké de la nourriture, au cas où. Et puis les libérateurs sont dignement fêtés. Les soldats américains, canadiens et français sont invités à la table du moulin... Jacqueline témoigne dans une lettre du 18 septembre 1990 adressée à un notaire de la Sarthe. *« Les commerçants du village de Parcé, dont la famille Omnès, nous fournissaient des victuailles pour fêter nos libérateurs. »* Jean Omnès, grainetier à Parcé, était breton. Il avait épousé Marguerite, originaire de La Flèche. Ils étaient à peu près de la même génération que Marcel Pagnol.

Marcel Pagnol est au moulin quand il découvre la pièce de Jean Giono *La Femme du boulanger*, titre emprunté au film du même nom réalisé par Marcel Pagnol, d'après le livre de Giono *Aurélie et le boulanger*. Depuis Ignières, Marcel Pagnol, furieux qu'on vole son titre, envoie ses avocats, mais l'affaire en reste là : Giono avait le droit de reprendre un titre dont il était à l'origine.

Les dernières traces de l'écrivain cinéaste apparaissent encore lorsqu'il effectue des repérages au moulin d'Ignières pour tourner *La Belle Meunière*. À cause du bruit du barrage qui pose des problèmes de son, son choix se porte finalement sur le moulin de la Colle-sur-Loup, en Provence, où le film est réalisé en 1948. Ensuite, il ne reviendra plus. Il finit d'ailleurs par revendre sa ferme en 1948 et son moulin en 1951. Sa fille Estelle naît la même année, le 15 novembre.

Dans une lettre envoyée de Monaco et datée du 10 décembre 1951 adressée au notaire, Marcel Pagnol se croit obligé de justifier sa décision. *« Le pays est merveilleux (chasse, pêche, repos, verdure). Je vends le moulin parce que j'ai une autre propriété à Cagnes (160 hectares). »* Quant au moulin de Parcé, « c*'est une montagne de pierre admirablement taillées* [...] *Je vous préviens en outre que le moulin est un endroit magique. Vous n'y trouverez jamais aucun contretemps. Tout s'arrange, tout réussit. »* On apprend enfin que le moulin sera définitivement libre le 15 mai 1952.

Toutefois, Pagnol revient trois ou quatre fois dans la Sarthe et y laisse longtemps son empreinte. Jacqueline Bouvier a conservé une parcelle de terre à Parcé, entre la route et la rivière, et des morceaux de décor sont restés dans les combles de la Courjarretière très longtemps. Ils étaient encore visibles au début du XXIe siècle.

La secrétaire de Pagnol, Yvonne Pouperon, dite Vonette, lui donne une fille, Francine, née le 28 février 1936 à Marseille... jour de l'anniversaire de Pagnol ! Née à Marseille, certes, mais profondément Sarthoise. Elle vit au moulin d'Ignières en 1942 et 1943 et sa mère épouse un Sarthois, Max Losen, pendant cette période de l'Occupation. Mère et beau-père s'installent rue de l'Épau au Mans, tandis que Francine effectue ses études à l'institution Saint-Julien, rue Tascher de 1947 à 1950 (on dit que Marcel Pagnol y a mis en scène une pièce présentée par l'école), puis au lycée de jeunes filles. Francine retourne avec son père au moulin après la vente de celui-ci et dort à l'hôtel, probablement l'hôtel de la Lune, à Parcé.

Ami du cardinal Grente, académicien et évêque du Mans, Marcel bénéficie de son soutien lorsqu'il pose sa candidature à l'Académie française. Un Parisien, Jean Caltier-Boissière, témoigne. À l'occasion d'un dîner le 16 décembre 1945, *« Pagnol nous détaille par le menu ses visites académiques :* "Ne croyais-je pas naïvement que tous les habits verts étaient gâteux ? Eh bien ! Non, pas du tout !" » Et de citer monseigneur Grente comme exception. Mais l'évêque sera absent le jour de la réception solennelle sous la Coupole. Explication : le 27 mars 1947 tombe en plein carême !

Ils ont des relations très amicales. Marcel Pagnol lui rend visite régulièrement au Mans. Dans la préface du premier tome de son *Dictionnaire des lettres françaises*, Georges Grente cite *« mon spirituel confrère, M. Marcel Pagnol »*.

À l'occasion d'un procès opposant Sacha Guitry et René Benjamin à l'académie Goncourt en 1948 pour avoir contesté le prix Goncourt et en avoir décerné un autre en signe de protestation, le *Jules de Goncourt*, à Kléber Haedens[45], l'avocat Jean-Dars propose ironiquement de transposer l'affaire à l'Académie française et de remplacer Guitry et Benjamin par deux amis intimes de ladite Académie. *« Deux immortels vont décerner, en dehors des Quarante, un prix de vertu. Prix de vertu fantaisiste, personnel et dissident. Il s'agit en l'espèce de Mgr Grente et de Marcel Pagnol... Pensez-vous vraiment que le distingué prélat, l'éminent auteur comique vont faire des "protestations et réserves" ? Imaginez-vous sans rire l'Académie française s'adressant à la Justice ? Quel vaudeville ! »*

Dernière anecdote, Mgr Grente confirme Francine, fille de Pagnol, lors de sa communion au Mans.

Autre hasard de la vie, l'acteur Charles Blavette, fidèle des films de Pagnol de 1933 à 1952, avait des origines sarthoises. Sa grand-mère et son père étaient du Mans. Et, enfin, Pescarolo a logé au château de la Taronnière avec son équipe des 24 Heures du Mans et a organisé de joyeux et mémorables dîners à l'auberge de Dureil.

Croisement final sur ce petit bout de terre qu'est la Sarthe : Marcel Pagnol rencontre un jour Antoine Margotta, professeur de français d'Antoine de Saint-Exupéry au collège Sainte-Croix du Mans. Ils évoquent l'écrivain disparu dans la Méditerranée. Les deux monstres sacrés s'étaient retrouvés face à face chez Jean Giono, à Manosque.

Jacqueline Pagnol, elle qui allait jadis à pied du moulin jusqu'à Malicorne, inaugure le collège Marcel Pagnol de Malicorne le 30 octobre 1974. Elle ne reviendra plus dans la Sarthe après cette visite officielle, jusqu'à sa disparition dans sa quatre-vingt-seizième année, en 2016.

Marcel Pagnol a écrit un traité sur les moulins pendant la guerre, c'est dire s'il a été marqué par son passage dans la Sarthe.

---

45. Journaliste et écrivain. Ancien élève du Prytanée de La Flèche. Voir sa biographie dans le livre *Les Grands Destins du Prytanée*.

Jean Bruce

OSS 117 à Aillières-Beauvoir

De 1927 à 1962

Arsène Lupin, Sherlock Holmes, Hercule Poirot, Maigret et San Antonio ont un point commun : les créateurs n'ont aucun lien avec leur héros. Jean Bruce se distingue de Maurice Leblanc, Arthur Conan Doyle, Agatha Christie, Georges Simenon ou Frédéric Dard sur une différence de taille : il se confond avec OSS 117. La naissance de l'un est due au passé de l'autre. Jean Bruce a vécu, connu, expérimenté en partie les aventures de Hubert Bonisseur de La Bath.

La démonstration est édifiante. Le physique en premier lieu. Jean Bruce a la gueule de l'emploi, les yeux bleus, les cheveux en brosse, une fine moustache comme la portent les acteurs de cinéma au temps du noir et blanc. Une vie agitée ensuite. Tout juste employé de 17 ans dans un commerce d'Alençon, après un passage au collège Saint-Paul de Mamers, il passe son brevet de pilote un an après, pratiquement au moment où éclate le second conflit mondial.

Bruce entre dès 1940 dans l'aviation. Tout va tout de suite très vite. Il effectue vingt-six vols en douze jours. Le 13e, chiffre fatal, il est abattu par un chasseur allemand Messerschmidt, s'en sort par miracle. Pendant ce temps, son escadrille est détruite au sol par la Luftwaffe, l'armée de l'air nazie.

Puisque l'armistice est signé, autant reprendre les études. Mais le destin veille ! Jean Brochet, c'est encore son vrai nom, s'inscrit à la faculté de droit de Clermont-Ferrand et joue au rugby. De cette période date une rumeur selon laquelle il aurait séjourné à Vichy et fréquenté le régime du même nom, confusion avec ses études dans la même région.

Résistant

La réalité est exactement inverse. Un jour de 1942, dans la rue, tel Sherlock Holmes au mieux de sa forme, une odeur de tabac anglais attire son attention. Jean repère le fumeur. L'homme comprend et cherche à cacher sa cigarette derrière le dos. Jean Brochet le rassure et engage une conversation en anglais. Le Britannique est un agent de liaison. Il cherche un plan de Lyon pour retrouver une adresse de rendez-vous. Jean Brochet l'aide... et disparaît comme par enchantement de l'université.

Le futur romancier réunit toutes les qualités d'un bon agent secret : pas trop grand, pas trop gros, tenue ordinaire, allure ordinaire, discrétion, art de passer inaperçu, nerfs solides... Il apprend très vite. En trois mois, il maîtrise parfaitement l'art de la filature et connaît sur le bout des doigts les moindres recoins de la ville de Lyon, tout particulièrement les immeubles à double issue, connus sous le nom de traboules.

Bilan à son actif : un réseau ennemi démantelé, une vingtaine de miliciens hors d'état de nuire et la mise en place d'un réseau de communication avec l'armée américaine qui a débarqué en Provence. À 23 ans, Jean Brochet a déjà bien bourlingué. Il est un héros de la Résistance, mais a surtout trouvé sa vocation : il sera policier.

La guerre achevée, il entre à l'école supérieure de police de Saint-Cyr, au Mont-d'Or, pour devenir commissaire. Là, il exerce sa plume pour la première fois en rédigeant clandestinement de A à Z un magazine au numéro unique, *Le Poulet enchaîné*.

Un avant-goût d'espionnage

Aux cours de technique policière et investigations psychologiques, le criminologue Locard soumet à ses élèves des énigmes et leur demande de rédiger les résultats de leurs déductions. Jean Brochet vit là sans doute les symptômes de son futur talent d'écrivain, car il rend à son professeur des textes proches du roman policier.

Lorsqu'il quitte l'École de police, Jean Brochet trouve un logement près de la cathédrale Notre-Dame de Paris, devient fonctionnaire de la Sûreté nationale avec le titre d'inspecteur principal. Il brille immédiatement par son talent pour débrouiller les affaires les plus compliquées. Il démantèle par exemple un gros trafic d'or caché en Suisse. Il se fait embaucher comme garçon d'écurie dans la ferme voisine

Jean Bruce écrit les aventures de l'agent secret Hubert Bonisseur de La Bath, alias « OSS 117 ». DR.

d'un élevage de poules. Une surveillance discrète lui permet de découvrir dix mille pièces de 20 dollars, cachées dans de faux œufs.

Jean Brochet décide de quitter la police et de monter une agence de contre-espionnage industriel. L'échec est complet. C'est la faillite. Commence alors une période de vaches maigres, partagée avec sa jeune épouse polonaise, rencontrée par hasard dans un train.

C'est elle qui dépose un roman policier intitulé *Tu parles d'une ingénue* chez un éditeur de la rue Hauteville, à Paris. Il est signé Jean Bruce. Avec un tirage de neuf mille exemplaires, Jean Brochet s'estime heureux. Lorsqu'il imagine dans sa tête un personnage *« spécialiste de l'action internationale »* à qui il donne le nom d'Hubert Bonisseur de La Bath, il ne sait pas encore qu'il faudra avec lui compter non plus en milliers, mais en millions d'exemplaires... OSS 117 paraît d'abord aux Éditions du Fleuve Noir puis aux Presses de la Cité. Il est inspiré d'un vrai agent OSS (Office off strategic services), l'Américain William Leonard Langer, rencontré à Lyon en 1949 (selon d'autres sources, ils se seraient rencontrés en septembre 1944).

En 1949, Jean Bruce donne à son personnage des attributs précis. *« Je suis une espèce de hors-la-loi,* dit de lui même OSS 117. *Une sorte de pirate des temps modernes. Je vais à travers le monde, risquant ma peau pour des raisons qui ne m'apparaissent pas toujours clairement. Pour le plaisir surtout. »* Pour gagner à tous les coups, il s'impose des règles strictes : ne pas fumer, boire avec modération un whisky de temps à autre, manger léger, laisser les sentiments de côté, bien connaître ses ennemis, ne pas tomber amoureux – sans pour autant en ignorer les avantages charnels –, maîtriser ses passions, maintenir une force physique à toute épreuve, servir sans se poser de questions.

Romancier

Entre deux exploits en Amérique du Sud ou en Afrique, Hubert Bonisseur de la Bath prend un peu de repos dans son point de chute secret... rue Galande ! Là où habite son géniteur.

L'auteur le plus lu au monde habite depuis 1960 une superbe demeure, le pavillon Saint-Hubert, avenue du Général Leclerc, à Chantilly. Le 26 mars 1963, il quitte vers 10 heures son domicile pour la journée, à bord de sa Jaguar toute neuve. Il laisse un mot à ses employés : « *Je serai de retour vers 19 heures.* » Personne ne le reverra !

La maison d'enfance d'Aillières-Beauvoir. Il y fête l'anniversaire de son père en décembre 1962, trois mois avant son fatal accident.

La route est mouillée. Après La Morlaye, Jean Bruce grimpe la côte d'Épinay, à Champlatreux, au-dessus de Luzarches. Dans un virage, juste avant la station BP, la Jaguar glisse et percute avec une violence inouïe l'avant d'un semi-remorque venant en sens inverse.

Le camion n'a plus de roues, le train avant est sous la cabine. Quant à la voiture de Jean Bruce, elle rebondit, fait plusieurs tours sur elle-même, et s'immobilise une centaine de mètres plus loin. Le moteur s'envole et atterrit en contrebas de la route. Le conducteur est éjecté. Il gît sur la route, la tête et les membres écrasés.

45 millions d'exemplaires

À Beauvoir, l'émotion est à son comble. Tous les habitants de cette minuscule commune le connaissent. S'il est né à Paris en 1921, c'est à Aillières-Beauvoir qu'il vit toute sa jeunesse, où ses parents tiennent l'épicerie depuis leur arrivée en 1927. Épicerie, ici, veut dire café, restaurant, coiffure, réparation de vélos, le père se chargeant de ces deux dernières tâches. Jean Brochet y fréquente l'école communale, près du cimetière, devenue propriété privée, puis le collège de Mamers.

Embauché dans un magasin d'Alençon, il s'engage dans l'armée de l'air à la déclaration de guerre... On connaît la suite.

Jean vient régulièrement à Beauvoir (Aillières et Beauvoir deviennent Aillières-Beauvoir en 1964, un an après sa mort) et y laisse le souvenir de la dernière visite à ses parents avec sa Jaguar toute neuve, celle avec laquelle il va se tuer. En décembre 1962, il y fêtait les 75 ans de son père, trois mois avant le drame. Ses parents vivent ce que personne ne souhaite : leurs deux enfants disparaissent avant eux. Fernande, la sœur de Jean Bruce, née en 1919, enseignante dans l'Orne, meurt à son tour d'un cancer pendant sa retraite, laissant des parents effondrés de se retrouver seuls.

Jean Bruce laisse en souvenir quatre-vingt-sept romans d'OSS 117, écrits à un rythme de six parutions annuelles en moyenne. Sa femme et ses enfants vont continuer son œuvre et multiplier les aventures comme on multiplie les petits pains. Avec 12 millions d'exemplaires vendus rien qu'en France de son vivant (45 millions sur le plan international), Jean Bruce entre dans le club très fermé des écrivains les plus vendus au monde. Sans parler des droits d'auteur, des émissions radio et des films. Au moment de sa disparition, deux étaient déjà sortis en salle et cinq autres en préparation.

Note : La période de la Résistance est basée sur les témoignages des protagonistes. L'auteur n'a, à ce jour, trouvé aucun document permettant de l'attester.

Robert Doisneau

Parcourir la Sarthe pour le plaisir ou pour le travail

ANNÉES 1930 ET ANNÉES 1950-1980

Lorsqu'on entend le nom de Robert Doisneau (1912-1994), on ne peut s'empêcher de penser à deux autres monstres de sa génération, Henri Cartier-Bresson et Jacques-Henri Lartigue, dont les relations avec ce dernier seront étroites. Leurs deux points communs, le noir et blanc, regarder et photographier ce qui les entoure. *« Il y a des gens qui s'escriment à aller photographier des palmiers à l'autre bout du monde, moi mon truc c'est plutôt les platanes »*, disait Doisneau. Et d'ajouter : *« Pourquoi aller si loin, alors qu'à une demi-heure de chez moi, je suis sur mon théâtre enchanté ? »* Dans la Sarthe, il sera servi...

Robert Doisneau est bien de ceux pour qui la discrétion est une règle de conduite. Il est venu une dizaine de fois dans la Sarthe, à titre privé ou professionnel, et tout le monde n'y a vu que du feu. Sans un certain Claude Pressoir, lui-même photographe quasiment clandestin, nous serions sans doute encore et toujours aussi ignorants de cette présence. *« En 1963, la préfecture m'avait commandé un dessin pour un livre sur la Sarthe. Une dizaine de photographes y participaient, dont un type nommé Doisneau que je ne connaissais pas mais qui m'avait intrigué parce qu'il était le seul non-Sarthois de la bande. »* Ses recherches à l'atelier Doisneau de Montrouge et la complicité des deux filles du célèbre photographe lui ont permis d'effectuer un inventaire inédit de clichés oubliés.

Tout commence par une commande du préfet de la Sarthe Pierre-Marcel Wiltzer, héros de la guerre, et du conseil général de la Sarthe, destinée à la promotion du département sous forme de livre, précédée d'une visite purement touristique à Saint-Léonard-des-Bois vingt ans plus tôt, selon Claude Pressoir, sorte de voyage de noces d'un couple récemment marié.

À chacun de ses passages, les années 1930 (sous réserve), 1950, 1960 et 1970, 1980 (à l'occasion du Festival de l'image et des 24 Heures du livre, devenues 25e Heure), Doisneau fixe quelques scènes sur la pellicule. Selon le photographe

Gilles Kervella, fondateur de la revue *Maine découvertes* et des Éditions de la Reinette, *« il adorait le Jasnières et le Côteau du Loir »*.

Seul bémol sur les années 1930, il est possible que Doisneau réalise des clichés de canoë dans cette décennie-là (salarié pendant les grèves de 1936, il avoue un peu honteux que c'était pour lui *« la possibilité de faire du canoë »*) mais les deux photos exposées à l'abbaye de l'Épau en 2004 doivent être attribuées à la Sarthe avec d'immenses précautions. Une troisième, qui n'a pas été sélectionnée, semble bien correspondre à notre département. Or, les trois ont été datées de 1939. En fait, c'est absolument impossible. Cette année-là, Doisneau travaille pour Renault. Viré en juillet pour retards à répétition, il répond à une commande de l'agence Rapho sur le canoë, un sport qu'il a l'habitude de pratiquer avec sa femme... en Dordogne. Le reportage est interrompu par la déclaration de guerre. Doisneau et sa femme rentrent précipitamment à Montrouge et l'affaire en reste là.

Il revient dans la Sarthe en 1953, pour travailler cette fois. Il réalise plusieurs photos de la course automobile, diffusées par l'agence Rapho. *« Je me suis demandé pourquoi il a photographié la n° 61 plutôt qu'une autre,* confie Claude Pressoir, *et j'ai découvert qu'il s'agissait d'une Panhard dessinée par l'ingénieur Riffard exactement sur le modèle de l'avion Caudron de l'époque. Riffard était un de ses amis. »* Doisneau effectue un autre reportage sur le circuit en 1960.

Lorsqu'il revient en juillet 1962, Doisneau effectue une grande tournée à travers les rues du Mans à bord d'une 4 CV, puis dans le reste du département. Avec celles de 1962, la quarantaine de photos sélectionnées pour une exposition à l'abbaye de l'Épau correspond tout à fait aux fondamentaux défendus par les promoteurs de nos produits et du tourisme : poteries de Prévelles, la Couture, la vieille ville, l'hôtel de Vaux, la muraille gallo-romaine, le tunnel, le château de Sourches, le château de Verdelles, le château de Fresnay-sur-Sarthe, les halles de Mamers, le spectacle son et lumière du Lude (qui n'existe plus), le zoo de La Flèche et l'incontournable Jacques Bouillault.

Mais on y voit aussi, et c'est le propre de Doisneau (ce n'est pas pour rien qu'il était classé dans la catégorie des photographes humanistes), des jeunes filles à bicyclette, des ramoneurs, des enfants, des cours d'école, des lycéennes, des forgerons, des bigotes, des golfeurs, des paysans, et puis ces paysages si familiers aux Sarthois, les rivières, les arbres, les plaines, les pommiers, les vaches, les moutons... Aux 24 Heures du Mans, il ne photographie pas seulement les voitures, mais aussi l'ambiance populaire, celle des stands et des pique-niques...

Doisneau a photographié l'abbaye de Solesmes depuis la route Juigné.

Cette même année 1962, Robert Doisneau marque un arrêt à Solesmes et, de la route de Juigné, photographie l'abbaye avec, en premier plan, une Dauphine et une famille déjeunant au bord de l'eau. Là encore, comme pour Picasso et d'autres, il est difficile d'imaginer que le photographe soit reparti sans avoir au préalable pénétré dans le monastère, histoire de voir d'un peu plus près à quoi il ressemble.

L'ouvrage publié en 1964 aux Éditions R. Thivillier sous le titre *La Sarthe* contient quarante-deux photos signées Doisneau. On y retrouve des images au bord de l'eau prises à Saint-Léonard-des-Bois et Fresnay-sur-Sarthe, lieux de vacances de Doisneau. Dans un article publié par *L'Agriculture sarthoise* le 18 juin 2004, puis dans *Ouest-France*, sa fille Annette Doisneau déclare : *« En 1939, mes parents ont descendu la Sarthe et le Lot en canoë, avant de nous avoir. »* Puisqu'elle n'était pas née, son témoignage est par conséquent fragile et laisse supposer qu'elle se trompe d'époque, pour les raisons que nous avons déjà évoquées. On y voit également la photo de l'abbaye de Solesmes coupée, de sorte que la voiture garée le long de la Sarthe a disparu.

En 1971, le photographe entame une tournée des musées régionaux avec Jacques Dubois et Roger Lecotté pour le compte du Crédit Lyonnais. Pour une fois, nous sommes bien informés, car Robert Doisneau raconte lui-même sa présence parmi nous au printemps. *« L'étape du Mans, et la visite du musée de la Reine Bérangère nous offraient encore notre ration quotidienne de poteries paysannes. Parmi celles qui se morfondaient dans le purgatoire des vitrines* [...] *il y a eu la découverte du tintamarre ocre et vert des pots de Thuilant. »*

Doisneau ne cache pas sa fascination pour celui qu'il appelle le *« Douanier Rousseau de la poterie ». « Imaginez des pichets ventrus ceinturés d'un bas-relief représentant les gestes professionnels et les outils de ceux à qui ils étaient destinés. Trente pots, trente citoyens d'un village au travail. L'ensemble rayonnait d'amitié. »* Il ajoute à l'occasion d'une interview : *« J'ai vu des objets superbes dans les musées d'art populaire français* [...] *Ce sont la plupart du temps des ramassis d'orgueil. Il y a là-dedans plus d'amour-propre que d'amour. Chez Thuilant il n'y a que de l'amour. »*

Pour mettre en valeur ces objets, Doisneau invente le Speed Grafic, une technique permettant de faire tourner le pot sur un plateau, devant l'objectif, permettant d'avoir une vision unique. Le résultat a été publié dans six pages de la revue *Connaissance des Arts* en février 1973. « Matérialiser sur des pots » les métiers, *« c'est une manière de rendre hommage au peuple et témoigner qu'on en est »*, confie-t-il au magazine. *« Sur chaque pot le même besoin de dédier, de signer, de dater, de ne pas mourir. Est-ce que je n'en fais pas autant quand je photographie Paris ? »*, se demande Doisneau. *« Content d'avoir témoigné pour ce type, oui. Qu'on a bafoué, qui a été la risée du pays. Ce devait être tout pareil dans l'entourage du douanier Rousseau, j'imagine. »* En ce qui concerne Thuilant, *« il s'est pendu dans son grenier. De misère, de solitude – on a dit d'une crise d'éthylisme. »* Pour finir, Doisneau envoie un message posthume à Louis-Léopold Thuilant : *« Mon vieux, tu fais partie de mon petit monde. »* Grâce à lui, l'obscur Thuilant est tout à coup connu de toute la France.

Dans les deux livres publiés à cette occasion, *Métiers de tradition* et *Témoins de la vie quotidienne*, on constate qu'il a photographié plusieurs autres sujets, l'abbaye de l'Épau, des tableaux au musée de Tessé, des poteries de Malicorne ou des objets originaires de Pontvallain.

À l'occasion d'une interview publiée dans un *Photo poche* de 1983, Sylvain Roumette demande à Doisneau : *« Quand on vous a demandé, pour un livre, de faire un voyage professionnel, vous n'avez pas choisi la vallée de la Mort, comme Jean-Louis Sieff, mais la vallée de la Loire... »* Réponse de Robert Doisneau : *« Et encore je n'ai pas pu bien la faire, car je ne pouvais pas être absent de chez moi*

Littéralement ébloui par les poteries de Thuilant, Doisneau va mettre un soin infini à les photographier.

plus de trois jours d'affilée ! Il y a toujours cette contrainte, cette espèce de démon malin qui ne m'a jamais quitté, et ça continue. Et en un sens ce n'était pas mauvais, notez bien, parce que la grande liberté, maintenant qu'il n'y a plus la contrainte, par exemple, du travail pour les magazines, eh bien ça donne des photos qui ne servent à rien, qui sont dans les galeries, qui sont de purs objets de spéculation. »

Au total, on peut estimer à une centaine le nombre de photos réalisées dans la Sarthe. On en retrouve par-ci, par-là dans différents ouvrages publiés par Doisneau.

Le Corbusier

La Ferme radieuse à Piacé et autres traces sarthoises

De 1933 à 1956

Charles-Édouard Jeanneret, né en Suisse à La Chaux-de-Fonds le 6 octobre 1887, décède le 28 août 1965 à Roquebrune-Cap-Martin, dans les Alpes-Maritimes. Il entre dans la postérité sous le nom de Le Corbusier. Son nom est associé à l'architecture, alors qu'il a exercé ses talents dans d'autres créneaux, comme la peinture, la poésie et la sculpture. Vivant ou mort, les avis sont depuis l'origine très partagés à son sujet.

Issu d'une famille d'artisans et de musiciens, le jeune Charles-Édouard est précoce, puisqu'il construit sa première maison à 18 ans. Il exerce ses talents à Vienne, puis à Lyon, avant de se lancer dans une vaste tournée européenne, à la recherche de « sa » maison idéale : Allemagne, Roumanie, Grèce, Italie... et Paris, où il pose ses valises... de peintre (notamment des cartons de tapisserie). Il n'est pas encore Le Corbusier, nom d'un grand-père qu'il commence à utiliser entre 1919 et 1923. Dans la même période, l'architecte établit les plans d'une maison standard pour compenser rapidement les dégâts immobiliers de la guerre. Il l'appelle « Citrohan », allusion à Citroën, la voiture de tout le monde, ouverte à toutes les bourses. En d'autres termes, il défend l'idée d'une maison industrialisée et toute sa carrière d'architecte visera quelque chose d'approchant.

Le Corbusier commence à dessiner des maisons pour des amis, la première à Paris en 1922, puis une autre à Auteuil. Fort de ses premiers succès, il ouvre une agence rue de Sèvres, à Paris, et commence à se faire connaître avec la villa Stein de Garches (1927) ou la villa Savoye de Poissy (1929). En cette période dite « Art déco », qui s'exprime entre 1920 et 1940, il se distingue par un modernisme évident au XXIe siècle, mais époustouflant à cette époque : transparence, cloisons mobiles, lumière, symbiose entre le bâtiment et l'espace extérieur... Autant de théories concrétisées par la mise au point d'une échelle harmonique des proportions qu'il a appelée Modulor.

Le Corbusier passe de la maison à l'immeuble à Bordeaux avec des logements sociaux dans le quartier Henri Frugès. Les commandes s'enchaînent avec le Bureau central des coopératives de consommation de Moscou entre 1929 et 1933, où il inaugure l'air conditionné, le pavillon de la Suisse dans le parc de la cité universitaire de Paris entre 1930 et 1933, et l'asile de l'Armée du Salut. On peut encore citer le ministère de l'Éducation nationale de Rio de Janeiro, le secrétariat de l'ONU, les Cités radieuses de Marseille et Rezé, la chapelle Notre-Dame-du-Haut de Romchamp entre 1950 et 1955, le capitole de Chandigarh du Pendjab entre 1950 et 1962, le pavillon du Brésil en 1959...

Et la Sarthe dans tout ça ? S'il invente la Cité radieuse à Marseille, c'est dans la Sarthe que Le Corbusier conçoit la Ferme radieuse et le Village coopératif. À cette différence près qu'aucun des deux projets de verra le jour. Néanmoins, cette histoire est proprement incroyable, digne d'un roman de science-fiction, un rêve utopique sans suite... mais réalisable, puisque Le Corbusier applique les principes au Brésil, en Argentine ou en Italie.

L'homme à l'origine de cette époustouflante aventure est Norbert Bézard, né à Loué en 1896, mort à Paris en 1956. Un personnage peu commun. Destiné à la profession de boulanger, il exerce en réalité dans tous les domaines, apiculteur, employé de chemin de fer, maçon, secrétaire communal, facteur... jusqu'à la poterie, sans conteste sa plus belle réussite professionnelle. Il habite Piacé à l'époque qui nous intéresse et considère que son village de trois cents habitants, comme tous les autres, n'est plus adapté à notre monde, n'est plus en phase avec les exigences modernes de notre société. *« Un jour, à Paris, lors de l'une des réunions du groupe Prélude, je rencontrai Norbert Bézard, ouvrier agricole »*, se souvient Le Corbusier. Norbert Bézard n'y va pas par quatre chemins. *« Vous avez le devoir de mettre debout la Ferme radieuse, juste et nécessaire pendant de la Ville radieuse »* lance notre homme à l'architecte. *« C'était une tache angoissante mais magnifique »*, voilà la réaction de Le Corbusier face à cette proposition *a priori* saugrenue. Nous sommes en 1933.

Bézard ne traîne pas. Il réunit ses amis au café de La Boule d'Or de Piacé, leur raconte sa rencontre avec Le Corbusier et lui écrit avec fermeté : *« Il nous faut des plans-devis précis. Nous les attendons, faites-nous des dioramas de la vie future. »* Le Corbusier s'y colle sans sourciller, Bézard fait la navette entre la Sarthe et Paris, sous l'œil attentif du comité de La Boule d'Or.

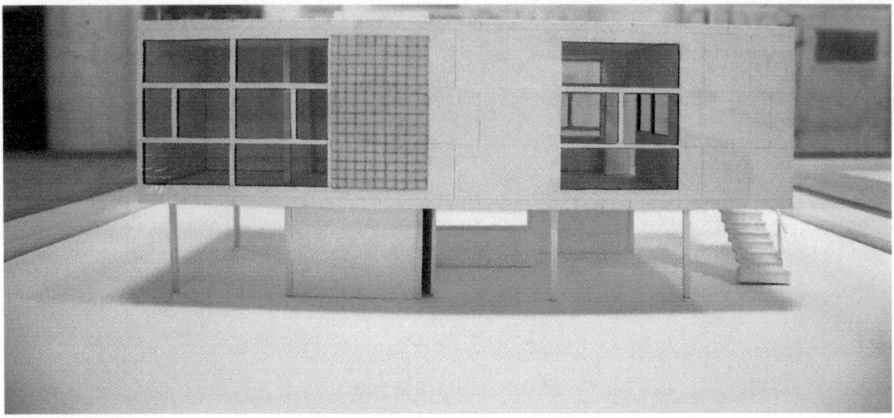

Maquette de la Ferme radieuse.

Le Corbusier vient regarder de plus près à quoi ressemble la commune. Au presbytère de Saint-Rigomer-des-Bois, il écoute attentivement Norbert Bézard. *« Lui et son ami Hodot (chef du cadastre et officier de marine) posent des questions auxquelles je ne me sens pas le goût de répondre. Elles sont d'une nature bien trop élevée, bien trop abstraite, elles ont trait aux inconnues dont j'ai admis de ne pas franchir les limites. »* Le Corbusier serait-il dépassé par les événements ? Non pas. Tout le monde est convoqué dans la capitale. *« Dans une salle de théâtre du Mans, Bézard amena ses paysans. J'exposais en croquis faits au tableau noir et en projections lumineuses, les plans de "La Ferme radieuse". »* Le Corbusier retourne dans ses bureaux parisiens quelques jours plus tard.

De la Ferme radieuse, on passe rapidement à une extension à l'ensemble du village, la ferme restant le centre vital autour duquel tout le reste s'intègre. *« La ferme n'est pas une fantaisie architecturale, c'est quelque chose qui est comme le visage humanisé de la terre »*, estime l'architecte. *« Le paysan n'est plus "le cul terreux" enfoncé dans la solitude des champs. Il lit le journal ; la TSF le renseigne et l'éduque (bien ou mal) ; l'autobus, le train, les livres l'ont mis en étroit contact avec la ville et le monde. Le paysan a des droits politiques complets. La notion de région, de patrie, d'univers lui est convenable. Il participe à la vie du monde. »* Bref, le paysan, pour sortir de son isolement, doit s'associer avec ses voisins. D'où l'émergence d'un système coopératif. Les machines *« appartiendront à la Collectivité Communale »*, elles resteront *« la propriété de tous, à la disposition de tous »*. Idem pour le silo, *« outil de salut, de sauvegarde, de distribution des récoltes, moyen stable, indifférent à la spéculation, à l'usurier, et au maquignonnage »*.

Même l'atelier de réparation sera coopératif. Les habitants bénéficient de services communs : *« eau potable, chauffage, eau chaude, crèche, restaurant, garage et l'organisation "santé", comportant le local des consultations du docteur, le dispensaire et les moyens utiles d'hospitalisation d'urgence (accouchement, maladies foudroyantes, accidents, etc.), un terrain rationnellement équipé (garage des outils, arrosage, irrigation, resserre, etc.) s'étend derrière l'immeuble* [d'habitation collectif] *et sert de potager. »*

Du coup, si on parle de Ferme radieuse on ne pense plus Village radieux, mais Village coopératif. *« La combinaison de la ferme et du village coopératif conduit sa pensée vers celle d'autrui. Le paysan participe au phénomène collectif, communal, régional, national ou mondial. »* Pour que l'harmonie soit parfaite, il faut que la commune soit *« le ventre et la tête, le silo et le club »*. Le Club est un lieu social, politique et de loisirs, où ont lieu les réunions *« amicales ou pour les discussions ou pour les luttes, le lieu équipé pour l'information spécialisée ou généralisée (projections, films ou bibliothèque) »*. Tout le village tourne autour du monde nourricier qui l'anime, celui de l'agriculture.

La Ferme radieuse est implantée de telle sorte que *« les efforts doivent y être réduits au minimum »*. Elle est constituée de plusieurs éléments. La maison d'habitation, indépendante de la partie professionnelle, est bâtie sur pilotis pour la protéger des intempéries. Granges, silos, étables, écuries, porcheries, poulaillers, laiteries, fromageries, ateliers mécaniques sont bien séparés...

À l'occasion de l'Exposition internationale de Paris en 1937, les plans sont présentés au public au pavillon des Temps nouveaux. On y voit très clairement un projet universel. Piacé est le village pilote d'une vaste extension nationale. *« La Ferme radieuse et les éléments constitutifs du centre coopératif ont été conçus pour être construits dans les ateliers de la grande industrie. Leurs éléments obéissent à des standards »*, confirme l'architecte.

Toutes ses théories de Le Corbusier sont en réalité celles de Bézard, développées par Le Corbusier. Les deux hommes sont en fait en totale harmonie de pensée. Le Sarthois les présente au 5e congrès des Congrès internationaux d'architecture moderne (Ciam) de Paris, salle d'Iéna, en 1937. Urbanistes et architectes du monde entier l'écoutent religieusement. *La Nouvelle Gazette de Zurich* du 3 août 1937 rend compte de son exposé. Il commence par dénoncer *« les besoins "commerciaux" artificiellement provoqués se substituant aux besoins réels de l'homme d'aujourd'hui* [...] *comme si l'homme était lié par sa nature à un système monétaire et financier ! C'est inepte, fou à lier* [...] *C'est abominable, criminel.* » Discours toujours d'actualité. « *Tout est fait pour la ville*, et *si rien ne change, la campagne sera vidée complètement, allant engorger davantage la ville déjà surchargée : crise.* » Une seule solution, transposer la politique d'urbanisme et l'architecture, donner du confort à la campagne, « *parce que le paysan en a assez de vivre dans le fumier et de travailler comme un esclave à longueur d'année pour ne rien gagner...* ». La Ferme radieuse est une réponse. « *Nous réclamons des fermes-outils-de-civilisation, sorties du romantisme... et du fumier* [...] *Nous réclamons pour nos paysans le même confort qu'à la ville* [...] *Le logis du paysan sera l'équivalent du logis citadin.* » Le Corbusier conclut en novembre 1940 : « *Oui, alors les "échoués" des villes reviendront à la terre* [...] *Si l'on veut urbaniser les villes, il faut aménager les campagnes.* »

En résumé, les services, les outils de production et d'exploitation sont communaux et collectifs, seule la propriété reste privée. Piacé, nouveau village entièrement repensé et reconstruit de chaque côté d'un grand axe rejoignant la route d'Alençon (jusqu'à raser l'église), vivra au rythme d'une cinquantaine de fermes d'une vingtaine d'hectares ultra modernes.

L'ambition de Bézard n'a plus de limites. Comme si ça ne lui suffisait plus, il déclare à Le Corbusier : « *Et maintenant, il faut faire les plans du "Village coopératif", et puis encore, il faudra faire les plans de la région et de la capitale de la région.* » Rien de tous ces beaux rêves, joyeusement vécus jusqu'en 1946, à peine interrompus par la guerre, ne verra le jour, mais il nous reste une belle histoire.

L'amitié entre les deux hommes est intacte jusqu'à la mort prématurée de Norbert Bézard en 1956, à 60 ans. Les deux hommes nous laissent une riche correspondance dans laquelle Bézard appelle l'architecte « *mon cher Corbu* ». Grâce à Le Corbusier, la plupart de ses céramiques ont été sauvegardées.

Du nord au sud

Le principe d'habitation sur pilotis se concrétise au sud du département, à Marçon, lieu de prédilection de Francis Blanche. La cantine scolaire, commandée par Armand de Malherbe, maire de 1956 à 2001, n'est pas conçue par Le Corbusier, mais par son adjoint André Wogenscky, élève et collaborateur depuis vingt ans. Cela dit, Le Corbusier y met son grain de sel et surveille de près l'évolution du projet. C'est lui, par exemple, qui lui donne le nom de Marca, abrégé de Marçon cantine.

Le restaurant scolaire de Marçon, en attente de sauvegarde. Le monument se dégrade, faute de moyens.

Toujours est-il que le restaurant scolaire est une vraie révolution à l'époque. Il reste encore aujourd'hui d'un style architectural peu courant. Au point que la presse s'empare du sujet. Des articles sont publiés dans *Elle*, *France-Soir*, *Paris-Presse* et André Malraux demande des photos à Le Corbusier...

Le bâtiment est commandé en 1956, achevé en décembre 1961, inauguré en février 1962. Entre temps, André Wogenscky quitte Le Corbusier pour se mettre à son compte. On peut ainsi affirmer que Marçon est sa première commande. Mais, il le déclare plus tard, Le Corbusier serait bien celui *« qui inspira les grandes lignes de sa réalisation »*. De fait, le contrat est signé au nom de Le Corbusier et l'avant-projet préparé par Wogenscky. Le Corbusier dessine des croquis, Wogenscky dessine les plans. Le Corbusier est « architecte en chef », Wogenscky « architecte d'opération ». Au final, Le Corbusier préfère laisser l'entière propriété du projet à son ex-collaborateur.

Comme toujours avec Le Corbusier, l'architecture ne se limite pas à la structure (verre, béton, bois). Tout est pensé, même les tables, les tabourets, les portemanteaux, les toilettes, les placards... La façade sud est en verre, avec un astucieux système de ventilation vertical. L'accès extérieur se fait par une rampe douce.

Le restaurant ne répondant plus aux normes et de plus en plus fragile est fermé en 2014. Il est inscrit au monuments historiques depuis 2002, mais rien de réellement probant n'a été fait depuis pour le protéger. Malgré les efforts de la municipalité, le bâtiment est sérieusement menacé, à cause du ciment utilisé, de mauvaise qualité, et dévoré par des champignons.

Esprit, es-tu là ?

Au Mans, on retrouve l'esprit Le Corbusier dans l'immeuble Courboulay sur pilotis en béton, réalisé par l'architecte Jean Le Couteur entre 1953 et 1958, classé aux monuments historiques en 2004 et entièrement restauré à partir de 2018.

En réalité, le style est celui des Trente Glorieuses et l'influence de Le Corbusier s'arrête à peu près là. Il n'a pas été son élève, comme on l'entend ici ou là. Quant à savoir s'il a été son disciple, nous n'avons trouvé aucun élément prouvant cette thèse. Le seul lien connu tient au fait que Jean Le Couteur a travaillé avec Jean Prouvé, un collaborateur de Le Corbusier.

Dans la Sarthe, Le Couteur a laissé des traces tangibles. Il est l'architecte de la maison départementale des sports, à côté de la barre Courboulay, de la Caisse d'assurance maladie de l'avenue Bollée, des logements des militaires de la caserne Mangin, au 1 de la rue de l'Arche, et dessine une partie du vaste projet de la ville nouvelle d'Allonnes, le quartier de Chaoué. Le groupe scolaire IV de la ZUP et la tour Étoile, c'est lui.

Simone de Beauvoir

En Sarthe pendant la débâcle

1940

En 1933, le couple Sartre-Beauvoir est déjà formé depuis quelque temps. Professeurs, ils sont encore inconnus. Le crime des sœurs Papin, le 2 février, les passionne. L'affaire devient matière à analyse philosophique. À travers ce sordide massacre, ils perçoivent les défauts de la bourgeoisie.

Mais ce premier contact – indirect – avec la Sarthe n'est qu'une anecdote, comme celle que Simone de Beauvoir (1908-1986) vivra en tant qu'examinatrice à Caen, avec les candidats au bac du Prytanée national militaire de La Flèche, la même année, alors qu'elle n'a encore que 25 ans. Hermétique aux principes hiérarchiques, elle supporte mal de voir ces élèves sanglés dans leur uniforme, suant, et l'air traqué. Ne supportant pas l'impression d'assister à *« une sauvage cérémonie »*, elle mettra la moyenne à tout le monde.

Ce sont les hasards de la guerre qui propulsent l'écrivain dans nos contrées. Le 9 juin 1940, à la terrasse du Flore, Simone décide de fuir la capitale, comme des centaines de milliers d'autres Français, tandis que Jean-Paul Sartre, soldat, est fait prisonnier. Elle choisit de se rendre à Angers, où elle connaît des amis.

Beauvoir se lève à 7 heures le lendemain. La voiture qui l'emmène avec une amie traverse Chartres et s'arrête à Illiers, où un vieillard leur cède deux chambres pour la nuit. Le 11 juin, l'équipage arrive au Mans. La ville *« était pleine de soldats anglais. Nous sommes arrivés à Laval qui grouillait de réfugiés »*, raconte-t-elle dans son livre *La Force de l'*âge.

Premiers uniformes à La Flèche

Le soir même, elles sont à Angers. *« Pas un endroit où se loger. »* Des amis les accueillent à La Pouèze, un village proche d'Angers. *« Chaque jour, des camions qui venaient d'Alençon, de l'Aigle, traversaient le village. »* Un soir, d'un camion quelqu'un crie : *« Ils sont au Mans. »* Le lendemain, le village est déserté.

Simone de Beauvoir voit les premiers uniformes allemands à La Flèche.

Après la déclaration de Pétain le 21 juin, il est clair que la France a perdu la guerre. Convaincue que Sartre est par conséquent rentré à Paris, Simone de Beauvoir décide de prendre le chemin du retour. Un Néerlandais, lui aussi réfugié dans le Maine-et-Loire avec deux femmes, accepte de l'emmener dans sa voiture.

Avec seulement dix litres d'essence, la voiture tombe en rade à La Flèche. Le conducteur se rend à la kommandantur, *« installée au bord de l'eau, dans un superbe bâtiment »*. Simone voit les premiers uniformes gris vert.

Espoir dans *La Sarthe*

« J'ai fait un tour en ville avec les deux femmes. Nous avons acheté La Sarthe *et lu les conditions de l'armistice. »*

Dans les colonnes du futur *Maine Libre*, Beauvoir lit *« attentivement le paragraphe sur les prisonniers »*, *« et il m'a semblé certain qu'on garderait seulement ceux qui étaient déjà en Allemagne. Cette idée m'a soutenue pendant deux jours et m'a permis de m'intéresser à ce voyage de retour. »* À La Flèche, l'espoir de retrouver Sartre grandit.

À 11 heures, cinq litres d'essence permettent de rallier Le Mans. Malheureusement, 10 kilomètres plus loin, la circulation est déviée, c'est à nouveau la panne. *« Mais nous avons eu la chance de trouver dans une ferme cinq litres d'essence rougeâtre abandonnée par les Anglais. »*

À midi, la voiture s'arrête enfin boulevard René Levasseur, au Mans. *« Devant les grilles de la préfecture, encore fermée, il y avait deux cents personnes qui se pressaient, des brocs, des bidons, des arrosoirs à la main ; autour de la statue d'un conventionnel en chapeau à plume et ridiculement petit (Levasseur, je crois) un tas de voitures étaient arrêtées, et aussi des camions chargés de matelas et de batteries de cuisine ; des réfugiés attendaient, mangeant, somnolant, sales et minables, avec des gosses et des ballots ; ils grommelaient ; on disait qu'ils attendaient depuis huit jours, indéfiniment renvoyés de la préfecture à la kommandantur ; le bruit courait aussi que Paris manquait de tout ravitaillement. »*

En début d'après-midi, les grilles de la préfecture s'ouvrent enfin. *« Ça a été la ruée, mais un employé a chassé tout le monde en criant qu'à 3 heures un wagon-citerne allait apporter dix mille litres, et qu'il y aurait de l'essence à gogo. »*

Musique militaire à la République

Le Néerlandais, les deux femmes et Simone de Beauvoir décident d'aller déjeuner place de la République. *« C'était l'atmosphère des foires-expositions poussiéreuses, grouillantes et écrasées de soleil. Une foule de soldats en gris, des voitures allemandes, des centaines de camions et d'autres de réfugiés : tous les cafés gorgés d'Allemands. »*

Des voitures, des camions et des motos tournent autour de la place. Des haut-parleurs diffusent de la musique militaire et des communiqués en allemand et en français. *« C'était l'enfer. La victoire était inscrite sur chaque visage allemand ; chaque visage français était une criante défaite. »*

Rien à manger. Les Allemands entrent, sortent, saluent, claquent les talons. *« Ils buvaient et riaient. Ils affichaient une grande courtoisie. J'ai laissé tomber je ne sais quel objet et l'un d'eux s'est empressé de le ramasser. Et puis nous nous sommes assis, au bord du trottoir. »*

L'équipe parvient à acheter du pain et de la charcuterie. En fin de soirée enfin, le Néerlandais trouve cinq litres d'essence. Nouveau départ, en direction de La Ferté-Bernard. *« Nous avons trouvé une ferme où nous avons dormi dans la paille. »*

Simone de Beauvoir veut déjeuner au restaurant Grüber, place de la République, au Mans, mais il n'y a plus rien à manger.

À la gare de La Ferté

À La Ferté-Bernard, *« il y avait beaucoup de réfugiés que des camions allemands avaient ramenés jusque-là et abandonnés à la nuit tombante »*. À nouveau les problèmes d'essence.

Simone en a assez. Elle décide de rentrer par ses propres moyens. *« À la gare, un train partait pour Paris : il était réservé aux employés de chemin de fer qu'on rapatriait. »* Impossible d'y monter.

De plus, à part un morceau de pain *« épais et trop salé »*, Simone de Beauvoir ne trouve aucune nourriture. *« À La Ferté, il n'y avait pas de ravitaillement, on risquait d'y mourir sur place. »*

Elle laisse sa valise au Néerlandais et décide de continuer à pied. Un camion allemand s'arrête. Simone monte. Elle arrive enfin à Mantes, à 40 kilomètres de Paris. Elle achève son odyssée dans une voiture de la Croix-Rouge. Sartre n'est pas rentré. Il est prisonnier. Mais ceci est une autre histoire...

Simone de Beauvoir ne reviendra jamais au Mans, mais la ville en appellera à son bon souvenir en 1972. Alors qu'avec Sartre elle intervient en faveur des maoïstes licenciés par Renault, un groupe d'Ordre nouveau, mouvement d'extrême droite, procède à l'autodafé de leurs livres sur la place Saint-Vincent du Mans. L'affaire fera suffisamment de bruit pour qu'elle revienne aux oreilles de Beauvoir.

Leclerc, Patton… et de Gaulle

Les Libérateurs du département

1940, 1944 et 1946

Sablé, Malicorne, Rouillon, La Chapelle-Saint-Aubin, La Trugalle, Vivoin, Souligné-sous-Ballon, Ballon, Bonnétable, Doucelles, Fyé, Rouessé, Les Mées, Bourg-le-Roi, Champfleur, Courcebœufs, Dangeul, Ancinnes, Saint-Paterne… Toutes les communes du Nord-Sarthe, ou presque, ont vu le général Leclerc (1902-1947) passer au pas de charge à bord de sa jeep ou à pied, sa canne à la main. De toutes les personnalités ayant séjourné dans la Sarthe, il est sans doute le plus célébré, alors qu'il a traversé le département en une poignée de jours. Une plaque, un buste, une borne, une médaille, un monument honorent partout sa présence… Il faut dire qu'il a eu l'art de se faire remarquer. Dès le débarquement en Normandie, et ce jusqu'en Allemagne, le général a pour habitude de doubler les unités avec sa jeep, de s'arrêter à un carrefour (une occasion de l'immortaliser sur des photos) et d'inspecter ses troupes, de remonter la colonne jusqu'à la queue, puis de recommencer… Bref, il est partout !

Un exemple suffit à donner la dimension du mythe dans le département. Deux ans après la libération de la Sarthe, le 18 août 1946, Leclerc accepte une invitation de Malicorne. Il doit arriver par Noyen en jeep, mais c'est par la route du Mans qu'il apparaît, à la surprise générale. Des chars fleuris retracent les étapes de la 2e DB depuis l'Afrique jusqu'au nid d'aigle d'Hitler, un défilé en costumes militaires de différentes époques a lieu dans une ambiance assez folle et les anciens de la 2e DB accueillent le général les larmes aux yeux. Un en particulier, Émile Tessier, organisateur de cette fête, faïencier à Malicorne. Quand la 2e DB pénètre dans la Sarthe, il quitte son atelier sans hésitation et rejoint la troupe… à 57 ans. Pour les autres combattants, il n'a qu'un nom : « Grand-père »…

Un an plus tard, le 28 novembre 1947, le général Philippe Leclerc de Hauteclocque disparaît dans un accident d'avion. Le square de Malicorne où Leclerc avait salué le monument aux morts prend son nom et une plaque en terre cuite, sculptée par

En août 1946, Leclerc salue le monument aux morts de Malicorne. C'est la dernière fois qu'il séjourne dans la Sarthe. Un an plus tard, il est victime d'un accident d'avion.

Georges Humeau, de l'atelier Tessier, orne l'édifice. Une autre, identique, se trouve à Fyé et plusieurs communes de la Sarthe suivront cet exemple.

Philippe de Hauteclocque a un premier contact avec la Sarthe pendant la débâcle de 1940. Le 25 juin, à Paris, il a vent, avec quelques jours de retard, de l'appel du 18 juin du général de Gaulle. Le 26, il saute dans une voiture, direction Le Mans, où il arrive le soir, puis continue jusqu'à Angers, chez sa sœur. Le 28, à bicyclette, l'officier rejoint Bressuire, dans les Deux-Sèvres, et Ruffec, en Charente, le 30... jusqu'aux Vergnes, en Gironde, où il retrouve sa famille. Presque immédiatement, il décide de rejoindre les Forces françaises libres d'Afrique et change de nom afin de protéger femme et enfants. Il s'appellera désormais Leclerc.

Le 1er août 1944, à 11 heures, la mythique 2e DB, rattachée à la 3e armée du général Patton, foule les plages françaises d'Utah-Beach. *« Ça fait une drôle d'impression »*, lance le général Leclerc. *« Ça fait bougrement plaisir, hein ! »* La situation est confuse. Les Américains sont bloqués. Ils avancent moins vite que prévu. Le 5 août, Patton donne l'ordre au général américain Haislip de libérer la ville du Mans. Le 6, trois divisions roulent vers la Sarthe.

Le 7 août, les quatre mille véhicules de la 2e DB s'ébranlent en deux colonnes. Pendant ce temps, les troupes américaines de Patton libèrent Le Mans le 8. Après un parcours de 200 kilomètres depuis la Normandie, la 2e DB stationne dans la zone d'Auvers-le-Hamon, à 8 kilomètres de Sablé-sur-Sarthe. Courte pause en vérité. Dans la journée, la colonne se remet en marche.

Leclerc veut vérifier la situation. Un barrage américain l'arrête. La ville du Mans n'est toujours pas libérée. Leclerc fait demi-tour, s'arrête à Chassillé et passe la nuit dans la buanderie d'une maison au lieu-dit La Groie appartenant à la famille Ligot. Le propriétaire, maréchal-ferrant, lui propose une chambre, mais le général refuse et se contente d'une sommaire paillasse.

Le 9 août, l'ordre est donné de rassembler la division à Rouillon. Des unités passent Trangé et sont regroupées à La Chapelle-Saint-Aubin. Le général Leclerc y fait le point sur une table prêtée par le boulanger, sur le trottoir. La population lui offre des fleurs et du cidre. Il chante un *Te Deum* à l'église et installe son PC dans le presbytère. Le général Patton l'y retrouve et fixe l'objectif : Alençon ! Assis sur un talus, Leclerc donne les dernières consignes à ses officiers.

Un bombardement sur la forêt de Perseigne par les forteresses volantes B17 est annulé, mais d'autres compenseront largement. Leclerc effectue une reconnaissance rapide de l'état du pont de Neuville, où il s'attarde quelques instants dans le café de madame Papillon pour faire le point, et le lendemain 10 août au matin, l'ordre suivant parvient à Leclerc : *« La 2e DB, appuyée à gauche sur la Sarthe, à droite sur le méridien de Savigné progressera offensivement vers le nord. »* Il monte sur le banc en pierre de l'église et explique la situation à la population.

Immédiatement, un groupement attaque Doucelles, un autre arrive à Dangeul, le bataillon de Massu est à La Trugalle à 6 heures, puis à Joué-l'Abbé, mais il a fallu 9 heures pour parcourir les 15 kilomètres depuis Rouillon. À 8 heures du matin, le front de la 2e DB s'étend sur 6 kilomètres et emprunte quatre itinéraires. Inutilement. De nouveaux bouchons se forment. À Souligné-sous-Ballon, le peloton de tête de Massu entre en collision avec le PC de son collègue Dio. Massu se fait proprement engueuler par Leclerc qui arrive, furieux, lui reprochant de traîner.

L'ordre est vite rétabli et tout le monde fonce. À 9 heures, les troupes traversent Courcebœufs, foncent vers Ballon, bien embouteillé aussi, Meurcé et Bonnétable. Premier contact sévère avec l'ennemi. De son côté, plus rien n'arrête Massu. À 13 h 30, il se retrouve face à la rivière Sarthe, et aux Allemands. Le combat est rude et c'est seulement à 18 heures que les soldats viendront à bout de l'ennemi.

Pendant ce temps, d'autres libèrent Dangeul et la troupe se prépare à passer la dernière nuit dans la Sarthe. À Doucelles, au moment où Leclerc monte dans sa jeep, une pluie d'obus tombe sur la commune. Leclerc se fige et attend, remonte dans sa jeep. Après un virage, un tireur allemand, à genoux à 200 mètres, vise Leclerc. Une rafale de mitraillette sauve le général.

La Sarthe libérée en cinq jours

Leclerc déjeune au café des Quatre-Routes de Joué-l'Abbé et dort le soir à Ballon. Le lendemain, il est à Meurcé. La bataille reprend et fait rage à La Hutte, sur la nationale 138, où un nombre impressionnant de Français est tué. Massu passe à Rouessé-Fontaine et laisse à un autre groupe le soin de nettoyer le secteur pour continuer vers Ancinnes, mais d'autres se heurtent à une forte résistance à l'entrée de la forêt de Perseigne. Après Chérancé et Bourg-le-Roi, un groupe de reconnaissance visite Coulombiers, Leclerc est à Bourg-le-Roi puis Champfleur, à 7 kilomètres d'Alençon, installé sur son char, baptisé Tailly. Il observe les opérations. Deux soldats allemands surgissent d'un buisson, mains en l'air. L'événement marque la fin des combats. Leclerc arrive triomphalement sur la place de Champfleur, où il installe son PC... Il passe sa dernière nuit dans la Sarthe ici, dans un champ, près de Champfleur... et essuie une vague d'obus, en pleine nuit. Quitte à être réveillé, autant se lever.

À 2h30 du matin, Leclerc en profite pour aller voir de près où on en est du côté d'Alençon, en compagnie du lieutenant-colonel de Guillebon. Il traverse Saint-Paterne et, constatant le bon état des ponts d'Alençon, entre dans une ville endormie, désertée. Le général donne l'ordre de s'installer sans attendre. Au retour vers Champfleur, le chauffeur se trompe de route et roule vers Mamers. Ils tombent nez à nez avec un véhicule allemand. Guillebon n'a aucune hésitation : il abat froidement le chauffeur d'un coup de colt. Les trois autres occupants préfèrent se rendre. Cette rencontre hasardeuse est finalement heureuse. Les Français récupèrent des documents de premier ordre. Ils donnent avec précision les positions de l'ennemi dans la région et, surtout, la stratégie adoptée dans les prochaines heures. Autant dire que Leclerc saura exploiter la situation...

Après Fyé, qui résiste encore assez longuement, Ancinnes et Le Chevain sont traversés par Massu le 12 août, les communes de Saint-Rigomer, Arçonnais et Saint-Paterne sont rapidement libérées et la bataille de Chambois, près d'Alençon, une des plus célèbres de la Libération, achève le périple sarthois. Le prochain grand rendez-vous avec les Allemands est celui de Paris... Un PC protège les arrières à Bourg-le-Roi jusqu'au 3 août.

« Après une marche assez acrobatique d'Avranches au Mans, nous avons attaqué droit au nord et, en quatre jours, atteint l'Orne entre Écouché et Argentan », écrit Leclerc au général de Gaulle. *« Résultats en ce qui nous concerne, pertes : 60 tués, 550 blessés environ. C'est peu, étant donné le grand nombre de combats. Le recomplètement* [sic] *est déjà fait. Au tableau, un minimum de 60 chars homologués : véhicules, prisonniers et tués boches très difficiles à estimer. Le moral de mes gens est des plus élevés et ils se sont bien comportés... »*

En réalité, Leclerc revient dans la Sarthe de manière, disons « moins voyante », lorsqu'il apprend le 15 août que deux corps d'armée américains se dirigent vers Dreux. Inquiet qu'ils entrent à Paris avant lui, il rejoint le QG de Patton, à l'entrée du Mans, le 16 août. Le général Bradley, autre pointure du commandement américain, est là aussi, ainsi que le général Wood, vainqueur de Rennes. Patton rassure Leclerc et l'ambiance est même chaleureuse. S'adressant à Leclerc, Patton désigne Wood du doigt : *« Vous voyez, Wood, eh bien ! Il est encore plus emmerdant que vous. »*

La mémoire de la 2ᵉ DB est visible dans chaque commune libérée. Le monument le plus impressionnant de tous se situe à l'entrée de Fyé, sur la route d'Alençon.

Dans un message du 22 août, Leclerc demande le soutien de De Gaulle, alors à Laval. Le jour même, de Gaulle lui répond : « *J'approuve votre intention. Il faut avoir un élément au moins au contact de Paris sans délai. J'ai vu Eisenhower le 20. Il m'a promis que vous alliez recevoir Paris comme direction. Le général Koenig est en ce moment auprès d'Eisenhower, ainsi que le général Juin. Ils sont au courant. Je coucherai ce soir au Mans et tâcherai de vous rencontrer demain...* »

Nous sommes désormais loin de la Sarthe, mais son ombre continue de planer au-dessus des colonnes de la 2ᵉ DB bien après sa libération. Raymond Dronne en est le digne représentant, lui qui, né à Mayet, sera maire d'Écommoy pendant trente-six ans, sénateur et député de la Sarthe. C'est lui, en effet, qui sera le premier à pénétrer dans Paris le 24 août. Grâce à lui, la 2ᵉ DB et Leclerc font une entrée triomphale dans Paris le 25 août. Il avait rejoint Leclerc en Afrique dès le début de l'invasion allemande[46].

46. Pour plus de détails sur la vie de Raymond Dronne, lire *72 célébrités sarthoises*.

Serge Gainsbourg

Les sabots de Courgenard

Années 1940, années 1970 et 1985

« J*e suis né sous une bonne étoile jaune* », disait Serge Gainsbourg. En 1928 très exactement.

Immigrants juifs russes installés à Paris depuis 1921, ses parents utilisaient toujours leur langue maternelle. Les enfants, nés en France, étaient moins prolixes. *« Nous comprenions le russe, mais nous ne le parlions pas »*, témoigne Jacqueline, la sœur aînée de Serge. Joseph et Olga Ginsburg[47] connaissaient aussi le yiddish, certes, *« mais ne le parlaient pas couramment »*.

Quand la guerre éclate en 1939, la famille Ginsburg est à Dinard. Joseph, père de Lucien (futur Serge) et musicien, y travaille. Ils y restent jusqu'en 1940. Un jour, sur la plage, *« nous avons aperçu une petite silhouette s'approcher, toute seule sur la digue »*, raconte Jacqueline Ginsburg. *« C'était le premier soldat allemand. »*

La famille rentre à Paris. En 1941, Serge a 13 ans. Les juifs sont persécutés. Les événements s'enchaînent. D'abord, ils n'ont plus le droit de sortir après 20 heures et les artistes ne peuvent plus exercer leur métier. Puis les voyages et le chemin de fer leur sont interdits... Pendant ce temps, Lulu, surnom de Lucien, prend des cours de dessin à Montmartre.

Les ennuis continuent. Lulu tombe gravement malade pendant l'hiver de 1941. Une infection étrange le transforme en squelette ambulant. Il ne mange plus, tousse et reste allongé plusieurs mois, le ventre gonflé. De grands spécialistes se penchent sur son cas. Ils n'y comprennent rien et décident de faire appel au professeur Robert Debré[48]. Finalement, il diagnostique une péritonite tuberculeuse !

---

47. Olia, prénom utilisé dans la biographie de Gilles Verlant, était un diminutif.

48. La famille Debré est connue aujourd'hui pour son engagement politique. Le professeur Robert Debré était un pédiatre de grande renommée à cette époque. Il était le père de Michel Debré, ministre de De Gaulle, et grand-père de Jean-Louis Debré, ancien président de l'Assemblée nationale, puis président du Conseil constitutionnel.

Autant dire que l'avenir du petit Lucien ne tient plus qu'à un fil ! À cette époque, un tout petit pourcentage de malades survit. Sans le professeur Debré, jamais nous n'aurions entendu *Le Poinçonneur des Lilas*, *La Javanaise*, *Initials B.B.* ou *Je t'aime... moi non plus...*

En carriole

Il est sauvé, mais mal en point. Pour le requinquer, le professeur Debré conseille le bon air de la campagne. Lucien est envoyé en convalescence dans la Sarthe au début de 1941. Sa sœur donne une petite idée de son état de santé : *« Quand il est arrivé à Courgenard, il avait besoin d'un bâton pour marcher. »* Et puis la situation s'améliore. Lucien respire, Lucien revit, Lucien ramasse des pommes de terre, Lucien dessine... Il a trouvé sa vocation... Il sera peintre. On le croise dans les rues, assis sur le bord de la route, en train de dessiner ce qui l'entoure. Josette Sébastien, une voisine des Dumur, voyait du haut de ses 5 ans – et par-dessus le mur de la cour – passer ce gamin devant chez elle, allant vers le bourg. *« Je l'ai revu des années plus tard, avec sa femme. J'étais dans le jardin... »*

La famille arrive à la gare de La Ferté-Bernard, où Baptiste Dumur les attend avec sa carriole. Le voyage n'a pas été de tout repos. Il faut éviter les contrôles dans les gares. Ils sont accueillis à Courgenard, près de La Ferté-Bernard, par Irma Dumur, femme de Baptiste, et par Jean, beau (selon Jacqueline) jeune homme de 18 ans, futur maire de la commune.

Renée, femme de leur fils Jean, indique : *« La famille a atterri par hasard chez mes beaux-parents. J'avais 15 ans et j'habitais près de la ferme. »*[49] La ferme est située dans le bourg du village, rue Saint-Fiacre, au lieu-dit La Bassetière. Lulu et sa famille sont installés dans deux pièces d'une dépendance.

En fait, le hasard n'en est pas vraiment un. Georgette Choisy, voisine des Ginsburg à Paris, vient régulièrement à Courgenard en vacances. Elle connaît parfaitement les Dumur et sait, pour en avoir profité elle-même, qu'ils louent un petit deux-pièces aux touristes. Pendant la débâcle de 1940, les Dumur accueillent dans cette petite maisonnette des familles qui fuient l'avance allemande. Georgette Choisy aime beaucoup ce petit coin de campagne, au point d'y acheter plus tard une maison.

---

49. Interviews de Karine Tertre dans *Le Maine Libre* du 17 janvier 2010.

La maison des Dumur, à Courgenard, est conservée telle qu'elle était dans les années 1940.

Lucien Ginsburg aurait pu souffrir de cette ambiance si différente de la vie parisienne, surtout pendant la période de six mois où il reste seul à la ferme, mais il s'intègre en fait très vite. À ce sujet, Jacqueline précise : *« Au début, les gamins du village ne l'ont pas très bien accueilli, et puis ils l'ont adopté progressivement. »* Toute la famille, Joseph et Olga Ginsburg, les sœurs Jacqueline et Liliane (sœur jumelle de Serge), sont présentes pendant l'été 1941.

Les conditions de vie sont assez précaires. Les hôtes dorment sur des paillasses. *« Où nous habitions, il y avait des rats et des souris*, se remémore Jacqueline Ginsburg[50]*.Les ratières étaient pleines tous les matins. Serge prenait les queues à travers les grilles et les nouait entre elles. Nous élevions nos propres lapins d'une manière que nous pouvons qualifier de raffinée, car on cueillait du pissenlit pour les nourrir. Ma mère les tuait et les dépiautait elle-même. »*

Lucien passe l'essentiel de son temps à dessiner. Il croque le portrait de ceux avec qui il vit et s'adapte à la vie campagnarde en portant, comme tout le monde, des sabots, achetés par sa mère. *« Il nous accompagnait partout, il nous observait tandis qu'on travaillait à la ferme et qu'on aidait les parents »*, témoigne Thérèse

---

50. Jacqueline Ginsburg est également la mémoire de sa sœur Liliane, son porte-parole en quelque sorte. Liliane a toujours refusé toute interview.

Serge Gainsbourg avec ses sœurs, assis sur le rebord du grenier et caressant un poney.

Dumur (aujourd'hui madame Gaugain), la sœur de Jean. Lucien dessine Thérèse en train de ratisser le jardin…

« Mon étoile de shérif »

Cette période marque un tournant dans sa vie. *« Je me suis évadé de ce monde à l'âge de 13 ans »*, confie le chanteur sur le fauteuil d'Henri Chapier. *« Mes sœurs m'ont donné les contes de Grimm »* (Jacqueline en réalité), il dit avoir commencé à fumer et à s'intéresser aux filles à cet âge et aime de moins en moins son physique…

Sa grande sœur a quelques doutes. *« Nous n'avions pas d'argent de poche à cette époque. Il n'avait pas les moyens d'acheter des cigarettes, sinon à fumer quelques mégots, peut-être… À mon avis, il a commencé à fumer plus tard, à l'armée probablement… Quant aux filles ! Le pauvre, il était si timide alors… »* À propos des complexes de l'adolescent, elle préfère une fois de plus replacer les choses dans leur contexte. *« À 11 ans, il était très mignon, très joli garçon. Il est vrai que son nez commence à pousser à 13 ans, mais c'est plus tard qu'il se déplaît. Vous savez, Serge a parfois transformé la chronologie de sa vie. »*

Au bout de quelques mois, Serge rentre à Paris avec toute sa famille. Mais la vie y devient rapidement insupportable. Il épingle l'étoile jaune (obligatoire de 1942 à 1944) sur son manteau, *« mon étoile de shérif »* lance-t-il plus tard par dérision. Amis, voisins, oncle sont arrêtés et déportés. Au printemps 1942, Joseph Ginsburg, privé de travail, franchit la ligne de démarcation avec l'aide d'un passeur. *« Il se produisait à Nice, Toulon, Lyon... et nous envoyait l'argent qu'il gagnait »*, se souvient Jacqueline. *« Il se privait tellement pour nous qu'il avait perdu 25 kg. »*

À Paris, la vie des Ginsburg est menacée. Rafles et arrestations se multiplient. Avec de faux papiers, la famille rejoint Joseph à Limoges début 1944. Puis, pour des raisons de sécurité, le clan est dispersé. Les parents restent à Limoges, avec le risque quotidien d'une descente de police (arrêtés, ils échapperont à l'une d'elles de justesse après le 6 juin 1944), mais *« nous, les filles, avons été cachées dans le couvent du Sacré-Coeur »*, explique la sœur de Lucien. Quant à Lucien, il vit à Saint-Léonard-de-Noblat, à une quinzaine de kilomètres de Limoges. Il devra se cacher dans la forêt à l'occasion d'un contrôle inopiné dans son collège, où une dizaine de garçons juifs se réfugiait. *« On nous a retiré la nationalité française en 1943, mais nous ne le savions pas. On nous l'a rendue en 1945 »*, continue Jacqueline Ginsburg.

Pèlerinages

Pendant l'Occupation, la famille Ginsburg revient à Courgenard en vacances en 1942 et 1943, puis après la Libération, en 1945. Deux éléments le confirment, des portraits d'enfants de la famille Dumur signés « L. Ginsburg » datés d'avril 1945 et un témoignage cité par *La Vie mancelle et sarthoise* de mars-avril 2006. Une certitude, Serge Gainsbourg a été marqué par ce séjour, au point d'entretenir une amitié quasi familiale avec ceux qui l'ont hébergé, même après la mort de Baptiste et Irma Dumur.

« Nous parlions tous de Courgenard pendant la guerre, confirme Jacqueline. *Ma mère s'y approvisionnait. On a tous ramassé des pommes de terre dans les champs. Je me souviens d'un cerisier. Baptiste Dumur cueillait une cerise et la partageait en deux. Baptiste et Irma étaient tellement gentils... des gens adorables ! Les sentiments de Serge pour cette période de sa vie sont évidents. Sinon, il n'aurait pas ressenti le besoin d'y retourner. C'est là précisément, à la campagne, qu'il a retrouvé la santé. Ce fut par conséquent un moment extrêmement positif dans sa vie. »*

Serge Gainsbourg, en pèlerinage à Courgenard avec Jane Birkin, retrouve Jean Dumur, devenu entre temps maire de Courgenard.

Il passe à Courgenard dans les années 1970, Jane Birkin l'accompagne dans une petite Austin Mini Cooper. Une photo dédicacée avec Jean Dumur a été prise à cette période. *« Le père de Jane Birkin était un grand héros de la seconde guerre mondiale,* signale Jacqueline. *Il avait transporté des pilotes et des résistants depuis l'Angleterre jusqu'en Bretagne. Serge connaissait cette histoire. À Courgenard et en d'autres endroits, il a voulu montrer sa propre guerre à Jane. »*

Renée Dumur se souvient du couple Gainsbourg-Birkin : *« Ils nous ont rendu visite, on a bu un café. C'étaient des gens simples. Nous sommes allés voir Jane en concert au Mans. On devait aussi se rendre à l'émission de Patrick Sabatier pour témoigner. Mais tout a été annulé, c'était quand il a brûlé le billet et à cette époque, il buvait un peu... »*

Une rue Serge Gainsbourg à Courgenard

Les parents de Serge eux-mêmes viennent en vacances à l'auberge du village. Jeannette Bourneuf a repris l'établissement de ses parents depuis. Elle se souvient bien de Joseph et Olga quand elle était jeune. *« Ils étaient très gentils et courtois. Ils sont venus deux ou trois fois »*, ce que confirme Jacqueline. *« Ils faisaient eux-mêmes leur cuisine dans leur chambre, dans les mansardes »*, ajoute le fils des aubergistes, Jean-Claude Bourneuf. De Serge Gainsbourg, Jeannette garde l'image d'un garçon qui *« parlait très peu »* et qui *« dessinait beaucoup »*.

Armand Devant, fils de Marie Dumur, a dans la tête les passages d'Olga et Joseph à la ferme. *« Ma mère avait repris la ferme. Ils venaient y chercher du lait. »* Quant à Jacqueline et Liliane, elles ne sont jamais retournées à Courgenard après la guerre.

Lorsque Serge Gainsbourg revient dans les années 1970, *« j'habitais à Rouen et ma mère n'était plus dans la ferme*, explique Armand Devant. *Si bien que Lulu était un peu perdu. Il ne retrouvait plus ses marques. »*

Il faut toutefois préciser que la tendresse de Serge Gainsbourg pour une famille et un village ne va pas au-delà d'une certaine limite, si on se réfère au témoignage de sa sœur Jacqueline. Dans une interview au quotidien *Le Parisien* de 2011 elle précise : *« Il ne s'est jamais senti bien qu'à Paris... Il n'aurait pas pu vivre ailleurs. »* Cependant... On retrouve la trace du chanteur à Loué dans les années 1980 (probablement à l'occasion de son concert au Mans en 1985), à l'hôtel Ricordeau, au café des 7 Marches et dans les environs. Pendant quelque temps, il rôde dans le secteur à la recherche d'un logement. Il porte un intérêt certain au Petit Château, rue de la Libération, à la sortie de la ville, sans donner suite, et dit-on, à une grande maison de Crasnes-en-Champagne, La Chaumière, information à prendre avec des pincettes, car l'ancien propriétaire n'a eu aucun écho à ce sujet. On a même parlé d'un moulin à Vallon-sur-Gée... À l'hôtel Ricordeau, Jean-Bernard Métais, créateur de sculptures géantes dans le monde entier, lui-même géant à la carrure d'athlète, l'a vu, royal, laisser un pourboire de 500 francs et lancer : *« Buvez jusqu'à ce qu'il soit mort ! »*

Aujourd'hui, un lotissement et une rue de Courgenard portent le nom de Serge Gainsbourg, mort en 1991. Le gamin de 13 ans est définitivement adopté par le village...

Rommel

« Le Renard du Désert » au Mans

1942 ET 1944

Quand Adolf Hitler est nommé chancelier le 30 janvier 1933, Erwin Rommel (1891-1944) est commandant du 3e bataillon du 17e régiment d'infanterie alpine de Goslar, en Basse-Saxe. Grâce à une armée de plus en plus riche en moyens et en effectifs, les talents de ce fils de professeurs de mathématiques lui valent de monter en flèche dans la hiérarchie. Général lorsque l'invasion de la France est imminente, il joue sur du velours et traverse l'hexagone sans obstacle. Il passe par les Pays de la Loire le 21 juin sans grande résistance et se retrouve déjà à Bordeaux le 24.

Rommel n'est pas encore celui qui deviendra célèbre sous le pseudonyme de « Renard du désert » en Afrique du Nord en 1941, à la tête de la non moins célèbre Afrikakorps. Il est un héros national, un « dieu de la guerre », avant de devenir la bête noire d'Hitler, le traître, l'homme à abattre. En attendant, il atteint le plus haut sommet du commandement.

Le maréchal Rommel est en Grèce quand Hitler lui demande le 1er décembre 1943 d'inspecter l'ensemble des côtes occidentales, du Danemark jusqu'aux Pyrénées, avec pour objectif de renforcer les défenses.

Ce stratège hors du commun commence par les côtes danoises, ne s'attarde pas et installe son QG au château de Fontainebleau. Il reprend en janvier 1944 son inspection et visite les côtes de Belgique, de Picardie et de Normandie.

En février, c'est au tour de la Manche et de l'Aquitaine. À ce stade, la situation est la suivante : le maréchal Gerd Von Rundstedt est le commandant suprême du front ouest, basé à Saint-Germain-en-Laye, près de Paris. Quant au maréchal Erwin Rommel, il commande depuis janvier 1944 le groupe d'armées B, comprenant les 7e et 15e armées, dont le front s'étend de la Loire aux Pays-Bas.

Mauvaises défenses

Rommel quitte Fontainebleau en mars et installe son QG à la Roche-Guyon, dans le Val d'Oise. La 15ᵉ armée, chargée du nord de la Seine, est basée à Lille, et la 7ᵉ armée au Mans depuis 1942, plaque tournante de la Normandie et de la Bretagne. Autant dire que la ville du Mans sera le centre névralgique de toute la stratégie de défense après le débarquement du 6 juin 1944. Un point chaud et sensible, alors que les positions de cette 7ᵉ armée (elle comprend un peu plus de 160 000 hommes) sont plus faibles que celles de la 15ᵉ !

Le Mans, quartier général de la 7ᵉ armée depuis le 4 juillet 1942, est commandé par le général Dollmann depuis 1940 (basé alors à Bordeaux). Lorsqu'il n'est pas en mission, Friedrich Dollmann loge au château de la Blanchardière, à Sargé-les-Le-Mans.

Von Rundstedt viendra personnellement dans les locaux des futures Mutuelles du Mans, rue Chanzy, le 9 septembre 1943.

On recense huit passages connus de Rommel dans la Sarthe, le premier à l'occasion des 60 ans de Dollmann en 1942. Lorsqu'il visite les côtes normandes, Rommel s'arrête au château de la Blanchardière le 22 janvier 1944 et s'entretient

Le bunker de la 7ᵉ armée, rue Chanzy au Mans.

Le bureau de Dollman, à l'intérieur du bunker.

avec le général. Il constate des failles et note que, de la Somme à la Loire, on ne compte que trente-sept canons lourds. Mais, convaincu d'un débarquement dans le Pas-de-Calais, ce sont les moyens de la 15e armée qu'il renforce. À 62 ans, Dollmann était le supérieur de Rommel pendant la campagne de France. Il apprécie donc moyennement d'être subordonné à un individu dix ans plus jeune, et n'approuve pas sa stratégie. Pour lui, il faut au contraire renforcer la 7e armée. Convaincu que le débarquement aura lieu en Normandie, il y voit des avantages pour l'ennemi : terrain adapté aux opérations aéroportées, eaux profondes pour les gros navires, défenses faibles du littoral (une simple division, par exemple, doit couvrir un front de 250 à 300 kilomètres)... Rommel quitte Le Mans et vérifie sur place, accompagné par Dollmann. Le 29 janvier, il visite les plages de Normandie, les villages, comme Sainte-Mer-Église, les villes de Caen, Falaise, Cherbourg, Saint-Lô, Avranches... Sans en percevoir les menaces obsédantes de Dollmann. Le ton monte, les deux hommes s'empoignent verbalement, mais Rommel maintient sa position.

Au Mans, les blockhaus des jardins de la préfecture, au pied du lycée de jeunes filles Berthelot, datent de 1943, année au cours de laquelle Friedrich Dollmann se rend à l'abbaye de Solesmes, où il assiste à une messe et se confesse[51]. Un deuxième bunker, plus vaste, est caché par l'ex-cité administrative et une vingtaine d'autres sont répartis sur l'ensemble de la ville, dont une dizaine subsiste encore.

Une autre visite du maréchal a lieu le 9 mars 1944 (des documents en citent deux autres les 11 et 21 mars, mais sans précision supplémentaire). Les divergences persistent avec Dollmann, mais aussi avec d'autres généraux, convaincus comme Dollmann d'une invasion par l'ouest et non par le nord.

Après un sixième séjour rue Chanzy le 14 avril, Rommel a un moment de lucidité, au moins sur un point. Il écrit à Hitler, insistant sur l'inconvénient de laisser les blindés trop loin à l'intérieur des terres... *« Dans le bref laps de temps qui nous sépare de la grande offensive alliée, il faut parvenir à porter nos multiples défenses à un niveau tel qu'elles résistent aux plus puissantes attaques. Il faut anéantir l'ennemi avant qu'il soit en mesure de débarquer son matériel lourd, afin de pénétrer plus profondément à l'intérieur des terres. C'est dans l'eau qu'il faut*

51. Lucide sur l'avenir de l'Allemagne, il déclare entre autres dans sa confession : « *J'espère que les Français vont être plus intelligents et construire l'Europe avec les Allemands.* » Pour une fois, il sera entendu.

l'arrêter, non pas seulement pour le retarder, mais pour détruire tout son matériel alors qu'il est encore dans la mer. »

Pour lui, enfin, il n'y a plus aucun doute, *« Les Alliés débarqueront par un temps épouvantable en choisissant l'itinéraire le plus long... Le débarquement aura lieu ici, en Normandie, et ce jour sera le jour le plus long* ». La fin de cette déclaration inspire le titre éponyme du célèbre film sur le débarquement.

Double suicide

Rommel n'est pas entendu... Le 6 juin, le débarquement donne raison à Dollmann. Depuis son bunker de Berthelot, il appelle Hitler et l'informe de la situation... Rommel passe la journée du 9 juin au Mans et tente de contrer l'avance alliée. Les Américains sont à Sainte-Mère-Église, ils vont bientôt envahir le Cotentin. De son poste manceau, Rommel donne l'ordre à ses troupes d'élite de se porter au-devant d'eux. Mais le mouvement est retardé par les attaques aériennes, par le manque d'essence et de camions. Finalement, Rommel choisit de mettre ses troupes en position de défense. Le 10 juin, il quitte Le Mans et se rend sur le front. Il a d'immenses difficultés à rencontrer ses officiers, mais parvient tout de même à 30 kilomètres de Caen, où il étudie la situation. Deuxième erreur, son refus de dégarnir la 15e armée basée dans le Nord, persuadé qu'un second débarquement aura lieu dans le Pas-de-Calais.

C'est une catastrophe. Les Allemands sont submergés. Dollmann ne maîtrise plus la situation et quand il demande des renforts, il n'obtient pas ce qu'il veut. La 7e armée est sur le point d'être totalement débordée. Dollmann téléphone à Rommel et lui réclame des blindés. Il n'obtient que des miettes. *« Dollmann était une nullité »*, dit Bayerlein, commandant d'une division de Panzer. Peut-être, mais, en attendant, le pauvre homme n'a franchement pas de quoi lutter contre les alliés. En plus, il est menacé de cour martiale pour avoir perdu Cherbourg. Dollmann craque. Il ne sait plus où donner de la tête, donne des ordres, suivis de contre-ordres.

Le 28 juin, il transmet une dernière instruction au commandant du IIe corps de panzer SS. Ce dernier proteste, demande un délai... Deux heures plus tard, on retrouve Dollmann mort dans sa salle de bain du quartier général manceau, rue des Ifs. Diagnostic : crise cardiaque. Autre diagnostic : attaque d'apoplexie. La radio allemande annonce le 29 la mort glorieuse de Dollmann sur le front. Plusieurs années plus tard, on a appris qu'il s'était en réalité empoisonné. Il avait reçu une copieuse

Le bureau de Dollman se trouvait au premier étage, juste au-dessus de la porte principale. L'état-major de la 7e armée occupait l'actuel hôtel Mercure

engueulade téléphonique d'Hitler dans la nuit du 27 au 28 juin… La thèse de la crise cardiaque ou de l'attaque d'apoplexie est néanmoins maintenue pour des raisons médicales et stratégiques : il était diabétique et épuisé. Le 1er juillet, son corps est transféré à Paris où il est enterré au cimetière d'Ivry. Depuis le débarquement, six généraux allemands sont morts.

Un autre, maréchal celui-là, ne va pas tarder à les suivre. Les affaires ne vont pas mieux pour Rommel. Accusé de complot contre Hitler dans l'affaire de la mallette bourrée d'explosifs le 20 juillet (alors qu'il n'y est pour rien), il meurt le 14 octobre 1944, officiellement suite à un accident de voiture le 17 juillet, dans la région de Livarot. Deux avions anglais Spitfire avaient en effet mitraillé son véhicule et il avait effectivement été sérieusement blessé à la tête. En réalité, il s'est empoisonné, lui aussi, avec cette différence qu'on ne lui a pas laissé d'autre choix. S'il ne l'avait pas fait, des SS avaient ordre de l'abattre.

Quelques souvenirs de Rommel sont encore visibles : la table où avaient lieu les discussions pendant le débarquement. Elle a servi quelque temps aux réunions du conseil municipal de Sargé-lès-le-Mans et est précieusement conservée ; le bureau de Dollmann à l'hôtel Mercure ; le blockhaus Berthelot ; le château de la Blanchardière, à Sargé, flanqué lui aussi d'un blockhaus ; et quelques photos de son passage…

Manu Dibango

Naissance d'une vocation à Saint-Calais

De 1949 à aujourd'hui

Né à Douala, au Cameroun, le 12 décembre 1933 d'un père fonctionnaire et d'une mère couturière, Manu Dibango (Emmanuel Dibango N'Djocké) débarque à Marseille en 1949. Après le collège de Saint-Calais, le jeune Manu poursuit ses études à Paris et à Bruxelles. Atteint du virus musical dès sa plus tendre enfance, Manu Dibango tombe dans le jazz très rapidement et fréquente les boîtes du même nom.

« Mon père, faute de pouvoir acheter sa femme, aurait pu l'enlever », raconte Manu Dibango. *« Il s'y refusa. Il préféra patienter et respecter les règles en usage. Le moment venu, il paya en chèvres et en sel le droit de l'épouser. »* On comprend mieux comment le gamin est arrivé à Saint-Calais dans sa famille d'accueil avec trois kilos de café sous le bras. Son père avait dit dès 1948 : *« J'enverrai en Europe le premier des deux garçons qui réussira son certificat. »*

C'est Manu qui gagne. Son père lui achète trois paires de chaussures, deux costumes, *« un d'été et un d'hiver parce qu'en Europe il fait froid »*, et lui fait *« confectionner deux pyjamas. »* La liste du trousseau a été établie par monsieur Chevallier. *« Il correspondait avec Titty, mon cousin-frère. C'est chez lui que je dois débarquer. »*

Outre les bagages à préparer, il faut aussi protéger le jeune adolescent de 16 ans. *« Sur les conseils du sorcier, nous décidons de déposer un certain nombre d'offrandes, dehors, pour conjurer le sort. »* Toute la semaine précédant le grand voyage, c'est la fête, quotidienne : *« Ce qu'on a pu manger, malgré la cherté de la nourriture. »* Et puis c'est le départ, sur un bateau qui s'appelle le *Hoggar*.

Les trois kilos de café sont destinés à payer la pension, *« la caution obligatoire a déjà été versée »*. Manu achète encore un régime de bananes, cadeau qu'il compte offrir à l'instituteur. Pendant tout le séjour du jeune Manu à Saint-Calais, son père persiste à payer la pension avec du café. Cela dit, *« dans cet après-guerre de disette, ici, les habitants en ont un besoin urgent »*.

À Paris, gare Montparnasse, Manu Dibango prend un autorail. *« Quelle déception ! Les immeubles sont noirs. J'avais tellement entendu vanter les charmes de Paris. C'est ça qu'ils appellent le Paradis ? Cela me fout le bourdon. »*

Coup de foudre

Le jeune garçon arrive à Saint-Calais vers 21 heures. *« Il fait encore jour, alors qu'à Douala, à 6 heures du soir, il fait déjà nuit. »* La famille Chevallier commence par l'envoyer se coucher. *« Je refuse. Impossible d'aller se coucher avant que la lune soit levée* [...] *Étrange famille... »* Dix jours plus tard, Manu Dibango est inscrit comme interne au collège technique de Saint-Calais, *« où je dois faire mes classes de sixième et de cinquième »*. Il passe chaque week-end dans sa famille d'adoption. À Saint-Calais, *« la population locale n'avait jamais vu un noir. Dans la bourgade, je suis donc un gentil objet de curiosité »*. Les gens touchaient et caressaient sa peau, *« pour vérifier si elle était comme celle des blancs »*, se souvient Manu. Pendant ce temps, de loin, là-bas au Cameroun, le père de Manu protège son fils à sa façon. *« Il m'interdit de correspondre avec les gens du pays, pour qu'ils ne sachent pas où je séjourne, sinon ils risqueraient de nous jeter des sorts. Mon père vit sa vie de Camerounais, et moi je suis déjà dans un autre monde. »*

Comme Serge Gainsbourg quelques années plus tôt à Courgenard, Manu Dibango porte des sabots et trait les vaches chez les voisins. Il découvre la neige, Charles Trenet et les émissions de la *Famille Duraton*, *Les Trois Mousquetaires*, les rillettes *« et les fromages de tête »*... Mais, surtout, c'est là, à Saint-Calais, qu'il découvre la musique au collège, et le jazz. *« Quel bonheur lorsque pour la première fois j'entends fredonner Louis Amstrong à la radio ! »*

En 1950, Manu entre au lycée de Chartres et commence à se sentir moins solitaire lorsqu'il y rencontre des Sénégalais et des Ivoiriens. Il retrouve un certain équilibre et parcourt la France dans tous les sens. À 17 ans, *« je gratte déjà la mandoline et je me mets à apprendre le piano. » Il enchaîne avec une clarinette, prêtée par un copain de Bessé-sur-Braye.* En 1952, pendant une colonie de vacances, *« je découvre enfin le saxo... »*. Un peu plus de trois ans après son arrivée à Saint-Calais, le jeune garçon a trouvé sa vocation. Tout va très vite et il réussit brillamment ses études, même s'il abandonne l'université.

En 1960, retour sur le continent africain. Dibango gère une boîte de nuit, revient en France en 1964, puis enregistre plusieurs 45 tours entre 1969 et 1970. C'est la période où il devient organiste de Nino Ferrer et de Dick Rivers. *« J'étais plutôt rock à cette époque. »* En 1970, il grave son premier album, *O boso*. Le succès éclate en 1972 avec *Soul Makossa* qui se vend à des millions d'exemplaires à travers le monde.

Manu Dibango triomphe à l'Olympia en 1973 et rassemble 40 000 spectateurs une première fois, puis 354 000 au Madison square garden de New York. Il enchaîne ensuite les enregistrements et compose en 1977 des musiques de film pour *L'Herbe sauvage* (Côte d'Ivoire), *Ceddo* (Sénégal) et *Le Prix de la liberté* (Cameroun).

Éclectique et touche-à-tout

En 1979, il découvre la Jamaïque, joue avec les plus grands et enregistre *Gone Clear*, première rencontre des musiques africaine, américaine et jamaïcaine. *Abele dance* atteint des sommets au hit anglais en 1983, il joue avec Sting ou Barbara Hendricks, reprend des compositions pour le cinéma avec *Comment faire l'amour avec un nègre sans se fatiguer* (Canada) en 1989, puis pour un dessin animé...

Sa carrière est si longue qu'il faudrait un livre... qu'il a écrit en collaboration avec la journaliste Danielle Rouard en 1989 (réédité en 1995) sous le titre *Trois kilos de café*, puis en 2013 dans *Balade en saxo dans les coulisses de ma vie*. Depuis qu'il a quitté le Cameroun en 1949, Manu Dibango bourlingue à travers le monde avec son saxo blanc et joue toutes les musiques profondément humaines : blues, gospel, jazz, musique cubaine et africaine... Son saxo... La magie du saxo... *« Il est déjà habité, ne serait-ce que parce que quelqu'un l'a conçu, l'a pensé. »* Voilà comment il en parle de son saxo, Manu Dibango.

Et de la musique? Tout lui convient, du moment que c'est bon. *« J'ai joué avec un Indien, mais aussi avec Bob Marley... Je ne suis pas un spécialiste. Je suis comme Rabelais, je picore... Je n'aime pas trop les puristes. »* Son disque *Cubafrica*, avec le groupe cubain Cuarteto Patria, dirigé par un guitariste et chanteur exceptionnel, Elcades Ochoa, une institution à Cuba, est un exemple parmi d'autres.

La musique *« n'a pas de frontières. Il n'y a que les hommes qui ont des frontières. La musique cubaine est la pureté même. Une des seules qui résiste à l'influence anglo-saxonne »*, confirmait Manu pendant une tournée d'été en 1998. La

Manu Dibango, fils adoptif de Saint-Calais, à l'occasion d'une tournée d'été dans les années 1990.

musique cubaine est le symbole du cosmopolitisme. Elle a des origines à la fois *« andalouse, latine ou arabe qui datent de l'esclavage »*. Derrière le musicien, c'est l'homme, aussi, qui a évolué. Dans les années 1960, *« il ne fallait pas nous parler de musique cubaine. Nous détestions cela. On se prenait pour des intellectuels. Comme vous le voyez, j'ai sacrément changé d'avis. »*

Manu Dibango a finalement passé assez peu de temps à Saint-Calais, mais il n'a jamais oublié la ville et les Chevallier, sa seconde famille. Il y revient régulièrement, s'y repose, y organise des concerts et y a acheté un logement. Saint-Calais est son point de chute, sa seconde demeure ; c'est là qu'il vient se ressourcer, loin de l'agitation parisienne et médiatique. *« J'aime l'Intellectuel Saint-Germain-des-Prés et j'aime le modeste Saint-Calais dans la Sarthe »*, écrit-il dans *Balade en saxo*. La MJC porte son nom et Manu y a créé le festival Soir au village.

Daphné Du Maurier

Romancière sarthoise et anglaise

1955, 1956, 1958 ET 1973

L'écrivain Daphné Du Maurier porte un nom français, mais elle est anglaise. Elle est née 24, Cumberland Terrace, à Londres, le 13 mai 1907. Difficile de faire plus british. Londonienne, sans aucun doute, mais sarthoise tout autant. Car elle est d'origine française. Son grand-père George Du Maurier, né à Paris, y fait allusion en 1891 dans un livre intitulé *Peter Ibbetson*, où il romance sa descendance noble d'Anjou et du Maine.

« L'idée de découvrir la terre de mes ancêtres et de fouler leur sol » obsède l'écrivain. *« Je suis plus impatiente de faire ce voyage que je ne l'ai jamais été en d'autres occasions. »* Intriguée, Daphné Du Maurier (sans accent aigu sur le « e » normalement, mais elle y tenait), se lance dans une enquête généalogique dont les résultats sont publiés en 1936 dans son livre *Les Du Maurier*, juste après son best-seller *L'Auberge de la Jamaïque*. Dans cette première version, Daphné Du Maurier utilise les archives familiales, les actes de naissance, de décès ou de mariage, et quelques lettres.

Mais, consciente que son grand-père George fabule légèrement - *« Il s'est trompé dans sa vision, il en a fait des aristocrates, non des bourgeois »* -, elle commence dès le début des années 1950 à cogiter sur une ancêtre anglaise du XVIIIe siècle, Mary Anne Clarke, et décide finalement de se concentrer sur la Sarthe, les souffleurs de verre, leurs lieux de vie, leurs traces dans les cimetières. Elle reprend tout à zéro et visite la Sarthe une première fois en 1955[52]. Au retour, une amie reçoit cette lettre : *« J'ai simplement adoré ce voyage, adoré toute ma partie du pays, la*

52. Gerald, le père de Daphné, croit naïvement aux histoires du grand-père. Gerald raconte à ses enfants que la famille paternelle s'appelait Busson Du Maurier, que l'arrière-grand-père s'appelait Louis-Mathurin, que ses ancêtres étaient des nobles devenus souffleurs de verre, qu'ils avaient terres et château dans la Sarthe, le tout détruit à la Révolution.

Daphné Du Maurier à la recherche de ses origines.

Sarthe, le Loir-et-Cher et j'ai trouvé les lieux où vivaient mes ancêtres, les certificats de naissance et de décès, les vrais Maurier, etc., c'était passionnant. »

L'auteur des *Oiseaux*, mis en scène au cinéma par Hitchcock, revient en 1956, fouille les archives et rencontre des témoins, aidée par des historiens locaux comme André Bouton ou Raoul de Linières. Elle découvre que son arrière-grand-père Louis-Mathurin était bien français. Il avait épousé une Anglaise, Ellen Clarke, et le couple a engendré George, dit Kiki, celui qui va enjoliver ses origines, né au premier étage du 80 avenue des Champs-Élysées, à Paris. Caricaturiste reconnu, il écrit lui aussi des romans, le plus connu étant sans doute *Peter Ibbetson*. Cela dit, il est vrai qu'il s'appelle bel et bien George Louis Palmella Busson Du Maurier. De là à en faire un aristocrate...

Coudrecieux, Vibraye, Chenu

Les verreries sont situées au Verger, appartenant au château de La Pierre (la Pierre était à l'origine un monument druidique), à Coudrecieux, et au Maurier, à

Chenu, dépendant quant à lui du château de Chérigny, en ce qui concerne la Sarthe, à la Brûlonnerie de La Ville-aux-Clercs et le Chesne-Bidault au Plessis-Dorin, près de Montmirail, en ce qui concerne le Loir-et-Cher. On y fabrique des verres, des carafes, des bouteilles, des gobelets, des récipients pour la pharmacie, la physique, la chimie, des flacons de parfum, du verre d'éclairage, des bonbonnières, des biberons, des objets de différentes formes (animales surtout)... La verrerie de Coudrecieux ferme en 1936, celle du Plessis-Dorin en 1952. La verrerie de Coudrecieux accueille des nomades de 1940 à 1942, jusqu'à leur déménagement au camp de Mulsanne.

Dans le Maine, la verrerie de Coudrecieux, ouverte en 1733 avec l'accord de Louis XV, est la plus importante. Elle est la propriété de la famille Legras du Luart, dont l'un d'eux a été président du département après François Fillon. Mathurin Busson est le gérant avec son beau-frère. Daphné Du Maurier affirme que Louis XV l'a visitée en 1770, information avancée également dans le livre collectif *Maine* (Christine Bonneton éditeur, 1988). Le site est détruit par un incendie en 1870 et une nouvelle usine est construite derrière les écuries du château.

Daphné Du Maurier retrouve avec émotion quelques vestiges, de la poudre de verre pilée dans la forêt de Vibraye, où vivait la sœur de son ancêtre, mariée à François Duval, maire de Vibraye, maître de forges à Vibraye et maître de la verrerie du Plessis-Dorin. Elle est en train de remuer la terre avec sa sœur et une amie, quand surgit la gendarmerie, intriguée par la fébrilité de ses trois femmes. Après quelques explications, les gendarmes, soulagés, abandonnent les « archéologues » à leur mission.

Au château de Chérigny, à Chenu, Daphné Du Maurier ne retrouve aucune trace de ses ancêtres, mais le châtelain signale qu'il existe une ferme portant le nom de Le Maurier et un château du Maurier à La Fontaine-Saint-Martin. La piste du château Du Maurier est vite écartée. Rien n'indique une quelconque alliance de ce côté. Et puis, miracle, l'accès aux registres apporte enfin la réponse : un homme, Robert-Mathurin Busson Du Maurier, est né le 7 septembre 1749 au lieu-dit Le Maurier, une ferme de Chenu. La thèse aristocratique s'effondre définitivement. Le père, Mathurin Busson, est né en 1720 à Coudrecieux. Il épouse Madeleine Labbé, née en 1725 à Saint-Christophe-sur-le-Nais, en Indre-et-Loire, à une douzaine de kilomètres de Coudrecieux, le 18 septembre 1747. À la verrerie, on la surnomme « la reine de Hongrie ».

Le château de la Pierre, à Coudrecieux, où se situait la verrerie familiale. Il ne reste que quelques vestiges à peine visibles.

La ferme Le Maurier, à Chenu, autre site de verrerie, à l'origine du nom familial, où est né un ancêtre de la romancière.

« Je veux désespérément savoir COMMENT mes Busson vivaient, pour ne pas me contenter de les gondaler[53]*. Je viens de relire* Peter Ibbetson *par mon grand-père, c'est étrange comme lui aussi s'intéressait à nos ancêtres (chez moi, c'est atroce, tant c'est fort). Je ne comprends pas pourquoi il n'est pas allé dans la Sarthe lui-même pour tout savoir d'eux, au lieu de les gondaler car il s'est trompé, il en fait des aristocrates au lieu de simples artisans, sans doute une pudeur victorienne et la peur de paraître "pluiche"*[54]. »

Daphné Busson

Le fiston, dépensier, dilapide la fortune acquise par son père et la verrerie tombe en faillite. Robert-Mathurin Busson s'installe alors à Paris et ouvre une boutique 255 rue Saint-Honoré. Son épouse meurt en couche, il se remarie et toujours aussi inconstant, transforme son magasin en gouffre financier. La Révolution achève de le convaincre : il faut disparaître. Le sieur Busson se réfugie à Londres, où commence la partie anglaise de la dynastie Du Maurier. Robert-Mathurin décide en effet de transformer son nom en Busson Du Maurier. Commence alors la légende, dûment entretenue par Robert-Mathurin, d'un pseudo titre nobiliaire et de châteaux imaginaires. Daphné Du Maurier devrait par conséquent se nommer plus modestement Daphné Busson.

Égal à lui-même, extravagant jusqu'au bout, Robert-Mathurin Busson Du Maurier rentre en France en 1802, échange son identité avec celle d'un homme mort pendant le voyage, s'installe à Tours et y meurt en 1811, laissant en Angleterre une femme convaincue d'être veuve.

Marquée par son séjour, Daphné Du Maurier écrit deux romans directement inspirés de la Sarthe. *Les Souffleurs de verre*, paru en 1963, ne rencontre pas un grand succès. On y retrouve Le Mans, la vieille rue Saint-Pavin-de-la-Cité et sa maison suspendue. D'après l'auteur, son descendant habitait cette rue. L'intrigue se déroule à l'époque de la guerre avec les Vendéens.

Autobiographique comme *Les Souffleurs de verre*, le deuxième roman marche mieux. Daphné Du Maurier cite La Ferté-Bernard (la ville est présentée sous le nom de Villars, dont elle admire la beauté et « *le charme singulier d'un canal qui coulait paisiblement devant les maisons...* ») dans *Le Bouc émissaire* paru en 1957.

---

53. Imaginer. Biographe de Daphné Du Maurier, Tatania de Rosnay indique que ce langage codé est tiré d'une expression des sœurs Brontë.

54. « *Situation gênante* », selon Tatania de Rosnay.

Le livre commence par une description de la cathédrale du Mans, des Jacobins et du marché. Le narrateur arrive au Mans par le train...

L'idée lui serait venue un jour de pique-nique près du château de Semur-en-Vallon. Daphné Du Maurier confond un homme qui descend de sa voiture avec quelqu'un qu'elle connaît. La cité Plantagenêt fait le reste : son prochain livre racontera l'histoire d'un homme qui rencontre son sosie dans un bar, à la sortie de la gare. Jean de Gué, comte angevin, n'a plus goût à la vie qu'il mène. Face à la ressemblance de son interlocuteur, il voit là l'occasion de disparaître sans laisser de traces, par substitution de personnage. Il drogue l'Anglais, lequel se réveille dans un hôtel, avec la tenue du comte rencontré la veille. Un chauffeur le ramène « chez lui », dans un château aux alentours du Mans. Il tente d'expliquer à sa femme et à toute la famille qu'il n'est pas Jean de Gué, mais personne ne le croit. Le voilà condamné à débuter une nouvelle vie de verrier au bord de la faillite, il s'adapte rapidement et finit même par apprécier la situation...

Alec Guiness et Bette Davis

Avec son époux Frederick Browning, totalement dépressif, Daphné Du Maurier assiste pour la première fois de sa vie à un tournage de film, le sien, adapté de son roman, sur un scénario de Gore Vidal. Réalisé par Robert Hamer, qui a déjà monté *L'Auberge de la Jamaïque* pour le compte d'Alfred Hitchcock, il est tourné au Mans, où les Manceaux croisent, abasourdis, le héros du *Pont de la rivière Kwaï* Alec Guiness, mais aussi Bette Davis, capricieuse au possible, et Nicole Maurey.

Le tournage a lieu sur le marché des Jacobins le 1er juin 1958, dans un café disparu depuis, place Saint-Benoît, et place Saint-Hilaire, le café des Deux Amis. Dans le livre comme dans le film, on suit les déplacements du héros de la cathédrale à l'escalier des Jacobins, sur le marché du vendredi et à la brasserie du théâtre, « *bondée, l'air chargé d'un arôme de bonne cuisine lourde et savoureuse, de fromage piqué à la pointe de couteaux mouillés de sauce, de vin répandu, de marc de café* ».

Les caméras tournent ensuite à La Ferté-Bernard, dans les bois de Vibraye et au château de Semur-en-Vallon. Mais Daphné Du Maurier est très déçue. « *Il n'y a pas une seule de mes phrases dans le scénario, et toute l'histoire a été altérée ! Je prédis l'échec !* » Elle a raison. Le film est effectivement un échec et les critiques sont très sévères. De toutes les façons, toutes les adaptations de ses livres ont déçu Daphné.

Dans une interview de *Marie-France* en juin 1959, elle évoque La Sarthe. Deux ans plus tard, elle entraîne son fils Kits sur les traces de sa famille. Le 22 avril 1961, elle écrit au vicomte Foy, demeurant à Chenu : « *Je voudrais vous remercier de votre très grande gentillesse de m'avoir reçue au château de Chérigny lundi dernier, et d'avoir permis à mon fils de faire des photographies de l'ancienne verrerie. Nous avons eu beaucoup de plaisir à voir Le Maurier, et contempler la même scène et le même paysage que nos ancêtres devaient si bien connaître il y a plus de deux cents ans.* » Daphné Du Maurier utilise les photos de la ferme Le Maurier comme carte de vœux en 1962.

Daphné Du Maurier revient dans la région en août 1973 à l'occasion d'un voyage en Aquitaine. En remontant, elle s'attarde sur la Loire et ses châteaux, avant de visiter une dernière fois le château de Chérigny. Son fils immortalise l'instant devant le panneau *Le Maurier* de la ferme.

En 1989, le 19 avril, dans les Cornouailles, Daphné Du Maurier s'éteint dans son lit à l'âge de 81 ans, laissant derrière elle des millions d'exemplaires, 30 millions rien qu'avec un seul titre, *Rebecca*.

Benjamin Aubery du Maurier, faux ancêtre

Les du Maurier de la noblesse officielle ont bien existé. Leurs origines sont roturières. Les ancêtres de Benjamin du Maurier étaient des paysans qui ont gagné leurs galons de génération en génération, jusqu'à obtenir leur anoblissement pour bons et loyaux services aux rois. Son grand-oncle Jacques Aubery était avocat et substitut du procureur du roi. Il avait joué un rôle de premier plan dans un grand procès pour lequel il avait été nommé avocat du roi Henri II.

Calvinistes, les Aubery seraient d'origine angevine. L'un d'eux, Pierre Aubery, est né à Crosmières aux préludes du XVIe siècle. Il épouse Guillemine Belin, fille de Denis Belin, sieur du Maurier, et de Jeanne Guillemeaux, lesquels lui apportent les terres du Maurier. Son fils Jean est également propriétaire des Trocheries, à Saint-Jean-de-la-Motte. L'ensemble est démantelé à la Révolution.

Quant à Benjamin Aubery du Maurier, fils de Jean (mort en 1584), il est né au château Du Maurier, à La Fontaine-Saint-Martin, près de La Flèche, en 1566. Il effectue ses études avec un précepteur, mais aussi au Mans et dans des collèges parisiens. Il séjourne un an à Genève, pour y étudier le grec, le latin et l'hébreu. Destiné à une carrière de robe, Benjamin doit s'éloigner du Maine catholique, où il n'est plus en odeur de sainteté, et s'enrôle dans l'armée du prince de Condé, avec qui il participe à la bataille de Coutras en 1587.

Aubery du Maurier devient alors secrétaire particulier de Philippe Duplessis-Mornay, et conseiller du roi de Navarre, le futur roi Henri IV, qu'il accompagne au siège du Mans. Ce rapprochement a des répercussions sur l'avenir de Benjamin Aubery. Ses qualités attirent l'attention d'autres nobles qui cherchent à le débaucher. C'est ce qui se passe bientôt, en 1592, quand il entre au service d'Henri de La Tour, duc de Bouillon, dont il devient le secrétaire et l'intendant jusqu'en 1606, dans une ambiance tendue par leurs divergences. Henri IV le sort de là en 1607 en lui offrant un poste dans l'administration des finances, avant de devenir notaire et secrétaire du roi.

Benjamin Aubery du Maurier a connu une carrière ascendante sous les règnes d'Henri IV et Louis XIII. À son apogée, il est nommé par Louis XIII ambassadeur de France aux Provinces-Unies en 1613, ou Pays-Bas, où il reste jusqu'à l'arrivée de Richelieu au pouvoir en 1624. Ainsi s'achève sa carrière comme conseiller d'État, jusqu'en 1636, année de sa mort.

La famille ne marque pas autrement l'histoire, jusqu'à la Révolution. Elle s'exile alors en Angleterre...

Steve McQueen

Drogue, femmes et vitesse

De 1969 à 1971

Quel est le rapport entre le film *La Dernière Bagarre* de 1963 et *Le Mans* de 1971? Réponse : Solar productions! Steve McQueen (Terrance Steven Mac Queen est son vrai nom) fonde sa propre compagnie en 1963. Il veut avec elle intervenir dans les choix et la réalisation des films dans lesquels il joue. À cette époque, l'acteur n'est pas encore une star, tout juste une vedette. Pour cette raison, la modeste société Solar limite ses prétentions à de simples coproductions. En 1966, Steve McQueen a les reins assez solides pour produire entièrement *Nevada Smith*. Après le triomphe de *Bullitt* en 1968, le comédien devient une gloire internationale et Solar Productions une compagnie riche et puissante. Pour la première fois, le film est celui d'une production indépendante. Warner Bros y joue presque un second rôle. Le premier rêve de Steve McQueen est réalisé, Solar est un empire, et grâce à cet empire il va pouvoir vivre un deuxième rêve qui le titille depuis *La Canonnière du Yang-Tsé* (1966) : un film référence consacré à la course automobile, un docu-fiction, son film! LE film de sa vie!

Tout va mal dès le début. Un premier projet sur la formule 1, *Day of the champion*, capote, car le film *Grand prix* de John Frankenheimer fait doublon. L'autre, consacré aux 24 Heures du Mans, rencontre plus d'enthousiasme. Steve McQueen veut un film réaliste. Une équipe filmera la vraie course, les bolides utilisés en dehors de l'épreuve rouleront à 300 kilomètres-heure (pas question de faire semblant), les bruits de moteurs seront réels et il veut piloter lui-même les voitures. Il participe aux Douze Heures de Sebring avec le pilote Peter Revson en mars 1970, un pied dans le plâtre (victime de six fractures dans un accident de moto), trouve le moyen de finir la course en deuxième position (grâce surtout à son coéquipier Peter Revson qui sauve la situation) et s'inscrit aux 24 Heures du Mans aux côtés

Steve McQueen en plein tournage sur le circuit des 24 Heures du Mans.

de Jackie Stewart. Mais ses assureurs ne l'entendent pas de la même oreille et lui imposent de renoncer.

Le film est tourné en deux fois. Une première fois en 1969 pour comprendre comment se déroulent les 24 Heures du Mans et tester la technique totalement nouvelle des caméras multiples (jusqu'à dix-neuf en même temps). Le tournage a lieu sans acteurs, dans le seul but de pouvoir expliquer aux cameramen ce qu'il faudra faire.

Un revolver sur la tempe

L'année suivante, le tournage proprement dit commence en juin et doit durer quatre mois. Solar investit son plus gros budget et aménage un véritable village chemin aux Bœufs, *Solar village*. Vingt équipes filment les essais pratiquement dans leur totalité et une Porsche 908 équipée de trois caméras est engagée dans l'épreuve. Pour les séquences hors courses, un nombre assez impressionnant de voitures sont achetées ou louées : trois Porsche 917, quatre Ferrari 512, une Matra, une Corvette... Vingt-cinq en tout. Le matériel, à lui seul, coûte la bagatelle d'un million de dollars. Sans compter les cachets d'une cinquantaine de pilotes, aux noms prestigieux comme Jacky Ickx, Dereck Bell, Jo Siffert, Jean-Pierre Jabouille ou Gérard Larousse... Enfin, Steve McQueen impose John Sturges comme réalisateur, avec lequel il a déjà tourné *Les Sept Mercenaires* et *La Grande Évasion*.

Ni les milliers de figurants ni les Sarthois (encore moins) n'imaginent l'envers du décor. Éblouis par ce qu'ils vivent, ils ignorent totalement l'enfer des coulisses pendant tous les mois de l'été 1970. Ici, dans la Sarthe, loin des États-Unis, deux événements parallèles bouleversent définitivement la vie de Steve McQueen (Michael Delaney dans le film) : le tournage du film est un cauchemar quotidien et le comportement sentimental autant que psychologique de l'acteur est de plus en plus chaotique. Après *Le Mans*, cet homme ne sera plus jamais comme avant.

Les excès de bière et de drogue (marijuana, LSD et cocaïne) déclenchent des crises de paranoïa. Sa femme parle même de périodes de folie. Marié avec Neile Adams pendant quinze ans – depuis le 2 novembre 1956 –, Steve McQueen est toujours amoureux d'elle, mais il la trompe de plus en plus souvent. Neile vient le rejoindre au Mans pour passer l'été dans la Sarthe avec les enfants. D'emblée, il lui annonce son intention de mener une vie sexuelle libre de toute contrainte avec les femmes. Et comme il n'est pas à une contradiction près, il devient jaloux et agressif. Il lui impose de se droguer et pense qu'elle le trompe. Harcelée de questions, Neile Adams craque et avoue une aventure passagère. Quelques jours plus tard, elle lui annonce sa grossesse. Steve McQueen est persuadé qu'il n'est pas le père. Hors de lui, il braque un revolver sur la tempe de Neile et la frappe. L'arme n'est pas chargée, mais, au bout du rouleau, Neile Adams quitte la Sarthe et se fait avorter à Londres. Avant de partir, fin août, elle écrit en anglais sur le livre d'or du château de Viré-en-Champagne, loué par Steve, *« Souvenir d'un terrible et trop long séjour avec ces sales bâtards, l'acteur de cinéma aussi appelé Steve McQueen, et sa minable épouse, ensemble une honte pour un pays civilisé. »* De retour aux États-Unis fin 1970, Steve frappe toujours et de plus en plus souvent sa femme. Elle le quitte en 1972 !

Très clairement, le début de la fin de ce couple a sonné au Mans. *« Steve a tout perdu pendant le tournage : sa femme, son couple, son film »*, constate Neile Adams. Elle le redit dans une interview et le confirme dans ses souvenirs écrits *My husband, my friend* : *« Au Mans, Steve était devenu arrogant. Il était très sûr de choses qu'il ignorait, justement parce qu'il en ignorait tout* [...] *Il supervisait chaque phase de développement de Solar avec des résultats désastreux. »* Un comédien, Jacques Mayar, ne dit pas autre chose : *« McQueen voulait être seul*

Steve McQueen avait loué le château de Viré-en-Champagne le temps de son séjour dans la Sarthe.

maître à bord. Il se mêlait absolument de tout. Sturges ne l'a pas supporté, il a claqué la porte. »

Sturges jette l'éponge

En effet, côté film, les choses ne vont pas mieux. À part la seule et cohérente musique du Français Michel Legrand, disparu en 2019, Il n'y a pas de script, ou, devrions-nous dire, il n'y en a pas parce qu'il change chaque semaine. Trois scénarios de trois scénaristes différents ont été refusés, déchirés, jetés à la poubelle par Steve McQueen. *« Certains jours, on ignorait ce qu'on allait faire le lendemain »*, raconte Lee N. Katzin, le réalisateur qui remplace John Sturges. Les figurants passent parfois des journées entières sans rien faire. Et les acteurs sont mécontents parce qu'ils n'ont pas de répliques. *« Il y avait un début et un milieu, mais pas de fin dans toute cette masse d'images »*, raconte un monteur. Pourtant, ils feront un miracle avec 305 000 mètres de films en vrac. *« La situation était étrange. Pour la première fois, on ne faisait pas un film à partir d'un scénario, mais à partir de ce qu'on avait filmé. »*

CBS, qui finance le film, s'inquiète. La société envoie une délégation en France, histoire de vérifier d'un peu plus près pourquoi les choses traînent en longueur et pourquoi le budget explose. John Sturges est fatigué de toute cette ambiance. Décision est prise de faire une pause de quinze jours. John Sturges veut en profiter pour revoir le personnage avec Steve McQueen. Mais il est introuvable. Quand il apprend que l'acteur est parti « en vacances » sur les îles britanniques, le réalisateur craque et fait ses valises. Il abandonne tout et tout le monde. *« Je suis trop vieux et trop riche pour endurer tout ça.* »

Un témoin d'à peine 18 ans, Michael Munn, rencontre McQueen pour la première fois dans les Cornouailles (ils se reverront à plusieurs occasions), dans une maison louée par le réalisateur Sam Peckinpah, où Steve McQueen s'est réfugié en septembre. L'acteur *« était la personne la plus déprimée que j'avais eu l'occasion de voir »*, se souvient l'historien du cinéma. Steve parcourt la campagne à moto comme un fou furieux et s'arrête juste le temps d'avaler une bière. Une semaine avant, Neile est partie en Californie avec ses enfants Chad et Terry.

L'ambiance est définitivement plombée lorsque les accidents s'accumulent. La Ferrari de Dereck Bell prend feu. Le pilote est brûlé au visage et aux mains. David Piper est amputé de la jambe droite après avoir heurté un rail avec sa Porsche 917. Sans parler de Steve McQueen, à un cheveu de se tuer lorsqu'il manque d'entrer en collision avec un camion... Et ce tournage qui n'en finit plus. Il devait durer quatre mois, mais s'achève en novembre, au bout de six mois. Steve lui-même admet avoir souffert. *« Le Mans est le film le plus dur que j'ai jamais tourné. Mais cela en valait la peine. »*

Hors du circuit, il a failli mourir une seconde fois en venant du château de Viré-en-Champagne au Mans avec une Peugeot 504 de location. Il roule comme un cinglé, avec à bord l'actrice (et maîtresse) Louise Edling et son assistant Mario Iscovich. Il rate un virage et se retrouve en tonneaux dans un champ. Edling et McQueen sont éjectés à travers le pare-brise, mais tout le monde s'en sort par miracle, sauf Iscovich, victime d'un bras cassé. Il sera officiellement le conducteur et seul à bord pour protéger McQueen des assurances et de la presse.

22 millions de dollars

Ce film, personne n'y croit, sauf McQueen. Le comble, après une description du tournage aussi peu flatteuse, c'est qu'il a raison. Si on oublie les passionnés d'automobile conquis d'avance, il faut admettre que ce film est unique en son genre.

L'acteur sur le circuit des 24 Heures du Mans.

Il est le seul à frôler d'aussi près la réalité d'une course, c'est le meilleur tourné sur le sujet à ce jour. De ce point de vue, même les puristes considèrent qu'il a un caractère exceptionnel. Bizarrement, le temps a joué pour lui et il est entré dans l'histoire du cinéma par une porte dérobée. *« Il s'est embelli comme un bon vin »*, avait déclaré un cinéaste. En réalité, ce film n'a été un échec que sur le plateau de tournage. La légende a persisté et s'est étendue, au point d'y ajouter un échec public et un échec financier. Ce qui n'est pas tout à fait exact.

Premier point, le film a coûté 9 millions de dollars, certes (le budget initial était de 6 millions), mais il en a rapporté 22, autant que *L'Inspecteur Harry* avec Clint Eastwood si ce chiffre est exact, car un autre de 19 millions a été avancé dans une biographie (de toute façon, un film est considéré comme rentable lorsqu'il rapporte deux fois l'investissement, ce qui reste le cas). Même à 19 on est encore loin d'un autre film pourtant connu, *Tom Horn*, dernier film de McQueen, qui ne rapporte que 12 millions. Sa carrière achevée (écourtée devrais-je dire), le seul film de Steve McQueen qui a fait perdre de l'argent aux producteurs est *Un ennemi du peuple*.

Le Mans a fait 130 000 dollars dans neuf salles de Los Angeles et a terminé la première semaine à 930 000 dollars, ce qui n'est pas si mal. Il est vrai que par ailleurs le film a rencontré peu d'échos en Europe, contrairement au Japon, où le succès fut incontestable. Il faut donc relativiser.

Deuxième point, on a dit que la société de production Solar a fait faillite. Il faut alors expliquer pourquoi on la retrouve dans d'autres films avec Steve McQueen, comme *Challenge one* en 1971, *Junior Bonner, le dernier bagarreur* en 1972, *Guet-apens* en 1972, *An enemy of the people* en 1976 et *Tom Horn* en 1981, juste après la mort de l'acteur. En fait, il ne s'agit pas vraiment d'une fausse information, mais d'une confusion : c'est Steve McQueen qui est ruiné, pas Solar. Heureusement pour lui, le comédien retrouve l'aisance financière avec les films suivants.

Le plus beau jouet du monde

La responsabilité de Steve McQueen dans le bordel du tournage est manifeste. L'écoute des témoins est révélatrice d'une certaine forme d'infantilisme chez l'acteur. Le sentiment du réalisateur John Sturges est évocateur : *« On aurait dit qu'il n'avait plus toute sa tête. »*

Steve s'est fait plaisir, il a joué à la course automobile pendant six mois et a, pour le coup, géré le tournage dans l'anarchie la plus totale. Il s'est payé un super jouet de Noël ! L'odeur d'essence et de pneus est encore dans les narines de quelques survivants témoins de ses dérapages contrôlés sur la place publique de Brûlon.

Son fils Chad en profitera bien. Le gamin participe - et gagne - les 24 Minutes du Mans des minibolides. Mieux, son père l'emmène entre ses genoux au volant de sa Porsche 917. Chad McQueen a été profondément marqué par son séjour au Mans. Il garde toujours chez lui son trophée des 24 Minutes et aura plus tard l'occasion de conduire la même 917 que celle de son père. *« À mon tour, j'ai emmené mon fils de 6 ans sur mes genoux. C'était comme de revivre le film. »*

Steve McQueen est tellement imprégné de sport mécanique qu'il renouvelle l'expérience avec *Challenge one* sur les courses de motos. Il finance le film et participe à la course, mais dans son propre rôle cette fois. Un documentaire à 100 %, contrairement au film *Le Mans*. Seul point commun : dans les deux cas l'acteur ne s'intéresse ni à l'argent ni à sa notoriété.

Né à Indianapolis le 24 mars 1930, ville mythique de la course automobile, le comédien meurt d'une crise cardiaque le 7 novembre 1980 dans une clinique du Mexique, après le retrait d'une tumeur de trois kilos provoquée par l'amiante lorsqu'il était mécanicien dans la marine ! L'organisme n'a pas résisté au choc opératoire. Steve McQueen a 50 ans. Peu de temps avant de mourir, il projette aux patients de la clinique une copie du film *Le Mans*. Désigné président d'honneur des 24 Heures du Mans, il était revenu sur le circuit en 1971.

Son fils Chad a effectué un pèlerinage au Mans en 2014 pour y tourner un documentaire sur son père, *The Man and Le Mans*, réalisé par John McKenna et Gabriel Clarke, produit par Andrew Marriott et distribué par Content, diffusé en 2015.

Dans la Sarthe, l'ombre de Steve McQueen plane encore dans les commerces de Brûlon (il avait acheté une centaine de jeans dans un magasin de vêtements pour les offrir à ses collaborateurs), à l'hôtel Ricordeau de Loué, au Café Crème du Mans, ou au restaurant des Hunaudières...

Jacqueline et Ted Kennedy

Rillettes et Jasnières au château des Pins

ANNÉES 1970 ET 1980

Pratiquement à cheval sur l'Indre-et-Loire et la Sarthe, Épeigné-sur-Dême a accueilli un personnage important de l'histoire américaine. Journaliste, Pierre Salinger rencontre Robert Kennedy, dit Bob, en 1957 à l'occasion d'un reportage sur le banditisme. Il entre dans l'équipe du sénateur John Kennedy en 1959, deux ans plus tard. Chargé de la campagne présidentielle du futur président, il devient son chargé de communication jusqu'en 1964, quelques mois après l'assassinat de Dallas, le 22 novembre 1963. En 1968, Salinger devient le directeur de campagne de Robert Kennedy, assassiné lui aussi, le 6 juin. C'est l'époque où il rentre en France et s'installe au château des Pins.

Pierre commence alors une nouvelle vie : grand reporter pour *L'Express* de 1973 à 1977, vice-président du jury du Festival de Cannes en 1975, rédacteur pour la chaîne de télévision ABC News à Paris en 1977. Il partage ainsi son temps entre les États-Unis et la France, jusqu'à ce que Georges W. Bush soit élu président en 2000. Pierre Salinger l'avait juré : *« Si Georges Bush devient président, je quitte le pays pour la France. »* Il tient sa promesse et s'installe définitivement dans le Vaucluse, où il meurt d'un malaise cardiaque en 2004, à 79 ans. À l'occasion de l'enterrement, à l'église Saint-Roch de Paris, le prêtre rend un hommage à ses amis sarthois.

La France avait une telle importance pour lui que le français était la langue utilisée à la maison. *« Pierre était le parfait Américain à Paris »*, dit de lui Ted Kennedy. Lorsque John Kennedy rend visite à de Gaulle, Pierre Salinger l'accompagne et devient pour la circonstance son *« ambassadeur à temps partiel »*, ajoute Ted Kennedy dans un hommage rendu en 2004.

De parents juifs d'origine allemande par son père, français par sa mère, américain de naissance, Pierre maîtrise parfaitement les trois langues. Lorsqu'il naît en 1925

Le château des Pins, propriété de Pierre Salinger à Épeigné-sur-Dême, dans l'Indre-et-Loire, à quelques encablures de la cave.

à San Francisco, ses parents font spécialement le voyage en France pour le faire baptiser à la cathédrale Notre-Dame de Paris. Tout ceci explique son aisance au contact des autochtones sarthois et tourangeaux. Et explique le fait qu'il achète le château des Pins à la fin des années 1960, lieu d'accueil de sa famille, de son frère Herb en particulier.

Ce Franco-Américain a été un des meilleurs porte-parole du Jasnières et des rillettes, comme il a été le meilleur porte-parole de John Fitzgerald Kennedy. Mieux encore, il a réussi à faire partager ses goûts pour la gastronomie locale à des Kennedy, avec une grande discrétion, à l'abri des médias. Parmi eux, Ted Kennedy, le plus jeune frère du président des États-Unis (sénateur à l'époque), en compagnie de son fils, mais aussi la propre femme de John.

La Chartre est son fief. Pierre Salinger se fait livrer du Jasnières au château des Pins, mais son vrai plaisir est de baigner dans l'ambiance d'une cave, celle de Sylvie et Joël Gigou. Il s'y sent chez lui, au point de jouer au guide touristique avec les visiteurs. Un jour de conversation politique passionnelle, Pierre Salinger lance à Joël Gigou : *« Je vais vous prendre dans ma campagne de sénateur. »*

Le scénario est toujours le même. Un quart d'heure avant, le couple reçoit un coup de téléphone : *« Le sénateur arrive. Préparez le Jasnières et les rillettes. »* Quand

Ted Kennedy et son fils visitent la cave en 1981, c'est en Rolls blindée avec chauffeur qu'ils arrivent. *« S'il n'avait pas été assassiné, peut-être que John Kennedy serait venu »*, imagine, rêveur, Joël Gigou. Petit instant d'émotion, Ted Kennedy prend dans ses bras Dorothée Gigou, à peine née.

Américano-français

Jacqueline Kennedy vient plus tard, en compagnie de la femme de Pierre Salinger et visite la cave, qui n'a guère changé depuis. *« Elle avait déjà un certain âge et quelques rides »*, se souviennent Sylvie et Guy (Jackie Kennedy est morte d'un cancer en 1994, à l'âge de 65 ans).

Pierre Salinger aime le côté authentique de la région. *« Il avait une vison naturelle des gens. Et par rapport à son rythme de vie, il trouvait ici un refuge, où il pouvait profiter d'un grand moment de détente. Un courant passait entre nous »*, pense Guy Gigou. Le refuge, l'authentique, se traduisent pour Pierre Salinger par une visite à l'hôtel de France où il vient prendre un café et lire la presse, son gros cigare aux lèvres, après un tiercé au PMU en face. Bien entendu, un homme de goût comme lui a été fait chevalier de la puette et du franc pineau.

Jackie Kennedy et Pierre Salinger ont un point commun justifiant leur présence dans la Sarthe et la Touraine, leur origine française. Née Jacqueline Lee Bouvier en 1929, elle est américaine depuis l'arrivée de son ancêtre avec La Fayette. Elle a d'ailleurs eu quelques hésitations, ayant vécu à deux reprises à Paris, où elle a effectué ses études à la Sorbonne, avant de se fixer définitivement aux États-Unis.

Fille d'un riche agent de change, Jacqueline y exerce le métier de photographe au *Washington Times Herald* lorsqu'elle rencontre en 1948, puis épouse en 1953 John Kennedy. Elle a 23 ans, John douze de plus.

Ted Kennedy n'a aucune accointance avec la France. S'il vient, c'est dans un esprit purement touristique, invité par Pierre Salinger. Le seul événement qui le relie à nos contrées tient au fait qu'il effectue son service militaire dans l'US Army à Paris dans les années 1950 et que son fils effectue une partie de ses études en France.

Né en 1933, Ted meurt d'un cancer du cerveau en 2009. Il est élu à la place de son frère John sénateur du Massachusetts en 1962 et est constamment réélu jusqu'à son décès, phénomène rare dans ce pays.

Sylvie et Joël Gigou à l'endroit exact où s'installait Pierre Salinger, dans la cave de La Charte-sur-le-Loir.

Paul Newman

Le Mans par passion et amitié

1979 ET 2006

Paul Newman et Jean-Louis Trintignant sont, avec Steve McQueen et Jackie Chan (il avait sa propre écurie), les plus célèbres acteurs du circuit manceau[55]. Une nuance de taille à apporter tout de même : Newman et Trintignant ont participé à l'épreuve. Trintignant pour le plaisir avant tout, Newman avec beaucoup plus d'acharnement. Ne l'oublions pas, il était comédien, mais aussi pilote professionnel, ce qui n'était pas le cas de Steve McQueen.

Paul Newman arrive deuxième au classement général des 24 Heures du Mans de 1979 sur une Porsche 935... à 54 ans ! Belle performance pour sa seule participation. Il avait déjà l'expérience de l'endurance avec Daytona en 1977, mais sans rencontrer le même succès.

Face au restaurant des Hunaudières, à chaque passage de la Porsche de Newman, *« toutes les filles nous flashaient »*, raconte Dick Barbour, son coéquipier. Il affirme que Paul Newman a dit : *« Si on doit tomber en panne, il faudrait s'arranger pour que ce soit devant le café. »* Dans la préface d'un livre consacré à Sébastien Bourdais, Paul Newman se souvient, sur le podium, du moment où on lui a donné une bouteille de bordeaux, un Château Margaux 1966, *« et comme je ne parlais pas bien le français, j'ai dit* "Vive le bourdais" *»*. Signe prémonitoire, un vrai Bourdais allait un jour croiser son chemin...

Pendant toute l'épreuve, Paul Newman loge au château de Malicorne, lieu fréquenté quelques siècles avant par madame de Sévigné. *« On revenait parfois des essais de nuit à minuit ou une heure du matin et le personnel nous préparait une cuisine fantastique. Vraiment, on était traités comme des rois, grâce à Newman »*,

---

55. On pourrait encore citer Patrick Dempsey, acteur américain de séries télévisées (le seul qui affiche plusieurs participations), mais aussi Sagamore Stévenin en faux pilote dans le film *Michel Vaillant* de Luc Besson, ou des visiteurs comme Jean-Paul Belmondo (son fils Paul à couru au Mans), Alain Delon, Mireille Darc ou Brad Pitt...

se souvient Barbour. *« Mais j'ai dû demander aux gendarmes de surveiller le château à cause des paparazzi qui faisaient le mur pour prendre des photos de Newman. Il n'avait plus de vie privée. C'est pourquoi il n'est plus revenu au Mans. »* Dommage ! Pour l'anecdote, il faut savoir que Dick Barbour a été le conseiller de Steve McQueen à ses débuts. *« Paul était un pilote appliqué, il ne l'était pas naturellement comme Steve. Steve pigeait tout de suite. »*

Le photographe anglais Delwyn Mallet confirme la tension *« insoutenable dans la zone du stand de Newman* [...] *Toute l'équipe était épuisée par la pression de la presse et du public français ; un fait sans précédent, inattendu et insupportable »*. Paul Newman a, on peut le dire, pris son pied au Mans, mais a souffert de sa notoriété. *« J'étais comme une sorte de bête de foire là-bas »*, dira-t-il plus tard. *« J'ai été victime de ma popularité et cela m'a rendu les choses pénibles,* révèle-t-il à Henri Suzeau et Laurent-Frédéric Bollée dans leur livre *Sébastien Bourdais exil gagnant* (Éditions Apach, 2006). *Il m'était impossible d'accéder à ma voiture, impossible d'y entrer à cause de la foule qui se trouvait autour. C'était insupportable. En particulier la nuit* [...] *À cause de tous les flashs qui crépitaient dans ma direction, je n'y voyais plus rien... »* Même si *« c'est une épreuve mythique et que l'occasion d'y participer ne se refuse pas »*, Paul avoue sa déception. *« J'y serais certainement retourné si je n'avais eu à affronter tous les à-côtés désagréables. »* Il ne va plus jamais courir hors des États-Unis.

En fait, c'est surtout à cause de son âge que Paul renonce sagement à la course. Il préfère fonder sa propre écurie en 1983 avec un entrepreneur et pilote, Carl Haas, avec laquelle il participe aux courses américaines de Championnat Indy Cart, sorte de formule 1 à l'américaine.

C'est à cette occasion que Newman rencontre un jeune homme de Laigné-en-Belin, Sébastien Bourdais, pendant des essais à Sebring, en 2003. Ils se croisent une deuxième fois à Saint-Pétersbourg (ville de Floride, à ne pas confondre avec celle de Russie). *« Il arriva le samedi. Je me souviens l'avoir seulement salué avant de prendre la piste pour les qualifications,* raconte Sébastien Bourdais[56]. *J'ai décroché ma première qualification. C'est une soirée que je n'oublierai jamais. »* Sébastien et sa future femme dînent avec l'acteur. Sébastien lui parle de sa vie de pilote et des 24 Heures du Mans, source de souvenirs pour le comédien. Le jeune couple rejoint l'hôtel des étoiles plein les yeux, n'en revenant pas d'avoir passé

56. *Sébastien Bourdais : objectif Le Mans !* par Martine Hamm et Daniel Pierrejean, Édilivre, 2016.

trois heures avec un monstre du cinéma. *« Le courant est passé tout de suite, confirme le pilote sarthois. Le début d'une relation très forte... »*

Ils vont se revoir encore et encore, car Paul Newman embauche Bourdais en 2003. *« Un tueur au visage d'enfant »*, écrivent les journalistes américains Matt Stone et Preston Lerner. Le jeune Sarthois, né au Mans le 28 février 1979, déclenche une révolution dans l'écurie. Dès la première saison il remporte trois victoires. C'est ensuite la ronde infernale : le pilote gagne quatre fois de suite le championnat de Champ car jusqu'en 2007. Issu de la formule 3000, où il a été champion du monde, Sébastien Bourdais est du jour au lendemain une vedette de la course automobile américaine. Il faut dire qu'il avait de quoi attraper le virus : son père a participé aux 24 Heures du Mans et lui a offert un kart dès 1989.

« Dire qu'il était un ami paraît vraiment bizarre, ajoute Sébastien Bourdais à propos de Paul Newman. *Mais il l'était réellement pour ma femme et moi. »* Newman *« restait d'une absolue simplicité. C'est pour cela que je l'aimais bien. On pouvait avoir une conversation normale avec lui »*. Pour tout dire, *« C'est un grand monsieur, qui est aussi très honnête et humble »*.

Paul Newman revient au Mans discrètement, à l'occasion du mariage le 6 mai 2006 de Sébastien Bourdais avec Claire Ragot, Mancelle comme lui, rencontrée chez un kiné. Newman arrive en jet privé à Tours, effectue le voyage jusqu'au Mans en voiture et mange rapidement chez Sébastien. *« On lui avait préparé du foie gras, il adore ! »*, précise le pilote. L'acteur assiste à la cérémonie à la cathédrale. Commentaire de Sébastien : *« On n'a pas souhaité qu'il arrive dès le début de la cérémonie, sinon ça aurait été la pagaille ! Il s'est mis sur le côté, discrètement une fois que cela avait commencé... En tous cas, c'est un beau cadeau qu'il nous a fait en étant là ! »*

À la sortie, les invités lâchent une nuée de papillons et Paul Newman pose quelques secondes pour les photographes, assiste au vin d'honneur à l'abbaye de l'Épau et au repas au Vieux-Moulin de Neuville-sur-Sarthe, le soir. Il quitte les lieux vers 23 heures, après avoir signé des affiches de ses films.

On imagine son émotion en retournant sur le circuit, entièrement remodelé depuis son dernier passage en 1979. Le mardi suivant, Claire et Sébastien sont déjà dans l'avion en direction des États-Unis.

Paul Newman, celui que Bourdais appelle *« mon grand-père spirituel »*, né dans l'Ohio (à Shaker Heights) le 26 janvier 1925, est mort d'un cancer le

Paul Newman a assisté au mariage de Sébastien Bourdais à la cathédrale du Mans et a participé au repas au moulin de Neuville-sur-Sarthe (en photo).

26 septembre 2008, à 83 ans, deux ans après le mariage de son jeune pilote. En 2005, il conduit une dernière fois sur le circuit de Daytona avec Sébastien.

Revenons brièvement à Jean-Louis Trintignant pour dire qu'il vit très tôt dans l'ambiance automobile à travers son oncle Maurice Trintignant, fameux coureur des années 1950 (quinze fois sur le circuit du Mans). Le comédien participe aux 24 Heures du Mans de 1980, année de la victoire de Jean Rondeau, à bord d'une Porsche 935, comme celle de Paul Newman. Mais il abandonne après 17 heures de course.

Patrick Kessel

Le journaliste franchit la frontière

De 1992 à 2008

Dans les années 1970, Patrick Kessel (né le 14 septembre 1929 à Paris) vit dans la banlieue parisienne. À la tête d'une maison d'édition, il participe régulièrement aux 24 Heures du Livre (notre 25e Heure actuelle) et des amis habitent Le Mans. Victime d'une expulsion, il cherche un logement calme et tranquille en province. À vrai dire, il n'a pas trop le choix : sa bibliothèque à elle seule (livres et archives) tient dans deux cent cinquante cartons. Le journaliste et écrivain en parle autour de lui, à des amis de Tours notamment. La Sarthe l'inspire à l'occasion d'un séjour aux 24 Heures du Livre. *« C'est étonnant ! J'ai trouvé le premier jour »*, raconte le neveu de Joseph Kessel dans une interview au *Maine Libre*.

Patrick Kessel s'installe dans une ferme de Saint-Mars-de-Locquenay, Les Gibecières, en 1992. *« Je travaille sous le toit. Je vois juste le ciel. »* Hasard de la vie, il revient sur les traces du Lion, celui qui a succédé à l'Académicien Caumont La Force...

Le frère adoré de Joseph Kessel, Georges, est son père. Ils fondent *Détective*. Un « Détective *un peu différent de celui que nous connaissons aujourd'hui. Le journal appartient à Gallimard et les articles sont signés par des gens comme Cocteau. Ma mère a bien connu Cocteau »*.

Pionnier de la chronologie

Qui est ce Patrick Kessel, écrasé (au sens figuré seulement) par la lumière autant que par l'ombre du monstre du journalisme et de la littérature ? Un gamin de 18 ans d'abord, stagiaire à *France Soir*, *« contre l'avis de ma famille qui voulait que je fasse des études »*. Nous sommes en 1948. Contrairement à l'oncle Joseph, indépendant au point de méconnaître pratiquement le fonctionnement d'un journal, Patrick Kessel poursuit un cursus plus classique. Il devient stagiaire puis reporter à *Match*.

Patrick Kessel a franchi la frontière sarthoise, contrairement à son oncle Joseph. Le neveu a fait mieux, il s'est définitivement installé dans le département.

Viennent ensuite *L'Express*, *Libération* (ancienne version), *France Observateur* et *Révolution* de 1963 à 1965.

Ce dernier organe de presse lui attire quelques ennuis lorsqu'il écrit un article sur *« l'atteinte du moral des armées »* pendant la guerre d'Algérie. Patrick Kessel s'éloigne progressivement de la presse écrite pour un journalisme plus littéraire. *« J'étais censuré partout. »*

L'essayiste écrit un nombre important d'ouvrages, dont une *Histoire du prolétariat français avant Marx* chez Plon en 1968, *La Nuit du 4 août 1789* chez Arthaud l'année d'après et une bonne dizaine de 10/18 sur des thèmes historico politiques... pour finalement créer sa propre maison d'édition en 1973, le Nouveau bureau d'édition, consacrée à des textes albanais, chinois ou chiliens, et ouvre La Librairie internationale en 1977. Parmi ses publications, on peut encore citer celles qu'il consacre à l'Algérie, comme *Guerre d'Algérie. Écrits censurés, saisis, refusés* (textes de 1956, 1960, 1961) et *Le Peuple algérien et la guerre*, coécrit avec Giovanni Pirelli (lettres de témoignages de détenus, d'Algériens ou d'avocats de 1954 à 1962). Il faut enfin ne pas oublier ses deux romans, *Le Bénéfice du doute* et *Les Ennemis publics,* évocation du quotidien de deux journalistes confrontés au conditionnement, aux manipulations psychologiques et à l'asservissement.

« J'ai tout arrêté en 1986. J'en avais assez de la politique. » Patrick Kessel devient lecteur dans une maison d'édition et privilégie ce qui finalement l'a probablement toujours inspiré : la carrière d'historien. Il devient un pionnier et un spécialiste des chronologies.

Joseph Kessel *« ne s'attachait pas aux livres »*

Dans les deux cent cinquante cartons du déménagement de Patrick Kessel à Saint-Mars-de-Locquenay, il y a quelques livres de la bibliothèque à tonton en héritage. *« Assez peu en fait. Quelques dizaines. Il faut dire qu'il ne s'attachait pas aux livres. Sauf aux œuvres en russe de Tolstoï et Dostoïevski qui appartenaient à son père. En ce qui concerne le reste, il y avait de tout : des manuscrits, des couvertures disparues ou abimées. Je me souviens aussi de livres de Cocteau et de Gide. Mais les amis avaient le droit de se servir autant que la famille. Ce qui a engendré quelques gâchis. Je regrette seulement de n'avoir pas récupéré la* Série noire. *Il en avait une quantité phénoménale. »*

Patrick Kessel a vécu avec son oncle à Toulon, avant qu'il ne parte à Londres en 1942. *« Mais j'ai quitté ma famille à 18 ans. Je l'ai donc revu bien plus tard. Je l'ai rencontré plus souvent à la fin de sa vie. À l'époque de mes 16 ans, j'ai passé avec lui quelques soirées russes assez épiques. Comme je buvais moins, il se sentait jugé. Pour lui cela voulait dire : tu me regardes, tu m'observes, donc tu me juges. Mais il cessait toujours la consommation d'alcool pour écrire… Il ne m'a jamais mal conseillé et il ne m'a jamais dit un mot sur mes activités politiques, même s'il n'appréciait pas du tout. »* Il faut dire que Patrick Kessel est autant à gauche que Joseph à droite.

Le père de Patrick Kessel, Georges, était d'un physique plutôt avantageux et d'un talent certain. Mais, assez désabusé par la vie, il n'avait pas la hargne de son frère Joseph, ce qui désespérait ce dernier. *« Je n'ai pratiquement pas vécu avec mon père. C'est justement pour cette raison que je l'aimais beaucoup,* confie Patrick Kessel. *Il n'était pas mon père, mais un ami. Il avait beaucoup d'humour. Il était timide, mais très abordable. C'était un homme à femmes, bien plus que mon oncle. »*

Patrick Kessel est mort à Saint-Mars-de-Locquenay le 10 octobre 2008. Il avait 79 ans.

Vol au-dessus d'un nid de connus

D'illustres personnalités n'ont jamais foulé le sol sarthois. Il nous faut pourtant en parler. Et pourquoi donc ? Vous comprendrez mieux en lisant la suite, mais disons d'emblée qu'elles ont fortement frôlé nos frontières, quand elles n'y ont pas laissé des traces visibles. Certaines connaissaient des Sarthois ou des Sarthoises, d'autres en sont tombés amoureux ou les ont épousés. Et la liste est longue... Du coup, il nous a fallu sélectionner arbitrairement les plus significatives et écarter celles dont nous avons déjà parlé ailleurs : Napoléon, fondateur du Prytanée national militaire ; le Prince impérial Napoléon IV, empêché de venir à La Flèche à cause de la guerre de 1870 ; Chateaubriand, qui soutient la renaissance de l'abbaye de Solesmes ; Baudelaire, qui souhaite venir à ladite abbaye sans passer aux actes ; Charles Péguy, qui envoie des émissaires auprès du monastère ; Jean Cocteau, en liaison permanente avec ceux qui font Solesmes ou qui y séjournent...

Cette fois, les dates indiquées sont celles qui correspondent à un événement le plus en adéquation avec la Sarthe.

Diderot

Le philosophe épouse une Fertoise

De 1741 à 1784

Denis Diderot (1713-1784) rencontre Anne-Thoinette Champion en 1741. Elle a 31 ans et habite avec sa mère Marie rue Boutebrie, dans la paroisse Saint-Séverin de Paris (elles déménagent plus tard rue Poupée, dans la maison d'un chirurgien). Diderot en a 29 et vit dans le même immeuble. Il y croise régulièrement les deux femmes, dentelières et lingères à leur compte.

Dans ses *Mémoires pour servir l'histoire de la vie et des ouvrages de Diderot*, la fille du philosophe, Marie-Angélique, devenue madame Caroillon de Vandeul, raconte que « *les deux femmes vivaient dans la plus grande solitude* ». Diderot « *leur fit une visite, et demanda la permission de revenir quelquefois* ». Devant leur méfiance manifeste, il explique, pour les rassurer, « *qu'il était destiné à l'état ecclésiastique ; que bientôt il entrerait au séminaire de Saint-Nicolas, qu'il avait besoin d'une certaine provision de linge, et qu'il les priait de s'en charger* ».

Née dans la Sarthe, à La Ferté-Bernard, baptisée le 22 février 1710, Anne Thoinette, dite Nanette, est la fille de Ambroise Champion, étaminier né à Bonnétable vers 1665, et de Marie de Malville, fille unique née en 1676 qu'il a épousée en 1691. Marie Champion est la fille de Pierre de Malville, sieur de Rosay. Il est lui-même né à Bonnétable le 25 mai 1644 et est fils de Pierre de Malville, militaire du Mans, et de Catherine Boulard.

Ruiné, Ambroise Champion meurt à l'Hôtel-Dieu de La Ferté-Bernard le 25 mars 1713. Sa femme Marie, enceinte d'un septième enfant, pense fuir la misère à Paris, où elle place sa fille au couvent des Miramionnes, quai de la Tournelle, en attendant des jours meilleurs. En 1726, dès qu'elle est en âge de travailler, Thoinette est priée de donner un coup de main à sa mère.

Diderot tombe amoureux. En 1767, il se souvient : « *J'arrive à Paris, j'allais prendre la fourrure et m'installer parmi les docteurs de Sorbonne. Je rencontre sur mon*

L'Hôtel-Dieu de La Ferté-Bernard, où est mort Ambroise Champion, le père de Thoinette Diderot.

chemin une belle comme un ange ; je veux coucher avec elle, j'y couche ; j'en ai quatre enfants. »

Prétexte pour la rencontrer, il leur commande quelques chemises avant d'entrer au séminaire de Saint-Sulpice. Puis il avoue avoir menti à propos du projet de séminaire et demande à madame veuve Champion la main de sa fille. Celle-ci se demande quel est l'avenir de Nanette avec cet inconnu sans travail et sans le sou. Le jeune homme persiste et parvient progressivement à charmer autant la fille que la mère.

Le père de Diderot, Didier, coutelier à Langres, est spécialiste en instruments de chirurgie. Il s'oppose formellement à cette union, prétextant que, concernant Thoinette, *« la nature a été plus prodigue de ses faveurs que de la fortune »*. Il n'a pas totalement tort. L'avenir le confirme, Nanette est rapidement un obstacle aux ambitions de Denis Diderot. Tout les sépare. Elle n'est pas très intelligente, il a soif de savoir. Elle a envie d'une vie discrète et tranquille, il veut découvrir le monde. Elle est médiocre, il brille.

À cette époque, le consentement du père est incontournable jusqu'à 30 ans. Il manque quelques mois. C'est la guerre ! Pour empêcher le mariage, le père fait interner son fils dans un monastère près de Troyes le 1er février 1743. Denis Diderot s'évade presque aussitôt. *« Après bien des détournements inouïs, me voilà libre* [...] *Je me suis jeté par les fenêtres la nuit du dimanche au lundi. J'ai marché jusqu'à présent que je viens d'attendre le coche de Troyes qui me transportera à Paris »*, écrit-il à sa bien-aimée. *« Je suis sans linge. J'ai fait une route de trente lieues à pied par un temps détestable* [...] *Ma mort ou ma vie dépend de l'accueil que tu me feras. »*

Justement non ! Sachant que son éventuel beau-père ne veut pas d'elle, Thoinette se sent bafouée et refuse toute relation avec Diderot. *« Elle le prie de s'éloigner »*, confirme sa fille. Diderot n'abandonne pas et envoie des lettres désespérées à Nanette. *« Ce qui fait le bonheur des époux, c'est bien la tendresse mutuelle. J'en ai pour vous plus que jamais, mais j'ai lieu de croire que vous n'en avez plus pour moi. »*

Thoinette craque. Le contrat de mariage est signé le 26 octobre 1743 et le mariage célébré en cachette (les parents de Diderot l'apprennent six ans après) le 6 novembre dans l'église Saint-Pierre-aux-Bœufs, dans le 2e arrondissement. Quelques années après, Diderot remarque : *« Les parents de ma femme firent dresser notre contrat et je le signai sans le lire ; c'est que je l'aimais. »*

Le couple s'installe rue Saint-Victor, dans le 5e arrondissement, puis rue Traversière. Leur première fille Angélique y naît le 13 août 1744 et décède le 29 septembre. L'année suivante, les Diderot déménagent à nouveau rue Mouffetard quand un fils, François Jacques Denis, voit le jour le 22 mai 1746. Malheureusement, lui aussi meurt le 30 juin 1750, rue de l'Estrapade cette fois. Entre temps, la mère de Thoinette meurt le 19 octobre 1748. Le 29 octobre 1750, c'est au tour de Denis Laurent de naître. Mais il ne survit pas plus que les autres et disparaît bêtement le jour de son baptême, en décembre : la nourrice le laisse tomber sur les marches de l'église !

En août 1752, Thoinette rencontre enfin son beau-père à Langres. Un an plus tard, Marie-Angélique naît le 3 septembre 1753, rue de Taranne (encore un déménagement)... et cette fois tout va bien ! Et tant mieux, car, seule survivante de la fratrie, elle laisse un témoignage précieux sur ses parents. Elle sera musicienne, reconnue pour son talent au clavecin.

Le reste de la vie et de la carrière de Diderot est connu. Nous n'y reviendrons pas. La vie de son épouse l'est moins. Denis Diderot est un mauvais mari dès le début. Il ne l'associe jamais à ses activités et à ses relations.

Si la belle Sarthoise est rapidement effacée derrière la gloire de l'auteur du *Neveu de Rameau*, elle n'échappe pas aux rumeurs lancées par la presse (people déjà). Dans son numéro du 9 décembre 1751, un journal néerlandais de La Haye, *La Bigarrure*, révèle la liaison de Diderot avec madame de Puisieux et raconte comment Thoinette, furibonde, *« ne cessait de persécuter son mari, toutes les fois qu'elle soupçonnait qu'il venait de chez Madame de Puysieux »*. Madame Diderot y est présentée comme quelqu'un *« qui gronde sans cesse, et n'est jamais contente »*. Dupont de Nenours ajoute : *« Brusque, de mauvais ton. »* On apprend ensuite que le philosophe, *« en homme prudent, a souscrit aux volontés de sa femme, et a rompu tout commerce avec Madame Puysieux »*. Mais, vexée, madame de Puisieux vient sous les fenêtres de sa rivale avec deux de ses enfants et la provoque : *« Tiens, maîtresse Guenon, regarde ces deux enfants ; ils sont de ton Mari, qui ne t'a jamais fait l'honneur de t'en donner autant. »* Ni une ni deux, Thoinette descend les escaliers quatre à quatre et empoigne sa rivale dans la rue. Des tendresses, du genre *« Chienne ! Louve ! Bagace ! »*, sont échangées sous le regard médusé des passants, tandis que les deux furies se roulent dans la boue, finalement calmées par quelques judicieux seaux d'eau.

Malgré la foule attirée par les cris des deux femmes, le journal conclut : *« Et que pensez-vous, monsieur, que faisait, pendant tout ce bacchanal, notre philosophe Diderot ? Enfermé dans son cabinet* [...], *il faisait des réflexions morales et philosophiques sur les agréments du mariage, sur le caractère des femmes, que madame Puysieux venait de représenter bien plus au naturel... »* Authentique ou non, cette histoire a le mérite de situer la singulière personnalité de madame Diderot.

Jean-Jacques Rousseau appelle cette Fertoise perdue dans le siècle des Lumières par son surnom de Nanette et la compare à Thérèse, sa propre compagne, lingère comme elle. *« La différence était que ma Thérèse, aussi bien de figure que sa Nanette, avait une humeur douce et un caractère aimable, fait pour attacher un honnête homme, au lieu de la sienne, pie-grièche et harengère, ne montrait rien aux yeux des autres qui pût racheter la mauvaise éducation »*, se souvient-il dans ses *Confessions*. Diderot *« l'épousa toutefois ; ce fut fort bien s'il l'avait promis. Pour moi qui n'avais rien promis de semblable, je ne me pressais pas de l'imiter »*.

La statue de Diderot, boulevard Saint-Germain à Paris.

Impulsive, madame Diderot a mauvais caractère et en vient aux mains facilement. Ce qui lui attire quelques ennuis avec la justice à plusieurs reprises. Le 2 avril 1750, elle se fâche avec une domestique, Dominique Barré, l'insulte, la frappe à coups de poings et de pieds, la tire par les cheveux et lui cogne la tête contre le mur. Faits attestés par le chirurgien Delamotte qui remarque un trou dans la tête de la victime.

C'est à son tour de déposer une plainte à l'occasion d'un nouvel incident le 17 décembre 1758, où elle s'en prend à une vendeuse sur le marché. Une dispute, une claque malheureuse et voilà la vendeuse qui se jette sur Thoinette Diderot à coups de pieds. Finalement, madame Diderot retire sa plainte.

La propre fille de Thoinette, un peu plus nuancée, admet que sa mère est *« un morceau de cristal de roche non taillé et hérissé de pointes, l'âme très haute et très fière, une franchise qui ignorait la dissimulation, pieuse sans bigoterie »*. Mais *« le tort de mon père fut de ne pas former ma mère pour le monde, parce que né jaloux, il ne souhaitait pas qu'elle le vît »*. Étonnante analyse !

Quant à Thoinette Diderot, elle n'est pas en reste pour critiquer à son tour. « *Cela me fait un beau gras de jambe d'être mariée à un grand philosophe qui n'a même pas de quoi fait aller le pot-au-feu* », lance-t-elle à une comtesse qui la complimente d'être l'épouse d'un si célèbre personnage. *« Tout le monde vous possède, excepté nous »*, reproche-t-elle à son mari, *« toujours occupé avec des phrases éternelles »*, tandis que *« les affaires deviennent ce qu'elles peuvent »*.

Diderot en a autant pour son service. *« J'ai toute l'âme renversée,* écrit-il à sa maîtresse Sophie Volland. *Vous savez le mal sensible que me causent l'injustice et la déraison. Eh bien, imaginez qu'il a fallu en supporter un débordement qui a duré plus de deux heures à s'écouler. Mais dites-moi quel avantage il en reviendra à cette femme lorsqu'elle m'aura fait rompre un vaisseau dans la poitrine ou déranger les fibres du cerveau ? Ah, que la vie me parait dure à passer ! Combien de moments où j'en accepterais la fin avec joie !... Depuis le dernier orage domestique, nous mangeons séparément. On me sert dans mon cabinet. Lorsque nous ne nous verrons plus qu'en passant, il faut espérer que nous n'aurons ni l'occasion, ni le temps de nous quereller. O la cruelle vie!... Mon âme est un peu remise. On ne me voit point. Je me fais servir chez moi. On n'a point occasion de m'irriter. »*

Très dur envers sa femme, Diderot en arrive à souhaiter la mort de sa fille si elle tombait malade. *« Il vaudrait mieux qu'elle fût morte, que d'être abandonnée à la merci de cette mère-là.* » Quand elle est malade, il constate que « *Mme Diderot est du petit nombre des femmes qui ne savent pas souffrir* ».

Malgré cette incompatibilité notoire, le couple tient bon jusqu'au bout et s'assagit même avec le temps. Seule la mort sépare Denis et Antoinette Diderot. Denis Diderot meurt d'apoplexie le 30 juillet 1784. Sa femme le suit dans la tombe bien après, le 10 avril 1796, 26 rue Caumartin. Avec la mort d'Angélique de Vandeul le 5 décembre 1824 disparaît la lignée des Diderot.

Mozart

Une composition pour madame de Tessé

1763 ET 1764

Depuis 1762, la famille Mozart effectue une tournée à travers l'Europe, afin de présenter l'enfant prodige, capable de jouer toutes les partitions qui lui tombent sous la main, si ce n'est pas de mémoire, avec un violon ou un clavecin, c'est selon... et surtout pour gagner le plus possible d'argent !

L'enfant compose aussi, déjà... De Salzbourg à Londres, il a pris l'habitude d'écrire de petites musiques. Entre 1763 et 1766, les Mozart parcourent la France et l'Angleterre. Le petit génie – Voltaire l'appelait « Mazar » – est reçu partout comme une star. Lorsque père, mère et grande sœur s'installent à Paris le 18 novembre 1763 pour vingt et une semaines, ils font connaissance avec les grands de la cour, dînent à la table du roi Louis XV et de madame de Pompadour. Parmi eux, la famille Tessé, René-Mans, sire de Froullay, et Adrienne de Noailles, qu'il a épousée en 1755. Ils habitent plus souvent rue de l'Université qu'au Mans.

Après une série de concerts donnés à Versailles, la famille est invitée à jouer par la noblesse dans des soirées privées. Soirées largement rétribuées, au pire sous forme de cadeaux plus ou moins prestigieux : tabatières, montres, couverts, écritoires... *« Maître Wolfgang a reçu de Madame la comtesse de Tessé une tabatière en or, une montre en or, précieuse par sa petite taille, que je vous indique ici* [Suit un cercle à la dimension de la montre] *et puis Nannerl* [sœur du petit Mozart] *a eu une petite boite à cure-dents en or massif extrêmement jolie »*, écrit avec enthousiasme Léopold, le père de Mozart, à une amie de Salzbourg.

À cette occasion, on commande au petit garçon quelques compositions dédicacées. Deux sonates sont ainsi dédiées à madame Victoire, fille du roi, parce qu'elle joue elle-même du clavecin. Ce sont les toutes premières œuvres pour clavier de Mozart (il a composé des menuets dès 1762). Il rédige également un texte, mais

Le musée de Tessé, symbole des Tessé, dont le plus célèbre fut maréchal de France.

il est si mauvais que la fille du roi lui conseille de se limiter à une phrase brève : *« Wolfgang Mozart, de Salzbourg, âgé de sept ans. »*

En 1764, il compose à nouveau, en hommage à la comtesse Adrienne-Catherine de Tessé cette fois, *« dame de Madame la Dauphine »*, son opus II, les sonates pour le clavecin avec accompagnement de violon, en si bémol majeur (KV 8) et sol majeur (KV 9). La première sonate (KV 8) intitulée Œuvre seconde, allegro, andante, menuet a été enregistrée par la Société historique et archéologique du Maine en 2000[57]. Il a 7 ans !

57. La Société historique et archéologique du Maine a produit un disque de la sonate KV 8, présentée comme étant destinée à madame de Tessé. Or, Marcel Brion, de l'Académie française, indique tout autre chose dans sa biographie. *« Mozart composa quatre sonates pour clavecin. Deux d'entre elles, la sonate en ré majeur et la sonate en la mineur (KV 7 et KV 8), Grimm conseilla de les dédier à Victoire, la fille du roi* [...] *Les deux autres sonates, en la majeur et en do majeur (KV 9 et KV 10), furent dédiées à Mme de Tessé... »* Premièrement, la Société historique et archéologique du Maine a édité une seule des deux sonates dédiées à madame de Tessé et, deuxièmement, Marcel Brion se trompe manifestement. Mozart a bien composé deux sonates pour clavecin avec accompagnement de violon, en ut majeur (KV 6) et en ré majeur (KV 7) dédiées à la fille de Louis XV, et les sonates KV 8 et KV 9 à madame de Tessé. La sonate KV 10 signalée par Marcel Brion a été composée à Londres fin 1764. Dans une note, Anna Maria Von Berchtold Zu Sonnenburg, née Mozart, confirme que le fils fit à Paris *« ses deux premières œuvres pour le clavier. Il dédia la première à Madame Victoire, seconde fille du roi, et la deuxième à Mme la comtesse de Tessé »*.

Ce privilège est dû à la grande bonté de madame de Tessé envers les enfants. Les œuvres destinées à Victoire et à madame de Tessé sont imprimées et diffusées. *« Imaginez*, écrit Léopold dans une lettre du 1er février 1764, *le bruit que peuvent faire ces sonates dans le monde, quand il y a sur la page de titre que c'est l'œuvre d'un enfant de sept ans, et quand on incite les incrédules à le mettre à l'épreuve, comme c'est déjà arrivé, et où il fait écrire à quelqu'un un menuet ou autre chose, et aussitôt (sans toucher le clavier) y met dessous la basse et, si on le souhaite, aussi le second violon. Vous entendrez un jour comme ces sonates sont bonnes ; il y a un andante d'un goût exquis. »*

Effectivement, quelques sceptiques n'y croient pas et dénoncent une imposture. Ils soupçonnent le père d'en être l'auteur et affirment qu'il est impossible d'atteindre une telle perfection à cet âge. La rumeur est vite balayée quand le jeune Wolfgang écrit ses partitions publiquement. L'honneur est sauf, mais le prix à payer est lourd. Mozart est généralement épuisé après ses épreuves. S'il est en avance sur le plan musical, s'il est surdoué, avec l'oreille absolue à 3 ans, il n'en reste pas moins un enfant sur le plan physique…

Avec madame de Tessé, son talent littéraire s'améliore. Il joint à son cadeau un message. *« Madame, votre goût pour la musique et les bontés dont vous m'avez comblé, me donnent le droit de vous consacrer mes faibles talents. Mais lorsque vous en agréez l'hommage, est-il possible que vous défendiez à un enfant l'expression des sentiments dont son cœur est plein ?*

Vous ne voulez pas, Madame, que je dise de vous ce que tout le public en dit. Cette rigueur diminuera le regret que j'ai de quitter la France. Si je n'ai plus le bonheur de vous faire ma cour, j'irai dans des pays où je parlerai du moins tant que je voudrai, et de ce que vous êtes, et de ce que je vous dois.

Je suis avec un profond respect, Madame, votre très-humble et très-obéissant petit serviteur. »

Est-il utile de préciser que le jeune Wolfgang Amadeus Mozart avait cet autre talent de parler français… italien, latin et anglais ? Les Mozart quittent la France pour l'Angleterre le 10 avril 1764.

Le jeune prodige, né en 1756, meurt en 1791.

Victor Hugo

Une lettre de l'écrivain… dans une poubelle du Mans !

1869

Le passage de Victor Hugo (1802-1885) dans la Sarthe n'est qu'une minuscule étincelle dans le vaste feu d'artifice de sa vie. Mais tout de même, il n'est pas désagréable de savoir qu'il a fait étape à Mamers avant de rejoindre sa maîtresse Juliette Drouet en Bretagne, à Saint-Renan, non loin de Brest.

À part ça, il faut bien reconnaître qu'il reste peu de choses à raconter, sinon un fait original, peu ordinaire et surtout peu connu, à savoir qu'il a envisagé de racheter l'abbaye de Solesmes à l'époque où les moines bénédictins ont été dans l'obligation d'abandonner les lieux[58].

Restent ses relations sarthoises. Hugo a des échanges épistolaires avec la Fléchoise Marie Pape-Carpantier, fondatrice des écoles maternelles (grâce à lui elle obtient un prix de l'Académie française), et avec François Girault, un Sabolien connu à l'époque pour sa poésie.

Il partage sa période d'exil à Jersey avec plusieurs compatriotes dans la même situation. Parmi eux, un conseiller général de Mamers, Charles Granger, et un conseiller général de Bonnétable, Eugène Girard. Victor Hugo connaît bien également Aristide-Jacques Trouver Chauvel, maire du Mans, député et ministre. Un projet de journal à caractère international avec lui ne verra jamais le jour.

Petite touche d'orgueil local, Victor Hugo est un temps président d'honneur de la *Revue littéraire du Maine*, au moins pour l'année 1883.

Dernière anecdote et non des moindres, une mystérieuse lettre datée de 1869 adressée à un Sarthois dont on ignore l'identité a été retrouvée par hasard dans

58. Lire *Les Hôtes illustres de Solesmes.*

Victor Hugo a failli se porter acquéreur de l'abbaye de Solesmes.

une poubelle de la rue Montesquieu, au Mans. L'écrivain et historien Jacques Gohier suppose qu'elle a un lien avec le journaliste Wilfrid de Fonvielle (1824-1914) qui habitait justement cette rue. Déduction plausible, sachant que le contenu est en lien étroit avec le fait que ce Fonvielle était justement passionné d'aéronautique (il bat quelques records en ballon) et un spécialiste scientifique reconnu.

Mais la lettre ne lui est pas adressée puisqu'il y est cité comme un étranger à cette correspondance, au même titre que l'écrivain scientifique Victor Meunier (1817-1903). Celui à qui est envoyé la lettre est désigné comme « compagnon » de Fonvielle. Sans jouer les Sherlock Holmes, on peut supposer que le destinataire a remis cette lettre à Wilfrid Fonvielle pour information et que ce dernier a pu ensuite tout bêtement s'en débarrasser. L'expéditeur pourrait alors être un aérostier sarthois, voire d'un tout autre département, mais connaissant Fonvielle. Gaston Tissandier, par exemple, aérostier parisien connu à cette époque autant que Fonvielle, a effectué un vol avec lui. De là à avoir des contacts ou correspondre avec Hugo...

Le Maine Libre révèle l'affaire dans son édition du 24 janvier 1946 et *La Vie mancelle et sarthoise* l'a publiée dans son numéro de mai 2002. La voici :

« Je crois monsieur, à tout le progrès ; la navigation aérienne est consécutive à la navigation océanique ; de l'eau, l'homme doit passer à l'air. Partout où la création lui sera respirable, l'homme pénétrera dans la création. Notre seule limite est la vie.

Là où cesse la colonne d'air dont la pression empêche notre machine d'éclater, l'homme doit s'arrêter, mais il peut, doit, entend aller jusque-là, et il ira. Vous le prouvez.

Je prends le plus grand intérêt à vos voyages perpendiculaires.

Votre ingénieux et hardi compagnon M.W. de Fonvielle a, comme M. Victor Meunier l'instinct supérieur de la science vraie.

Moi aussi, j'aurais le goût superbe de l'aventure scientifique, l'aventure dans le fait, l'hypothèse dans l'idée, voilà les deux grands procédés de découverte. Certes, l'avenir est à la navigation aérienne et le devoir du présent est de travailler à l'avenir.

Ce travail, vous l'accomplissez.

Moi, solitaire mais attentif, je vous suis des yeux et vous crie courage.

Victor Hugo »

Un dernier point unit Victor Hugo à la Sarthe par l'intermédiaire de son frère Abel, auteur d'un livre, *France pittoresque*, publié en trois volumes, dans lequel la Sarthe

Rodin, grand admirateur de la cathédrale du Mans, a sculpté le buste de Victor Hugo.

a droit à quelques remarques sur une dizaine de pages. La plus savoureuse est la suivante : « *Les habitants du département de la Sarthe sont laborieux, un peu intéressés, lents, routiniers, ennemis des nouveautés ; leurs mœurs sont douces et calmes. Ils tiennent à leurs usages moins par préjugé peut-être que par paresse, ils aiment leur village, redoutent les voyages et s'éloignent peu de leurs foyers, à moins qu'ils n'y soient forcés. On remarque néanmoins que depuis quelques années leur intelligence est devenue plus vive et leur industrie s'est développée.* » Abel Hugo attribue cette observation – toujours d'actualité ? – à un ancien préfet du département.

Sacha Guitry

Un instructeur militaire sarthois

1908 et 1909

Sacha Guitry (1885-1957) n'était pas un être ordinaire. Le dire est un euphémisme. L'esprit décalé de cet homme remonte à l'enfance. Depuis les langes et les biberons, Sacha est bercé par le théâtre. Son père lui apprend *« que jouer signifiait travailler »*, écrit Henri Jadoux, un proche de l'auteur. Si bien que, adulte, *« le monde des réalités, ou réputé tel par le public, lui était étranger »*. Un fossé le sépare de ce public, du vrai monde. Enfant, il baigne dans l'ambiance des voyages à l'étranger avec ses parents, des loges où il embrasse Sarah Bernhardt comme la tantine de la famille. *« Après notre père et notre mère, c'était certainement la personne la plus importante du monde à nos yeux »*, confirme Sacha Guitry. La vie entière, *« je n'ai jamais voulu rien faire comme les autres et je me suis félicité de ne pas être comme tout le monde »*.

Puisque nous y sommes, attardons-nous encore quelques secondes sur la jeunesse dorée du futur auteur et acteur. Le jeune bambin a d'ores et déjà un rapport étroit avec la Sarthe en la personne de son grand-oncle Prosper de Bonfils, évêque du Mans de 1898 à 1912. Enfant gâté, Guitry n'oubliera jamais la seule claque de sa vie, généreusement assenée par le prélat.

Les présentations ainsi faites, on comprend mieux dans quelles conditions l'homme de théâtre a vécu son service militaire. Tous les moyens sont bons pour y échapper. Il apprend que *« tout homme ayant un frère sous les drapeaux peut obtenir un sursis d'incorporation... »*. C'est le cas. Il obtient un sursis de deux ans.

Deuxième étape, *« j'avais appris que tout homme marié peut obtenir l'autorisation de faire son service militaire dans la ville où il est domicilié »*. Aussitôt dit, aussitôt fait. *« J'épousais Charlotte Lysès, ma première femme, le 14 août 1907. »*

Troisième étape, le théâtre. Il parvient à gagner deux mois supplémentaires de sursis pour cause de pièce à jouer absolument. Accordé. Mais la plaisanterie ne peut durer éternellement. L'appel sous les drapeaux est fixé au 9 décembre 1908.

Quatrième étape. Quarante-huit heures avant l'incorporation, il dîne chez Alfred Edwards, le fondateur du journal *Le Matin*. Informé de la situation, le directeur du quotidien décide d'intervenir directement auprès du ministre de la Guerre, le général Picquart. Ni une ni deux, le lendemain matin, les voilà sonnant à la porte d'un ministre qu'ils ne connaissent ni l'un ni l'autre. Bien élevé, le ministre les reçoit. Il n'a pas le temps d'en placer une. Edwards lui demande sans autre forme de procès de donner des ordres afin que Guitry puisse quitter chaque soir la caserne et jouer au théâtre. *« Et nous sommes sortis, laissant littéralement abasourdi le général Picquart »*, conclut Guitry.

Le lendemain, il rejoint l'armée l'esprit tranquille. *« Ayant passé le conseil de révision, j'avais été versé dans l'armée auxiliaire pour cause d'obésité précoce. À cette époque, en effet, je pesais plus de cent kilos. »* Le voilà au 24e régiment d'infanterie, caserne de la Nouvelle-France, 82 faubourg Poissonnière, dans le 10e arrondissement de Paris.

Une note du ministre de la Guerre est déjà sur le bureau du colonel. Guitry est ravi. Pour quelques secondes seulement. Le colonel se fout des ordres ministériels. Pas question de sortir de la caserne. Guitry perd une bataille, mais pas la guerre. Il est du genre à tout négocier. Au dortoir, il demande sans se démonter au colonel une chambre individuelle… et l'obtient. Sacha loge dans la bibliothèque. Ensuite, comme il ne veut pas faire son lit, l'homme de théâtre soudoie un caporal et le paie pour devenir son ordonnance. Un gradé ordonnance d'un simple soldat livre le petit déjeuner chaque jour ! On lui conseille également de raccourcir ses cheveux, ce qu'il s'empresse de ne pas faire. Un jour, enfin, un officier exaspéré lui intime l'ordre de pratiquer les exercices comme tout le monde. *« Pas avec un fusil, au moins,* répond Guitry. *C'est dangereux ! »*

Un Manceau, Maurice Montreuil, est chargé de l'instruction militaire de Sacha Guitry. Enfin, n'exagérons rien. Selon les consignes hiérarchiques, en guise d'instruction, il est exempté de tout, ou presque, exercices physiques ou *« théories orales enseignées aux hommes de troupe »*, précise Maurice Montreuil en 1972. La mission de Maurice ? Un entretien chaque matin de 9 heures à 10 h 30, après-midi libre, *« pour qu'il puisse se consacrer, en toute quiétude, à ses travaux littéraires »*. Finalement, il dort – officiellement – deux nuits par semaine rue d'Anjou, chez lui, avec pour seule obligation d'être en poste à 7 heures du matin, 9 heures bien tassées en réalité, puisque Sacha Guitry écrit : *« Chaque matin, vers dix heures, je me présentais devant le capitaine-major* [...] *et je déposais devant lui un petit rectangle de papier sur lequel, préalablement, j'avais écrit ces mots* : "Le soldat Guitry est autorisé à se rendre en ville pour achat de fournitures de bureau. Le capitaine-major." *Et il signait* [...] *Puis je rentrais chez moi, j'y déjeunais, j'y passais la journée, j'y dînais, j'y couchais et, le lendemain matin, vers 9 heures* [...] *je regagnais la caserne. »*

Pour le peu d'instruction militaire qu'il reste à transmettre, Maurice est confronté à une suite de réactions plus étonnantes les unes que les autres. Les grades sont, par exemple, précédés de « mon » : mon général, mon capitaine... Sacha Guitry écoute avec attention et décide d'appliquer sa propre méthode : *« Je dirai toujours : Monsieur* [...] *Le mot mon n'est qu'une abréviation de Monsieur et, dans un passé qui n'est pas très lointain, on disait : Monsieur le capitaine, Monsieur le colonel, etc. En disant monsieur* [...] *ce sera normal et beaucoup plus respectueux de la politesse. »* Pour autant, il utilise un jour une variante en saluant trois officiers d'un *« Bonjour mes chefs ! »* tout à fait *« inédit dans une caserne française »*.

Les liens qui unissent pour trois mois Gutry et Montreuil sont riches en échanges farfelus. *« Quand vous assistez à* un enterrement [...], *retenez ceci, monsieur, il ne faut jamais aller jusqu'au cimetière. »* Ce qui étonne Maurice : *« Il ne m'a jamais dit pourquoi. »* Un jour, Sacha Guitry lui fait une grande révélation : *« Je possède une montre la plus étonnante qui soit* [...], *parce qu'elle abat son heure en 55 minutes. »* Il se plaint du bruit d'un « maniaque » qui l'incommode chaque matin à la même heure. Le maniaque en question n'est autre que le tambour de garde. *« Les programmes scolaires,* dit-il encore, *appellent une réforme profonde. Que de temps perdu à apprendre la règle du participe passé, que j'ai toujours ignorée, et a essayé de remplir des réservoirs, avec des tuyaux percés, quand il est si simple* [...] *de faire appel à un plombier qualifié. »*

Dernière étape, *« je fus réformé en 1909 »* dans des circonstances moins agréables. Maurice Montreuil considérant que Sacha Guitry *« perdait chaque jour des heures précieuses appelant un meilleur emploi de ses activités dans la vie civile »*, propose à Sacha Guitry de tenter d'obtenir une libération *« par décision médicale d'une commission de réforme »*. Comment être contre ?

Guitry utilise un stratagème simple : il monte les trois étages jusqu'au bureau du médecin-major quatre à quatre et arrive *« le cœur battant, soufflant comme un bœuf »* et déclare se sentir *« tout époumoné »* ! Après consultation, le médecin diagnostique un emphysème pulmonaire. Guitry est envoyé en observation à l'hôpital des Récollets pendant un mois. Comme toujours, à peine sur place, il demande une chambre individuelle. Il n'en existe pas, sauf la chambre 11, réservée aux malades vivant leurs dernières minutes terrestres. Inconvénient, cette chambre est insalubre et le sol est en terre battue. Au bout d'un mois, *« mon genou gauche semblait aussi gonflé qu'un ballon de rugby* [...] *J'étais entré aux Récollets pour une endocardite que je n'ai jamais eue et j'avais contracté dans cette chambre une crise d'un rhumatisme qui se généralisa par la suite, dont je faillis mourir en 1913 et dont jamais je n'ai pu me débarrasser »*. Sacha Guitry a gagné une fois de plus : il est réformé le 6 avril 1909 *« pour lésion organique du cœur »*. Mais il a perdu définitivement la santé. Et le Sarthois Maurice Montreuil y est un peu pour quelque chose, bien malgré lui.

Joseph Kessel

Que La Force soit avec lui !

1962

Le grand reporter, l'aventurier, le baroudeur, le glorieux Joseph Kessel (1898-1979), après le triomphe de son roman *Le Lion*, se sent des ailes. Le 18 janvier 1962, il transmet au secrétaire perpétuel de l'Académie française Maurice Genevoix une lettre de candidature.

Il brigue le fauteuil du duc de La Force. Kessel est un peu inquiet, car il ne sait rien de son prédécesseur. Marcel Achard, lui qui a un certain aperçu de la Sarthe pour avoir rendu visite à Marcel Pagnol dans son moulin de Parcé-sur-Sarthe, le rassure : *« Si tu crois que je connaissais mon prédécesseur ! Tu auras bien le temps de le découvrir après l'élection. »* Le 10 janvier 1961, il écrit justement à Marcel Pagnol : *« Je viens d'envoyer ma lettre à Genevoix pour le fauteuil de La Force. »*

Daniel-Rops, historien et spécialiste de la spiritualité, hôte lui aussi de la Sarthe – il est venu à l'abbaye de Solesmes –, aide Joseph Kessel à préparer sa « campagne ». Décidément, la Sarthe lui porterait-elle chance ? De fait, Marcel Pagnol le soutient, mais aussi François Mauriac, autre visiteur de l'abbaye de Solesmes.

Mais qui est donc ce duc de La Force ? Joseph Kessel charge un jeune ami, Paul Guilbert, de lancer des recherches à son sujet. Le « détective » lit les œuvres et rencontre la famille au château de Saint-Aubin-de-Locquenay. L'ensemble de ces informations permettra à Joseph Kessel de rédiger un discours d'investiture digne de ce nom.

Le futur académicien prend conscience des limites de sa démarche. La bienséance exige une visite au château de Saint-Aubin-de-Locquenay, demeure de l'illustre duc, dont la fille n'est rien moins que la duchesse de Noailles (madame de Noailles mère, épouse de Caumont La Force, est morte en 1956). Et puis sont réunies dans ce petit village sarthois les archives d'une des plus vieilles familles de France, les Caumont-La Force. N'oublions pas qu'un ancêtre proche d'Henri IV

Le duc de La Force en compagnie de madame de Noailles, son épouse.

était assis aux côtés du roi le jour de son assassinat en 1610. C'est même lui qui retire le poignard de son cœur. L'arme est conservée par la famille comme une relique. Elle est toujours entre ses mains.

De plus, madame de Noailles veut lire le discours d'entrée à l'Académie de Kessel, comme l'avait fait son père avec son prédécesseur le baron Paul-Gabriel d'Haussonville. Kessel refuse. Une rencontre, la seule, a lieu avec le 13e duc Nompar de Caumont, duc de La Force, fils de l'académicien, au Fouquet's, célèbre restaurant parisien. C'est évident, les deux hommes s'entendent bien, puisqu'on les retrouve saouls comme des Polonais.

La famille n'apprécie pas, non l'ébriété des deux individus, mais plutôt le fait que Kessel se limite à un seul membre de la famille et, qui plus est, qu'il ne daigne même pas se déranger. Paul Guilbert s'en sort comme il peut en indiquant que Kessel est malade... des amibes... Un truc à vous retirer toute envie de serrer la main au porteur de ce genre de bestiole.

Le discours, finalement lu à l'Association des maires de France, 41 quai d'Orsay, selon le petit-fils de l'académicien, racontera l'histoire du duc de La Force, le passé glorieux de ses ancêtres, et mettra en avant les héros de l'écrivain. Il est écrit par Paul Guilbert, devenu le nègre de Kessel pour la circonstance. Kessel ne retouche rien. Il se contente de réduire les 80 feuillets à 60.

Après la grande cérémonie de réception à l'Académie française, Joseph Kessel aura enfin l'occasion de trinquer avec la famille des La Force, mais il ne mettra décidément jamais les pieds dans notre département. Ce sera son neveu, Patrick Kessel, qui franchira la frontière, lui dont les amies successives étaient les dactylographes de Joseph, Jef pour les intimes, à qui il confiait ses œuvres.

Pur hasard ?

En guise de conclusion

Hommage au juge Jean-Michel Lambert

« *Un jour, ma carrière s'est fracassée dans un accident majeur dont je ne me suis jamais remis.* »

Le jour de son suicide, le 11 juillet 2017, les bagages sont prêts à son domicile du Mans. Jean-Michel Lambert doit partir en voyage en Égypte le lendemain. Quant à son agenda, il est rempli de rendez-vous littéraires jusqu'en février 2018. Par conséquent, nul signe d'une quelconque intention de mettre fin à ses jours. Seulement voilà, tout bascule avec la publication des carnets du juge Simon, successeur de Jean-Michel Lambert dans l'affaire Grégory. C'est la goutte d'eau, l'inacceptable !

Jean-Michel Lambert apparaît en marge de cet ouvrage pour éviter toute ambiguïté. Le choix de le présenter de son point de vue, et non d'un point de vue purement historique, est volontaire. Quand une vision est exprimée, c'est la sienne, ou celles des antagonistes, sans pour autant occulter la réalité des faits. En d'autres termes, le seul objectif de ce chapitre est de raconter la vie de Jean-Michel Lambert sans porter de jugement.

À l'origine, il avait accepté de se confier autour d'un verre ou d'un repas amical. L'affaire Grégory devait se réduire à un épisode. Hélas, tout tourne autour, malgré tous mes efforts pour l'éviter. Dans ces conditions, afin de rester concentré sur l'homme et ses fragilités, pour tenter d'interpréter le ressenti de ce magistrat, j'ai décidé de contourner le fait divers et d'exploiter le côté humain.

Une vie ordinaire devenue extraordinaire

Jean-Michel Lambert naît à Jarnac, en Charente, le 19 mai 1952. Après la faculté de droit d'Amiens jusqu'en juin 1974, il est reçu au concours d'entrée à l'École nationale de la magistrature le 23 décembre 1976. Son stage de juridiction a lieu à Angers à partir de la fin octobre 1978.

Jean-Michel Lambert en 2015, à l'occasion d'une séance de dédicaces.

Jean-Michel Lambert est nommé juge d'instruction le 1er février 1980. Il commence sa carrière à Épinal, dans les Vosges. Immédiatement, il traite une soixantaine de dossiers. Entre cette date et le 1er janvier 1984, début d'une fatidique année, le jeune magistrat ouvre cinq cent trent-huit dossiers. Sa première affaire criminelle commence en mars 1980, un mois après son entrée en fonction, avec un jeune de 20 ans. Le jeune juge découvre très vite *« la face cachée du monde, un univers de mensonge, de noirceur, de vilenie, d'esprit de lucre, de turpitude, de folie tolérée, de machiavélisme, mais aussi de générosité, de bonté, de don de soi, d'amitié, d'amour, d'intelligence »*, déclare-t-il en 1987, trois ans après l'affaire Grégory. Il en tire *« une nouvelle conviction : l'effrayante ambiguïté des êtres et des événements »*. Au début des années 1980, le juge Lambert inculpe et place en détention provisoire un SDF, dans le cadre d'un cambriolage dans une station-service. Confronté à des témoins, le prévenu est innocenté et libéré. Vingt ans plus tard, à la 25e Heure du Mans, Jean-Michel Lambert tombe nez à nez avec lui. L'homme en question n'était autre que Bernard Pouchèle, habitant lui aussi de la Sarthe, à Sablé-sur-Sarthe. Devenu écrivain comme Lambert, il s'est rendu célèbre à l'occasion de la publication de *L'Étoile et le vagabond*. Bernard Pivot l'avait invité dans son émission *Apostrophes*.

Au Mans depuis 2003, Jean-Michel Lambert exerce la fonction de vice-président du tribunal d'instance pendant onze ans avant de prendre sa retraite en 2014, après quinze années comme juge au tribunal de grande instance de Bourg-en-Bresse, de 1988 à 2003. Il se plaît au Mans et aime se ressourcer en marchant le long des quais ou dans les allées du jardin des Plantes.

Instruction toujours ouverte trente ans après

Le mardi 16 octobre 1984, à 21h15, à Docelles, dans les Vosges, Grégory, un enfant de 4 ans, est retrouvé mort d'hydrocution dans la Vologne par les pompiers. Il a les pieds et les mains liés, son bonnet recouvre le visage. Le crime est revendiqué le jour même par un mystérieux corbeau. Il s'en délecte dans une lettre adressée au père de Grégory le lendemain et multiplie les provocations.

Le dossier judiciaire est confié au juge d'instruction Jean-Michel Lambert, âgé de 33 ans. Cet homme calme et posé va devenir célèbre bien malgré lui. Il s'en serait bien passé. Un cousin du père de Grégory, Bernard Laroche, est inculpé (le terme « inculpé » a été remplacé plus tard par « mis en examen ») le 5 novembre 1984, puis libéré le 4 février 1985. Il est assassiné par le père de Grégory, Jean-Marie Villemin, le 29 mars 1985. Le 5 juillet 1985, c'est au tour de Christine Villemin, mère du petit garçon, d'être inculpée. Le 9 décembre 1986 est annoncé son renvoi devant la cour d'assises des Vosges...

Hanté par le spectre de l'erreur judiciaire, Jean-Michel Lambert est d'une extrême prudence. Il accueille les analyses de la presse avec circonspection, ou s'amuse parfois des remarques sur sa jeunesse. *« Mon malheur, c'est que toute ma vie, je ferai plus jeune que mon âge »*, constate-t-il lui-même.

Devenu rapidement « Le petit juge », Jean-Michel Lambert, connu pour être un bourreau de travail, se lance pendant deux ans dans cette enquête avec la patience et la persévérance qu'il importe de maîtriser en ces circonstances. Pour le reste, je laisse à d'autres, à la justice et aux historiens, le soin d'établir la part de responsabilité qu'il a pu avoir dans cette histoire.

Il ne s'est jamais offusqué d'être appelé « petit juge », mais l'expression avait au début une connotation négative. Elle signifiait dans l'esprit des gens : petite taille, extrême jeunesse (75 % des juges d'instruction avaient pourtant moins de quarante ans dans les années 1980), manque d'expérience... Or, entre 1980 – avant l'affaire Grégory – et 1987 – trois ans après –, il instruit une trentaine de dossiers criminels et deux cents dossiers correctionnels en même temps que l'affaire Grégory, sans jamais soulever une quelconque critique. Mais on ne retiendra jamais que celle-là.

Un peu moins d'un an avant celle de Grégory, il assiste à l'autopsie, le même jour, un dimanche après-midi, de deux enfants, un bébé noyé par sa mère et un autre de vingt mois, victime de la mort subite (l'autopsie devait déterminer si un vaccin injecté la veille n'était pas la cause).

L'affaire Grégory est pour Jean-Michel Lambert l'occasion *« de découvrir une autre France profonde : celle des auteurs de lettres anonymes. Seules les missives de sympathie étaient parfois signées »*. Pendant cette terrible période il reçoit chaque jour entre trois et vingt-huit (record de juillet 1985) lettres de ce genre : au total, plus d'un millier. Elles viennent de toute la France, mais aussi de Belgique, de Suisse, du Danemark, du Maroc, d'Algérie, des États-Unis. *« À la lecture de quelques-unes d'entre elles, on comprendra qu'elles m'aient rarement laissé indifférent. »* Tout comme les jours qui ont précédé son suicide, lorsqu'il prend connaissance des carnets du juge Simon. Le contenu de quelques-unes est publié dans son livre *Le Petit Juge*.

« J'ai été l'un des rouages »

Jean-Michel Lambert n'a jamais cherché à nier, ou à justifier – ce qui n'est pas dans les attributions d'un juge de toute façon – ses actes dans l'affaire Grégory. Quand on vient de perdre son gosse de 4 ans, le moindre geste, la moindre décision, la moindre parole prend d'immenses proportions. Pour cette raison, les victimes ne lui ont fait aucun cadeau. Difficile de ne pas les comprendre.

Le juge Lambert n'a jamais, non plus, accepté de porter le fardeau. S'il y a eu des erreurs ou des maladresses, et c'est difficilement contestable, il n'est pas le seul à en avoir commis, dirait-il pour sa défense. Les lacunes ont été résumées par le président Jean-Paul Martin, lorsqu'il prononce le non-lieu de Christine Villemin : insuffisances de l'enquête initiale, erreurs de procédures, dissensions au sein de la famille, rivalités entre le SRPJ de Nancy et les gendarmes, liens entre enquêteurs, témoins et journalistes, querelles d'experts, violations du secret de l'instruction, médiatisation extrême (je reprends presque mot pour mot ses paroles). Gendarmes, journalistes, avocats, magistrats, tous ont commis des fautes.

En 2014, Jean-Michel Lambert ne fait que répéter, comme un aveu, la même chose et accepte de porter sa croix, mais pas seul. « *J'ai été l'un des rouages, et pas le moindre, de la machine infernale, pour ne pas avoir mesuré dès le début toutes les incohérences de la "piste Laroche". J'ai manqué, nous avons manqué de pouvoir travailler dans la sérénité, cette condition indispensable dans toute enquête criminelle. Mais, quand j'ai corrigé mes erreurs (un jugement du TGI de Paris du 20 novembre 2002 m'a d'ailleurs totalement rendu justice), d'autres acteurs de l'affaire ont refusé d'admettre s'être trompés.* »

Avec Grégory tout particulièrement, tout le monde a sa part de responsabilité, mais Jean-Michel Lambert affirme que ces constatations restent vraies en de nombreuses autres occasions dans l'histoire de la justice. « *La justice repose sur des experts qui parfois se contredisent, quand on ne les accuse pas de sombrer dans des querelles de chapelles, sur des témoins qui se trompent, des gendarmes qui s'égarent, des policiers qui s'acharnent, des magistrats qui se fourvoient.* » Tout cela, Jean-Michel Lambert l'admet avec humilité.

Par contre, dans chacun de ses livres, il a voulu montrer à quel point tout le travail des magistrats est délicat et fragile, sans pour autant excuser les erreurs judiciaires. Les erreurs commises par les juges d'instruction, « *car ils en commettent – et je suis bien placé pour le savoir – sont dues soit à ce qu'il faut bien appeler les "circonstances", soit parfois – et dans ce cas, on ne peut le leur reprocher – à l'inexpérience* ».

« *Le juge d'instruction est un personnage qui se trouve en perpétuelle mouvance entre différentes catégories sociales* », explique Jean-Michel Lambert. D'autres métiers y sont confrontés : les professions médicales, police et gendarmerie, journalistes « *passent avec la même facilité d'un groupe à l'autre* ». Mais « *le juge d'instruction possède sur eux un avantage indéniable* », il ne va pas, comme avec son médecin « *discuter de la pluie et du beau temps* », la personne entendue ne va pas, comme avec un policier mentir ou « *s'abriter derrière des apparences* », elle ne va pas, comme avec les journalistes, avoir la possibilité de leur claquer la porte au nez. « *Devant le magistrat instructeur, les gens sont obligés de s'expliquer.* »

« Le magistrat est aussi un homme »

Jean-Michel Lambert était sans complaisance pour ce qu'il représentait. « *Le Code pénal a été conçu pour punir les pauvres, les gueux et les miséreux* », affirmait-il. « *L'égalité de tous les citoyens face à la loi et aux textes répressifs n'existe en fait que sur le papier, et pour une raison d'une extrême banalité et d'une évidence qui ne souffre guère la contradiction : un chômeur en fin de droits sera plus enclin à voler de la nourriture dans un grand magasin qu'un médecin ou un directeur de société financièrement aisés. »*

Face à ce vaste monde, face à cette vaste masse humaine si semblable et si diverse à la fois, *« le juge d'instruction est un homme seul. Parfois désespérément seul* [...] *Au sein du tribunal, ma solitude sera totale »*. Pendant l'instruction, Jean-Michel Lambert passe par toutes les phases psychologiques propres à n'importe quel être humain dans de telles circonstances : fatigue, crises de larmes, *« comme un môme »*... Et puis, malgré tout, penser aux autres dossiers à traiter, aux réparations du préjudice moral pour *« chacun des neuf frères et sœurs d'un malheureux ouvrier tué sur la route »*, pour ne citer qu'un exemple.

Mais pourquoi insister sur cet isolement ? *« Car le magistrat est aussi un homme »*, nous rappelle Jean-Michel Lambert, au cas où nous l'aurions oublié. Il a des doutes, des émotions, des angoisses, des incertitudes, il est perturbé devant des personnages *« profondément énigmatiques. »* Le petit juge avoue que, dans certaines circonstances, lorsqu'il fallait prendre une décision, il avait l'impression d'entrer *« dans la peau d'un bourreau »*. Parfois, *« la décision d'inculpation était en elle-même monstrueuse »*. D'autant que *« les certitudes d'un jour peuvent voler en éclats le lendemain »*. Bref, prendre la moindre décision provoque un immense instant de solitude.

Le choc de 1984 et 1985 lui a *« ouvert les yeux sur les limites de la justice. J'ai perdu toutes mes illusions dans cette aventure, avec cependant l'espoir dans un coin de mon esprit que la vérité finirait par éclater et me redonnerait foi en mon métier. Je sais aujourd'hui qu'il n'en sera rien »*. Toute sa vie, cette histoire lui a collé à la peau. Comment effacer comme par miracle un tel épisode de sa vie ?

C'est à Nicole Lambert, son épouse, que revient désormais la lourde charge de remettre les pendules à l'heure. Elle a déjà commencé, dans les mois qui ont suivi la mort de son mari, par rappeler quelques réalités historiques « bafouées », pour reprendre sa propre expression : non, Jean-Michel Lambert n'a pas été dessaisi de l'affaire Grégory. Son dossier était tout bonnement bouclé, ce qui ne veut pas dire que l'affaire était close. Pour preuve, le dossier était toujours à l'instruction en 2019. Le juge parti à Bourg-en-Bresse, la chambre d'accusation de la cour d'appel de Nancy a prononcé le renvoi de Christine Villemin devant la cour d'assises des Vosges le 9 décembre 1986. Les avocats du couple Villemin ont ensuite demandé un complément d'information. C'est alors que l'affaire a atterri à la cour d'appel de Dijon, reprise par le juge Simon, en 1987.

Quant aux accusations du couple Villemin d'incompétence et de *« manquements aux obligations de réserve »*, elles ont fait l'objet d'une procédure judiciaire qui a abouti au blanchiment de Jean-Michel Lambert.

« L'idée d'avoir pu prêter son concours à la naissance d'une erreur judiciaire hante pendant longtemps l'esprit du juge[59]*, et parfois le poursuit toute son existence. Il n'existe alors aucune coupure entre la vie professionnelle et la vie privée : le magistrat et l'homme se rejoignent pour coexister en permanence. »* Voilà ce qu'écrivait déjà Jean-Michel Lambert trois ans après le drame de la Vologne dans son livre *Le Petit Juge*. Déjà !

Les livres ont été ses sources de survie et d'énergie pour évacuer les mauvaises ombres. Depuis *Le Petit Juge* en 1987, plus ou moins bien apprécié, Jean-Michel Lambert a produit onze autres ouvrages (*Regards innocents : contes cruels*, consacrés aux enfants, ou *De combien d'injustices suis-je coupable ?*), pour l'essentiel des romans policiers, depuis *Le Non-Lieu* en 1993 à *Témoins à charge*, publié en 2017 après sa mort.

59. Jean-Michel Lambert ne parle pas de lui, mais des juges en général.

Sources et bibliographie

Ouvrages

Allem Maurice, *Alfred de Musset*, Arthaud, 1947.

Asselberghs Denis et Graton Jean, *Mac Queen l'homme mécanique*, Graton éditeur, 1997.

Asséo André, *Rêver Kessel*, Rocher, 2004.

Aurell Martin, *L'Empire des Plantagenêt 1154-1224*, Perrin, 2003.

Bastid Paul, *Benjamin Constant et sa doctrine*, Armand Colin, 1966.

Bataille Michel, *Gilles de Rais*, Culture, art, loisirs, 1966

Beauvoir Simone (de), *La Force de l'âge*, Gallimard, 1960.

Becker Max et Schickhaus Stefan, *Mozart*, Éditions de Noyelles, 2006.

Bergot Erwan, *La 2e DB*, Presse de la Cité, 1980.

Bermond Daniel, *Pierre de Coubertin*, Perrin, 2008.

Bertin Claude, *Dreyfus*, collection *Les Grands Procès*, Éditions de Crémille, 1996.

Bézard Norbert, *Norbert Bézard céramiste d'art, correspondance avec Le Corbusier*, Association Piacé le Radieux, Somogy, 2013.

Bilé Serge, *Noirs dans les camps nazis*, Le Serpent à Plumes, 2005.

Blanche Jacqueline, *Thérésa, première idole de la chanson française*, autoédition, 1981.

Bonnaure Jacques, *Saint-Saëns*, Actes Sud, 2010.

Bonnerot Jean, *C. Saint-Saëns. Sa vie et son Œuvre*, A. Durand et fils éditeurs, 1914.

Boyer Frédéric, *Joachim du Bellay*, Seghers, 1973.

Bréau Jules (sous la direction de), *Comme un oiseau. Les frères Wright conquièrent le ciel du Mans*, Éditions de la Reinette, 2008.

Brion Marcel, *Mozart*, Perrin, 2005.

Castans Raymond, *Il était une fois... Marcel Pagnol*, Julliard, 1978.

Castans Raymond, *Marcel Pagnol*, Lattès, 1987.

Catillon Marcel, *Qui était qui ? Mémorial de l'aéronautique*, Nouvelles Éditions latines, 1997.

Cazacu Matéi, *Gilles de Rais*, Tallandier, 2005

Collectif, *Raphaël Élizé, premier maire de couleur de la France métropolitaine*, Le Petit Pavé, 2013.

Collectif, *Saint-Exupéry. Le Sens d'une vie*, sous la direction d'Alain Cadix, Le Cherche Midi, 2000.

Collectif, *Scarron ou le Malade imaginatif*, Centre départemental de documentation pédagogique de la Sarthe, 1983.

Courrière Yves, *Kessel, ou sur la piste du lion*, Plon, 1986.

Curtis Cate, *Saint-Exupéry*, Grasset, 1994.

Dansette Adrien, *Leclerc*, Flammarion, 1952.

Dehayes Thierry, *Le Lycée Sainte-Croix*, Éditions Sutton, 2007.

Dehayes Thierry, *Marcel Pagnol à l'école de Jean Giono ?*, La Mirandole, 2011.

Dehayes Thierry, *Marcel Pagnol et l'ouest de la France*, Éditions Sutton, 2005.

Dehayes Thierry, *« Pique la lune ». Sur les pas de Saint-Exupéry en Sarthe*, Éditions de la Reinette, 2001.

Dehayes Thierry, *Saint-Exupéry et les femmes*, Éditions du Palio, 2017.

Derouard Jacques, *Maurice Leblanc, Arsène Lupin malgré lui*, Librairie Séguier, 1989.

Des Cars Guy, *De cape et de plume*, Flammarion, 1965.

Des Cars Guy, *J'ose*, Plon, 1974.

Desprat Jean-Paul, *Madame de Maintenon. Le Prix de la réputation*, Perrin, 2003.

Dibango Manu, *Balade en saxo dans les coulisses de ma vie*, L'Archipel, 2013.

Dibango Manu, *Trois kilos de café*, Lieu commun, 1989.

Dièguez Manuel (de), *Rabelais*, Seuil, 1960.

Doisneau Robert, *À l'imparfait de l'objectif*, Belfond, 1989.

Doisneau Robert, *Un certain Robert Doisneau : la très véridique histoire d'un photographe racontée par lui-même*, Chêne, 1986.

Dronne Raymond, *Le Serment de Koufra*, Éditions du Temps, 1965.

Dubois-Geoffroy Claude, *L'Épée et la mitre au service du roi. Les Quatre Frères du Bellay, gloires du Maine au xvie siècle*, Lulu édition, 2014.

Duclert Vincent, *L'Affaire Dreyfus, l'honneur d'un patriote*, Fayard, 2006.

Dufresne Claude, *La Marquise de Sévigné*, Pygmalion, 2006.

Du Maurier Daphné, *Le Bouc émissaire*, Albin Michel, 1957.

Du Maurier Daphné, *Les Du Maurier*, Albin Michel, 1948.

Du Maurier Daphné, *Les Souffleurs de verre*, Albin Michel, 1964.

Fontaine Gérard, *L'Opéra de Charles Garnier*, Éditions du Patrimoine, 2000.

Francis Claude et Gontier Fernande, *Simone de Beauvoir*, Librairie académique Perrin, 1985.

Galabru Michel, *Galabru raconte Pagnol*, Flammarion, 1999.

Gallois Jean, *Saint-Saëns*, Mardaga, 2004.

Gauthier Guy, *Philippe Auguste*, France Empire, 2002.

Groslier Bernard et Tardrew Catherine, *Grégory, Le Mystère du corbeau de la Vologne*, Michel Lafon, Carrère, 1985.

Guérif François, *Steve McQueen*, Denoël, 2001.

Guillot Pierre (présenté par), *Musique, foi et raison*, correspondance de Gabriel Renoud et Saint-Saëns, L'Harmattan, 2014.

Guitry Sacha, *Le Petit Carnet rouge et autres souvenirs inédits*, Perrin, 1979.

Guyomard Hervé et Ribémon Jean-Luc, *Wilbur Wright, l'homme oiseau, hôte de l'Aéro-club de la Sarthe*, ITF, 2008.

Hamelin Annie, Noiseau Roger et Robineau Pierre-Michel, *100 ans de cinéma au Mans et dans la Sarthe*, Cinémaniak, 1995.

Hamilton Peter, *Robert Doisneau la vie d'un photographe*, Hoëbeke, 1995.

Hamm Martine et Pierrejean Daniel, *Sébastien Bourdais : objectif Le Mans*!, Édilivre, 2016.

Higonnet Anne, *Berthe Morisot : une biographie*, Adam Biro, 1989.

Houart Victor et Petit Edmond, *Dictionnaire de l'aviation*, Seghers, 1964.

Jan Emmanuel, *8 août 1944, la Libération du Mans. Une Liberté retrouvée*, La Reinette, 2004.

Jéramec Jacques, *La Vie de Scarron ou le Rire contre le destin*, Gallimard, 1929.

La Bruyère Stacy (de), *Saint-Exupéry, une vie à contre-courant*, Albin Michel, 1994.

Lambert Jean-Michel, *De combien d'injustices suis-je coupable* ? Le Cherche Midi, 2014.

Lambert Jean-Michel, *Le Petit Juge*, Albin Michel, 1987.

Leblanc Georgette, *Souvenirs*, Grasset, 1931.

Leclercq Pierre-Robert, *Thérésa, la diva du ruisseau*, Anne Carrière, 2006.

Le Corbusier et Bézard Norbert, *La Ferme radieuse et le centre coopératif*, association Piacé le Radieux, 2015.

Lemay Benoît, *Erwin Rommel*, Perrin, 2009.

Lepape Pierre, *Diderot*, Flammarion, 1991.

Lormier Dominique, *Rommel, La Fin d'un mythe*, Le Cherche midi, 2003.

Massenet Violaine, *Alain-Fournier*, Flammarion, 2005.

Maurois André, *Olympio ou la vie de Victor Hugo*, Hachette, 1954.

Mazeau Jacques, *Destins tragiques de Hollywood*, l'Archipel, 2006

Mordal Jacques, *Le Destin fabuleux du maréchal Rommel*, Historama, 1973.

Mousseau Jacques, *La Conquête de l'air 1903-1933*, 2003, Perrin.

Mozart, *Lettres des jours ordinaires. 1756-1791*, choisies par Annie Paradis, Fayard, 2005.

Munn Michael, *Steve McQueen*, Nouveau Monde éditions, 2011.

Musset Paul (de), *Biographie d'Alfred de Musset*, Points, 2010.

Pagnol Marcel, *J'ai écrit le rôle de ta vie*, correspondance de Marcel Pagnol établie par Nicolas Pagnol, Robert Laffont, 2015.

Pagnol Marcel, *Je te souhaite beaucoup d'ennemis comme moi*, correspondance de Marcel Pagnol, établie par Nicolas Pagnol et Thierry Dehayes, Robert Laffont, 2017.

Pasquier Alex, *Maurice Maeterlinck*, La Renaissance du livre, 1963.

Pellissier Pierre, *Massu*, Perrin, 2003.

Pernoud Régine, *Richard Cœur de Lion*, Fayard, 1988.

Petitfils Jean-Christian, *Le Frémissement de la grâce, le roman du Grand Meaulnes*, Fayard, 2012.

Poisson Georges, *Monsieur de Saint-Simon*, Flammarion, 2000.

Puyal Robert, *Steve McQueen, portrait d'un homme par ses machines*, GM éditions, 2016.

Ragon Michel, *Le Roman de Rabelais*, Albin Michel, 1993.

Riverain Jean, *Dictionnaire des aéronautes célèbres*, Larousse, 1970.

Rivière Jacques et Alain-Fournier, *Correspondance*, Gallimard, 1926.

Robert Denis, *J'ai tué le fils du chef*, Hugo Doc, 2018.

Rodin Auguste, *Les Cathédrales de France*, Jean de Bonnot, 1999.

Ronsard, *Ronsard et la Pléiade*, anthologie, librairie Jules Tallandier, 1967.

Rosnay Tatiana (de), *Manderley for ever*, Albin Michel, 2015.

Saint-Exupéry Consuelo (de), *Mémoires de la rose*, Plon, 2000.

Saint-Saëns Camille et Fauré Gabriel, *Correspondance*, présentée par Jean-Michel Nectoux, Société française de musicologie, 1973.

Salinger Pierre, *De mémoire*, Denoël, 1995.

Sévigné (Madame de), *Lettres*, collection La Pléiade, Gallimard.

Stone Matt et Lerner Preston, *Paul Newman pilote automobile*, ETAI, 2010.

Suzeau Henri et Bollée Laurent-Frédéric, *Sébastien Bourdais exil gagnant*, Apach, 2006.

Taillemite Étienne, *La Fayette*, Fayard, 1989.

Tison Stéphane (sous la direction de), *La Belle Époque de la conquête de l'air*, Société historique et archéologique du Maine, 2010.

Tresvaux du Fraval Alain, *49 célébrités angevines*, Le Petit Pavé, 2008.

Ulrich Paul (présentée par), *Histoire de l'anarchisme*, Famot, 1974.

Valladon Emma, *Mémoires de Thérésa*, E. Dentu, 1865.

Van Hoorebeeck Albert, *La Conquête de l'air*, Marabout, 1967.

Vercel Roger, *Du Guesclin*, Albin Michel, 1932.

Verlant Gilles, *Gainsbourg*, Albin Michel, 1992.

Villemin, Jean-Marie et Christine, *Le Seize octobre*, Plon, 1994.

Webster Paul, *Saint-Exupéry. Vie et mort du Petit Prince*, Éditions du Félin, 1993.

Périodiques et catalogues

La Province du Maine.

La Sarthe de Doisneau, catalogue d'exposition, 2004.

La Vie mancelle et sarthoise.

Le Maine Libre.

Les Cahiers du Maine.

Maine découvertes.

Ouest-France.

Revue anglo-française, Bataille de Pontvallain et siège du château de Vaas, Julien-Rémy Pesche, volume IV, 1836.

Revue de l'aviation française, Les frères Wright, Icare, n° 147, 4e trimestre 1993.

Revue historique et archéologique du Maine.

Virgule.

Archives

Archives départementales de la Sarthe.

Archives départementales de l'Orne.

Filmographie

Filmer la vitesse, making-of du film *Le Mans.*

I am Steve McQueen : the king of cool, DVD, 2014.

On any sunday challenge one, DVD, 1971.

OSS 117 les dossiers secrets, Philippe Lombard, Gaumont vidéo, 2005 (coffret de cinq films).

Steve McQueen, Hollywood stories, Paris Première.

Steve McQueen : the man et Le Mans, DVD, 2015.

Crédits photos

Photos © Dumédard Ruffin

Abbaye de l'Épau : p. 12, 16

Abbaye de Solesmes : p. 219, 300

Boulangerie Brûlon : p. 157

Bunker de la rue Chanzy au Mans : p. 248, 249

Bureau du général Dollman : p. 252

Cathédrale du Mans : p. 149

Caserne Chanzy : p. 155

Caserne Paixhans : p. 108

Château de Cogners : p. 88

Château de la Possonnière : p. 44

Château de La Suze : p. 30

Château de la Taronnière à Dureil : p. 201

Château de Malicorne : p. 65

Château de Sourches : p. 187

Château des Pins à Épeigné-sur-Dême : p. 275

Château de Viré-en-Champagne : p. 269

Constant Benjamin : p. 82

Dibango Manu : p. 257

Église de Château-du-Loir : p. 41

Église de Saint-Christophe-du-Jambet : p. 38

Ferme de la Courjarretière à Dureil : p. 201

Ferme Le Maurier à Chenu : p. 261

Archives privées de l'auteur

Château de Vassé : p. 132

Photo dédicacée de Thérésa : p. 103

Gare du Mans : p. 142

Saint-Exupéry élève à Sainte-Croix : p. 180

Saint-Léonard-des-Bois : p. 145

Autres sources

Alain-Fournier : p. 155 collection monsieur et madame Burel.

Cars (Guy des) : p. 190 collection Madeleine Gauther.

Coubertin (Pierre de) : p. 137 bibliothèque du Congrès des États-Unis.

Gainsbourg (Serge) : p. 245 collection Armand Devant, p. 243 collection Thérèse Gaugain.

Garnier (Charles) : p. 98 décor de l'opéra Garnier tiré d'un ouvrage visible au musée de Saint-Calais (photo © Dumédard Ruffin).

Hugo (Victor) : p. 302 musée Pouchkine de Moscou, photo Shakko, sous licence Creative Commons.

Kessel (Joseph) : p. 309 © Auguste Caumont de La Force.

Lambert (Jean-Michel) : p. 312 © Nicole Lambert.

McQueen (Steeve) : p. 267, 271 © Jacky Coudreau.

Morisot (Berthe) : p. 134 photo sous licence Wikimedia Commons.

Pagnol (Marcel) : p. 207 © Georges Bazet.

Rais (Gilles de) : p. 28 dessin de Yan Dargent (1824-1899), d'après la peinture d'Éloi Firmin Féron, dont a été tirée une gravure réalisée par Charles Barbant (1844-1922), publié dans le livre *Handbuch der Sexualwissenschaften,* par Abert Moll (1921).

Rodin : p. 150 pages de garde des *Cathédrales de France*, par Auguste Rodin, Éditions Jean de Bonnot, 1999 (photo © Dumédard Ruffin).

Saint-Saëns (Camille) : p. 119, 123, 128 archives privées René Coulon.

Saint-Simon : p. 70, 72 photos du début du XXe siècle, collection Thibault de La Fresnaye.

Du même auteur

72 célébrités sarthoises, Éditions du Petit Pavé, 2015.

Les Grands Destins du Prytanée, avec Pascale Pineau-Deciron et Jean-Christophe Couderc, Lulu édition, 2016.

Les Hôtes illustres de Solesmes, avec Jean-Luc Gagneux, Saint-Léger éditions, 2017.

Éditrice : Emmanuelle Le Goff
Correctrice : Hélène Berre

Éditions Sutton
6 place Jean Jaurès
37000 Tours

Première édition 4e trimestre 2019

Les Éditions Sutton bénéficient du soutien de Ciclic — Région Centre-Val de Loire dans le cadre de l'aide aux entreprises d'édition imprimée ou numérique.

ISBN 978-2-8138-1343-5

ISSN 1637-7796
Dépôt légal : 4e trimestre 2019
Imprimé en UE

Achevé d'imprimer chez SoBook le 14-09-2020

Linselles - France

N° impression : 647 107